“十三五”职业教育国家规划教材

新编21世纪高等职业教育精品教材

公共基础课系列

逻辑学教程

（第六版）

张志成　编　著

中国人民大学出版社

·北京·

第六版前言

高等职业院校要提升教育质量，满足社会、行业和企业的人才需求，必须抓住两个关键因素：师资队伍建设与教学内容改革，这和《国家职业教育改革实施方案》中提出的教师、教材、教法“三教改革”不谋而合。职业教育人才培养方案确定以后，培养高质量的合格人才的落脚点就是课程，“三教改革”离开了课程就会成为一句空话。一支合格的师资队伍是提升教育质量的关键。教学内容改革包括教材改革和教学方法改革，科学严谨的教学内容是保证教育质量的前提，而教材则是保证教学内容科学严谨的有效载体之一。优秀的教材是教师开展课堂教学的基础，是学生掌握专业知识的有力支撑。

教育部等九部门在关于印发《职业教育提质培优行动计划（2020—2023 年）的通知》中，特别强调要加强职业教育教材建设，完善职业教育教材规划、编写、审核、选用使用、评审监管机制，到 2023 年，遴选 10 000 种左右校企双元合作开发的职业教育规划教材。《逻辑学教程》有幸列入“十三五”职业教育国家规划教材，感谢广大同行、学者和读者的支持与青睐，特别感谢浙江大学黄华新教授、中国政法大学王洪教授、西南政法大学金承光教授的支持与鼓励。

随着职业教育质量的提升和多媒体技术的不断发展，教材的形式越来越丰富多彩。但作者始终认为教材不同于产品说明书，也不是操作手册，好的教材必须遵循学科自身规律并结合学习者认知要求进行编写，必须有科学严谨的规范要求。此次修订按照为高职高专学生量身定制和培养学生的创新思维与创新能力，为爱好逻辑学的朋友自学以及普及逻辑知识的定位，继续保持上一版教材的体系与规范，同时，对个别的案例与习题及部分文字作了修订和调整。诚恳希望广大同行和读者对本教材继续提出宝贵的意见和建议，以便再版时补充和修正。

目 录

第一章

引　论

【本章引例】

1940 年×月×日，纽约爱迪生公司大楼的窗沿上发现了一个工具箱。打开一看，里面装着一根黄铜管，管里塞满了炸药，管外裹着一张纸条，上面写着："爱迪生公司的骗子们，这是给你们的炸弹。F. P.（签名）"

炸弹没有爆炸，但罪犯也没留下指纹。几星期后，在爱迪生公司总部，又发现一颗土炸弹，它是一只塞满炸药的短筒羊毛袜，罪犯留下了同样的纸条。

是谁与爱迪生公司过不去？公司保卫部门查阅所设立的"公安卡"，发现对公司有过怨言的人有好几千，从何查起？他们认为，这也许是有人想吓唬一下爱迪生公司。调查到此为止，也没有对外声张。

1941 年，美国卷入太平洋战争，这件无头案就被搁了下来，一拖就是 10 年。1950 年圣诞节前几天，《纽约先驱论坛报》收到一封来自韦斯特切斯特的读者来信："我是个病人，而且正在为这个病而怨恨爱迪生公司，该公司会后悔他们的卑鄙罪行的。不久，我还要把炸弹放在剧院的座位上，谨此通告。F. P."

在以后的几年中，警察局经常见到"F. P."那清秀的字迹。"F. P."的炸弹越造越熟练，头八颗土炸弹只爆炸了两颗，而后来的四颗都爆炸了。1955 年，"F. P."放了 52 颗炸弹，响了 20 颗。报纸开始广泛报道，公众对他感到严重不安，他投寄给报社的匿名信的措辞也日益激烈。一天，"F. P."的炸弹炸死了一个人，社会舆论和政府当局一致表示：一定要把这个"炸弹狂"挖出来。

"F. P."和爱迪生公司有些纠葛，这是不言而喻的。但是，怎样从这家公司积攒半个世纪之久的庞大档案中找出有关线索来，爱迪生公司和纽约警察局都束手无策。

芬内是纽约警察局侦探长，兼纽约刑事实验室主任，他曾取得精神病法医学学士头衔。但这个神出鬼没的“炸弹狂”却使他绞尽脑汁，疲惫不堪，最后芬内决定破除门户之见，去请教研究刑事犯罪的心理分析家布鲁塞尔博士。

芬内带去的全部卷宗中，唯一有用的是“炸弹狂”的几封信，以及由他制造的炸弹的照片和一些炸弹的弹片。要据此作出结论，显然是不够的，但是，博士凭着他对心理分析法的深刻理解和熟练运用，严密推理，竟滔滔不绝地谈了四个小时。

布鲁塞尔注视着那几颗没有爆炸的炸弹的照片，当着侦探的面提出第一个假设：可以肯定，“F. P.”是男人而不是女人。因为，以前造炸弹和放炸弹的都是男人，无一例外。这个人之所以对爱迪生公司抱有偏见，是因为他认为爱迪生公司害得他生病，渐渐地，他觉得整个世界都和他过不去。这是他行为失常的来由。一个人一旦被这种思想纠缠，就变成了偏执狂。偏执狂的发展是缓慢的，但到 35 岁后，便会发展得不可收拾。“F. P.”放炸弹已有 16 年的历史，年纪应该在 50 岁以上。这是第二个可能性。偏执狂都非常爱护自己，当他们有所行动时，总认为是在“自卫”。他们从不承认自己有缺点，而是把遇到的麻烦都归罪于别人或某个大组织，由此产生了第三个可能性，即爱迪生公司对那个“F. P.”也许有过不适当的处理，以致遭到他的报复。从他清秀的字迹可以看出，他受过良好的教育，这是第四点。

博士接着说：“这种人很要面子，平时行为检点，不做任何他认为有失体面的事，因此，他不大可能会在‘公安卡’上留下记录，更不大会到过精神病院，因为他根本不会认为自己有病。所以，人们是难以从档案里去发现他的。偏执狂患者有 85%属于运动员型。据此得出第五个可能性，这个‘F. P.’不胖不瘦，中等身材，体格匀称。”

博士拿起那几封信继续说：“据这清秀的笔迹、干净的信纸我说出第六个可能性，此人工作一定是认真的，由此推论他是个遵守时间、兢兢业业的模范职员。直到他遇到所谓的‘卑鄙罪行’之前，他一直是这样工作的。说到卑鄙罪行，这种措辞不够美国味，倒有点像维多利亚时代的英国人和英国夸张小说里的语言。‘F. P.’笔下‘爱迪生公司’的写法，美国人根本不这么写。不管怎样，这个人不是纯粹的美国血统，也许他就住在外国人的社区里。这是第七个可能性。”

接着，博士分析了他放炸弹的原因：“与爱迪生公司的纠纷不是他放炸弹的唯一理由。在这个理由之下，另有一个连他本人也不知道的理由存在。所以，第八个可能性是：他一定受过某种心理上的创伤，例如，他的母亲早已去世，而这一悲剧又是他父亲的过错。”

“男孩子在幼年时期会由于恋母情结而憎恨父亲，这种情况在这个偏执狂身上一定也发生过。他经常反抗父亲，并一直在这种状况下生活，但他自己意识不到。长期反抗父亲使他滋生出一种反抗权威的情绪，这种情绪过早地潜入他的意识深处，成为‘潜意识’。”

“而这种像定时炸弹似的潜意识，一旦遇到爱迪生公司对他的不公正处置，便会复发，于是，他就从反抗父亲的权威发展到反抗社会的权威，这就是他乱放炸弹的原因，但他自己并不是很清楚地意识到这一切的。”

“失去了母爱，使他感到痛苦，而在他以后的生活中，也没有人给他以爱情和友谊，他的心理创伤始终没有愈合。所以，我敢断定他是一个独身者，既没有女朋友，甚至也没有男朋友。但是，他可能跟一个年龄比他大的女亲属在一起生活，这个女亲属常常使他想到他的母亲，从而触动了他对父亲的怨恨，这种感情又激发了他对权威的反抗。这就是他经常不断地放炸弹的原因。这是第九个可能性。”

布鲁塞尔博士接着说：“他没有友谊和爱情，但他很有礼貌。他对谁都和蔼可亲，因为他要保持自己的君子风度，他八九不离十是个衣着整齐、风度翩翩的人。这是第十个可能性。”

这时，一直不作声的芬内侦探长开口了：“恐怖分子不喜欢公寓，宁愿住独院住宅。因为，制造炸弹必须有一个设备很好的工作室，一个不会妨碍邻居又不会被发现的隐蔽所在。”

博士完全同意这种看法，这就成为第十一个可能性。

第十二个可能性，他是斯拉夫裔。“对仇敌采用威胁、暗杀手段的，各国都有，但地中海沿岸国家惯用绳勒，斯堪的纳维亚国家大多用匕首，而斯拉夫国家中，恐怖分子向来爱用炸弹，因此，一个恐怖分子若是到处使用炸弹的话，这就暗示他极有可能是斯拉夫人。”

根据斯拉夫人大多信奉天主教，就有理由设想他是天主教徒。从而引出第十三个可能性，此人必然会定时去一个天主教堂。因为有规则是他的习惯之一。

他的匿名恐吓信不是在纽约就是在韦斯特切斯特投寄的，因此，他的家很可能就在这两地之间。而本地区最集中的斯拉夫人居住区，就是康涅狄格州的布里奇波特，他住在这一地区。这是第十四个可能性。

智者千虑，必有一失。在确定这个“炸弹狂”患什么病时，布鲁塞尔博士犯了一个错误。“F. P.”在持续多年的威胁性字条中声称自己是一个病人。据此，博士提出第十五个可能性是：“F. P.”患的病可能是癌症、心血管疾病或肺结核。如果是癌症，“F. P.”可能已经死了，因为癌症患者能活十几年的概率较低，如果是肺结核，由于现代医疗技术的进步，他很可能早已痊愈，因此，不可能一直是病人。于是，布鲁塞尔推论，他应患心血管方面的疾病。而事后发现真相是：“F. P.”患的恰恰是肺结核病，但他一直没有去就医。博士忘记了，偏执狂是不会去找医生的，即使去就诊，也不会尊重医生的意见的。

布鲁塞尔博士的精辟分析包含了 15 个推理，从而推出了关于“F. P.”的 15 个可能性，这些可能性从不同方面给这个“炸弹狂”画了像，提供了关于罪犯的基本信息，为找到这个罪犯提供了钥匙。

博士继续说：“把这 15 个可能性公之于众，我相信那个人是可以挖出来的。因为假如我的推测是正确的，那么，他的邻居就会把他识别出来。反之，如果我错了，他就会找上门来，这样，我们也能得到一些线索。无论如何，我们在报上公布他的特征，无疑是将了他一军，使他认为我们在嘲弄他。这对于一个不承认自己有缺点的人来讲，是一种忍受不了的刺激，他一定会作出反应的。”

博士的建议是一个绝妙的办法，对侦破此案提供了关键性措施，因为不管推测正确与否，都会使侦破取得进展。推理如下：

如果推测正确，那么他的邻居就会把他识别出来，我们会得到关于罪犯的有关线索；

如果推测错误，罪犯就会找上门来，我们也会得到罪犯的有关线索；

或者推测正确，或者推测错误；

总之，我们都会得到罪犯的有关线索。

这是一个简单构成式二难推理。

1956 年圣诞节前夕，《纽约时报》和美国各大报纸都刊登了这 15 个可能性。一天深夜，博士接到了一个电话：“我是‘F. P.’，你仍然没有头绪，后悔了吧！”“咔”的一声，电话筒搁上了。四天之后，“F. P.”又在一家图书馆和一家电影院里放置了炸弹。

12 月 26 日，美国各大报纸又刊登启事，要“F. P.”去警察局自首，公开答复 15 个可能性的分析是否正确。第二天，答复信从韦斯特切斯特寄出，信上写道：“拜读了 12 月 26 日的报纸。若去自首的话，那我就是傻瓜。请别侮辱我的智慧，奉劝你们还是把爱迪生公司叫到法庭上去为好。F. P.”

与此同时，爱迪生公司动员了大批人力，准备把它的人事档案和“公安卡”都翻一遍。1957 年 1 月初，一位女职员翻到一个名为乔治·梅特斯基的职员的档案，其中有关于这位职员和公司的一场纠纷的记录。档案中夹着一封梅特斯基本人申诉的信，信的语气激愤，并有“卑鄙罪行”的话。这引起了那位女职员的注意，于是把它拿出来交警方仔细研究。

乔治·梅特斯基原是爱迪生公司的电机保养工，1931 年 9 月 5 日，因锅炉发生回火事故他被烧伤，公司付给他一笔病伤津贴。这笔津贴他是否拿了，档案上没有说明。1934 年 1 月 4 日，他说自己染上了肺结核，要求领终身残疾津贴，被公司拒绝了。几个月后，他的名字从工资单上注销。梅特斯基是模范职员，办事勤快而谨慎，性情温和而行为端正……在锅炉出事那年他 28 岁，照此推算，1957 年时应为 54 岁。波兰裔（西斯拉夫人），天主教徒，家住康涅狄格州。

根据这些线索，警察局进行了保密调查。梅特斯基未婚，和两位姐姐住在一栋独立的住宅里。父母双亡，他因慢性病而不工作，两个姐姐供养他。他没有犯罪记录，邻居肯定他的家是和睦之家。他对人总是彬彬有礼，但与人保持距离，很少有往来。这与布鲁塞尔博士的描述相当吻合，说明他是“F. P.”的可能性很大。推理如下：

如果谁的特征与布鲁塞尔博士的推测基本吻合，谁是“炸弹狂”的可能性非常大；

梅特斯基的特征与布鲁塞尔博士的推测基本吻合；

所以，梅特斯基是“炸弹狂”的可能性非常大。

这是一个肯定前件式充分条件假言推理。

1957 年 1 月 22 日，四个侦探来到梅特斯基家门口，按响了门铃，开门的是一个身材匀称的男人。金丝边眼镜后边，一对碧眼平静地望着侦探。

“晚上好，有何贵干?”他彬彬有礼地问道。

“能不能请你给我们一张有你字迹的纸条?”

“噢，我知道你们的来意了，莫非诸位以为我就是那个‘炸弹狂’?”梅特斯基微微一笑，并招呼侦探们进去。他东拉西扯地谈了一个小时，最后被侦探们问得无言以对了，就把他们领到一间小小的工作室。侦探们一眼看出，这就是制造炸弹的地方。

“那么，这事是你干的?”

“是的。”

侦探们要他去警察局，他回屋换了衣服，头发梳得光光的，抹了发油，脚上的皮鞋擦得锃亮。布鲁塞尔博士的推理胜利了，16 年的悬案解决了。15 个推理破 16 年疑案，就是研究刑事犯罪的心理分析家布鲁塞尔博士，凭着他对心理分析法的深刻理解和熟练运用，通过严密的逻辑思维推导出来的。

第一节 普通逻辑的对象和性质

一、逻辑概念与逻辑学科

“逻辑”一词是由英文“Logic”音译过来的，它源于古希腊语“Logos”，有思想、思维、理性、言语等含义。

在现代汉语中，“逻辑”是个多义词，它在不同的语境里有不同的含义。它可以表示事物发展变化的客观规律，也可以表示人类思维的规律和规则，还可以表示一门研究思维形式和思维规律的学科——逻辑学，等等。例如：

①“研究中国经济的逻辑。”这里的“逻辑”一词是指事物发展变化的客观规律。

②“律师说话的逻辑性很强。”这里的“逻辑”一词是指人们思维的规律、规则。

③“文秘工作者必须学点逻辑。”这里的“逻辑”一词是指一门学问，即逻辑学。

逻辑学是一个非常庞大而又多层次的学科系统，它包括形式逻辑和辩证逻辑两大门类。我们平常所说的逻辑学，通常是指形式逻辑，而形式逻辑又可以分为传统形式逻辑和现代形式逻辑。传统形式逻辑也称普遍逻辑，主要包括以演绎推理为基本内容的演绎逻辑，也包括以归纳推理和类比推理为基本内容的归纳逻辑。现代形式逻辑主要是指数理逻辑（又称符号逻辑）。此外，还有模态逻辑、多值逻辑、时态逻辑、概率逻辑等。

二、普通逻辑的对象

普通逻辑不同于辩证逻辑，因为辩证逻辑的研究对象是辩证思维的形式、规律和方法，而普通逻辑并不研究这些。普通逻辑虽然与数理逻辑关系密切，但也有所区别，因为数理逻辑是用特制符号（即人工语言）和数学方法来研究处理演绎推理的科学，普通逻辑研究的对象要比数理逻辑宽泛，它所使用的工具主要是人们日常应用的自然语言。关于普通逻辑的对象，我们可以作如下概括：普通逻辑是研究思维的逻辑形式及其基本规律和简单逻辑方法的科学。

逻辑学是一门研究思维的科学，恩格斯也曾经说过，逻辑是“关于思维过程本身的规律的学说”①。人们一般把思维分成三种类型，即抽象思维、形象思维和灵感思维。人们一般所讲的思维，都是指抽象思维，或叫逻辑思维。抽象思维可以分为知性思维与辩证思维。普通逻辑所研究的思维是指抽象思维中的知性思维，不是指辩证思维。

那么，究竟什么是思维呢？辩证唯物论的认识论告诉我们，实践是认识的基础。人们在社会实践中对于客观事物的认识，第一步是接触外界事物，在人脑中产生感觉、知觉和表象，这是属于感性认识阶段；第二步是综合感觉的材料并加以整理和改造，逐步地把握事物的本质和规律性，产生认识过程的飞跃，形成概念、判断和推理，这是属于理性认识阶段。这个理性认识的阶段，也就是思维的阶段。毛泽东同志指出：“认识的真正任务在于经过感觉而到达于思维”②，思维就是人在脑子中运用概念以作判断和推理的功夫。概念、判断、推理是理性认识的基本形式，也是思维的基本形式。

思维对客观世界的反映具有概括性和间接性。思维能够从许多个别事物的各种各样的属性中，舍去表面的、非本质的属性，把握一类事物的内在的、本质的属性。思维还能够根据已有的经验和认识推出新的知识，它并不只是停留在直接认识上而止步不前。

思维和语言有着不可分割的联系。人类的思维史表明，思维对客观事物的反映是借助于语言来实现的。语言是思想的直接现实。斯大林说：“没有语言材料、没有语言的‘自然物质’的赤裸裸的思想，是不存在的。”思维“只有在语言材料的基础上、在语言的词

① 马克思，恩格斯. 马克思恩格斯选集：第四卷. 3版. 北京：人民出版社，2012：264.
② 毛泽东. 毛泽东选集：第1卷. 2版. 北京：人民出版社，1991：286.

和句的基础上才能产生和存在"①。事实上正是如此，人们在运用概念作出判断和进行推理的思维活动时，是一刻也离不开语词、语句等形式的。没有语词、语句，也就没有概念、判断和推理，从而也就不可能有人类的思维活动。

因此，我们可以简要地说：思维是人脑对于客观世界的间接的、概括的反映，这种反映是借助于语言来实现的。

世界上的任何事物都有它的内容和形式，思维也是一样，有具体内容，也有逻辑形式。思维内容就是指思维所反映的特定对象及其属性；思维的逻辑形式是指思维内容各部分之间的联系方式（或形式结构）。例如：

①所有的法律都是有阶级性的。

②所有的金属都是导电体。

③所有的法律系毕业生都是学过逻辑学的。

这是三个判断。它们分别断定了三类不同的具体对象（即法律、金属、法律系毕业生）具有不同的属性（即有阶级性的、导电体、学过逻辑学的），这就是这三个判断的思维内容。尽管这三个判断的具体内容不同，但它们却有共同的形式结构："所有的……都是……"，这就是上述三个判断的逻辑形式。

思维的逻辑形式可以用公式来表示。我们用 S 表示指称判断对象的概念，用 P 表示指称判断对象所具有的属性的概念，那么上述三个判断的逻辑形式就可以用公式表示为：

所有的 S 都是 P

同样，推理的逻辑形式也可以用公式来表示。例如：

①所有的犯罪行为都是违法行为，

李某的行为是犯罪行为，

所以，李某的行为是违法行为。

②所有的公民都要奉公守法，

各级领导干部都是公民，

所以，各级领导干部都要奉公守法。

这是两个具体内容不同的推理，但它们的逻辑形式却是相同的。我们用 M、P、S 分别表示推理中的三个不同的概念，那么这两个推理的逻辑形式就可以用公式表示如下：

所有 M 都是 P

所有 S 都是 M

所以，所有的 S 都是 P

在"所有的 S 都是 P"这一逻辑形式中，S 和 P 所表示的具体内容是可以变换的，我们可以用任何一个概念去替换它，因此，我们把它们叫做逻辑变项；而"所有的"和"都是"

① 斯大林. 斯大林选集：下卷. 北京：人民出版社，1979：527.

在这同一类型的逻辑形式中都存在，其含义是不变的，因此，我们把它们叫做逻辑常项。

由此可见，思维的逻辑形式是从思维内容各不相同的判断、推理中抽象出来的，并为它们各自所共同具有的形式结构。它是由逻辑常项和变项构成的，常项表示思维的形式，变项表示思维的内容。普通逻辑不研究思维的具体内容，也不去研究那些个别的逻辑形式，它只研究各种不同类型的思维形式所共同具有的逻辑形式。这是普通逻辑研究思维形式的根本特点，也是它与辩证逻辑的不同之处。

普通逻辑还研究思维的逻辑规律，即同一律、矛盾律、排中律和充足理由律。同一律要求：一个思想是什么就应当是什么，不能把不同的思想混为一谈。矛盾律要求：在互相否定的两个思想中必须承认有一个是假的，而不能承认它们都是真的。排中律要求：在互相矛盾的两个思想中必须承认有一个是真的，而不能承认它们都是假的。充足理由律要求：断定任何一个思想为真，都必须有充分的根据。遵守这四条规律，才能保证人们的思维具有确定性、不矛盾性、明确性和论证性，这是正确思维的必要条件。

普通逻辑除了研究思维的逻辑形式及其基本规律之外，还研究人们在思维和认识过程中经常用到的一些简单的逻辑方法，例如定义、划分、限制和概括等。

三、普通逻辑的性质

普通逻辑是撇开思维的具体内容来研究思维的逻辑形式及其基本规律的，普通逻辑研究的对象及其特点，决定了它是一门工具性质的科学。普通逻辑的工具性主要表现在：它本身不能给人们直接提供各种具体的科学知识，但是它能够为人们进行正确思维、获取新知识、表述论证思想提供必要的逻辑手段和方法。在这一点上，普通逻辑与语法很类似。语法本身不能给人们提供关于事物的具体知识，但是，它提供的用词造句的规则却是人们都必须遵守的，不然，人们的语言表达就会发生混乱。普通逻辑也是如此，所以有人把逻辑称为“思维的文法”。

作为一种工具性的科学，普通逻辑是没有阶级性的，它对各个不同的阶级、不同的民族都一视同仁，不同的阶级、不同的民族都需要它。正因为如此，人们之间的相互了解和思想交流才有可能，生产才能发展，人类才能生存。

第二节　学习普通逻辑的意义和方法

一、学习普通逻辑的意义

学习普通逻辑的根本意义在于：训练和提高人们的逻辑思维能力，促进智力的发展，可以使人们由自发的逻辑思维提高为自觉的逻辑思维，可以帮助人们在思维过程中进行正确的思维和有意识地克服思想中的逻辑错误，提高全民族的逻辑修养和文化素质。例如：

晨风拂过原野，掀起金色的麦浪。

这是一个中学生作文中的病句，从表面来看句子非常华丽，但它违反了逻辑规律。“拂过”是形容风很温和细小，而“掀起”是风很猛烈强大时才有的动作，同一个“晨风”是不可能既“拂过”又“掀起”的，这犯了前后矛盾的逻辑错误。所以，写文章首先要讲逻辑，其次是语法，最后是修辞。英国哲学家弗兰西斯·培根曾经说过，历史可以使人聪明，诗歌可以使人机智，数学可以使人精细，哲学可以使人深邃，道德可以使人严肃，逻辑与修辞可以使人善辩。可见逻辑学的重要性。

法律工作者更要学好逻辑学，无论立法工作、司法工作还是执法工作，都离不开逻辑这个工具。法律工作者的工作处处离不开一个“理”字，这个“理”字含义很广，大致有三个方面的内容：

一是有条理。因为法律是统治阶级意志的表现和人们行为的准则，具有人人都必须遵守的强制性，所以，体现在法律条文中的法律规范就必须具有明确性，法律和法律之间必须具有严密性和系统性。这就要求立法者必须遵守逻辑规律，思维要有条理性，不能含糊不清、自相矛盾。另外，法律工作者用口头或文字表达思想时，必须做到有条理，结构严谨，层次分明，中心突出，首尾一贯。

二是会说理。执行法律需要依靠强制力量，但也离不开讲道理。检察官写起诉书或作支持公诉的发言，辩护律师写辩护词或进行出庭辩护，审判员分析案情或作出判决，书记员撰写法律文书，都要做到言之有理，持之有故，说理充分，论证周密。

三是能推理。法律工作者要勤于动脑筋，善于进行逻辑推理，做到举一反三，由此及彼，由已知推出未知，使认识不断前进。

要做到以上三个方面都离不开逻辑知识。所以，作为一个法律工作者必须学习和掌握逻辑知识。

具体来说，学习普通逻辑的意义有以下几点：

（1）有助于提高表达能力，使说话和写文章具有条理性。

人们在社会生活中是离不开思想交流的，要进行思想交流，就需要把自己的思想准确地表达出来，表达思想就要靠语言、说话和写文章。要把你的思想传达给别人，那么你说的话、写的文章就得符合逻辑。不符合逻辑，别人就听不懂，看不清，从而达不到交流的目的。所以，人们不管用说话的方式还是用写文章的方式来表达思想，都要运用普通逻辑知识，遵守逻辑规律。

（2）有助于提高论证能力，反驳谬误，揭露诡辩。

论证是指逻辑上的证明和反驳，这是人们认识真理的重要手段。但人们在认识客观事物和表述论证思想的过程中，有时也会出现一些逻辑错误，究其原因，往往是由于违反逻辑规律和规则造成的。另外，有的人为了达到某种目的，在辩论过程中，常常玩弄诡辩，散布貌似正确实则荒谬的言论。掌握了普通逻辑这个工具，就可以根据逻辑规律和规则，揭示谬误与诡辩中所犯的逻辑错误，从而达到反驳和揭露的目的。例如：

林肯在担任美国总统前曾经当过一段时间的律师。有一次，他得悉自己亡友的儿子小阿姆斯特朗被指控谋财害命，并已被初步判定有罪，于是就以被告的辩护律师的身份，向法院查阅了该案的全部案卷。阅后，他要求法庭进行复审。在这个案件中，原告的证人福尔逊作证说：某一天的晚上十一点钟，在月光下清楚地看到小阿姆斯特朗用枪击毙了死者。在法庭复审时，林肯问原告的证人福尔逊：

“你发誓说认清了小阿姆斯特朗？”

“是的。”证人福尔逊说。

“你在草堆后，小阿姆斯特朗在大树下，两处相距二三十米，能认清吗？”林肯又问。

福尔逊说：“看得很清楚，因为月光很亮。”

林肯说：“你肯定不是从衣着方面认清的吗？”

福尔逊回答说：“不是的，我肯定看清了他的脸，因为月光正照在他脸上。”

林肯马上问：“你能肯定时间是在十一点吗？”

福尔逊回答说：“完全肯定。因为我回家看了时钟，那时是十一点一刻。”

这时，林肯转过身来向陪审员和法官说：“我不得不告诉大家，这个证人是个彻头彻尾的骗子。”大家先是一阵沉默，紧接着都大笑了起来，他们都清楚了证人福尔逊作的是伪证，因为那天晚上十一点是没有月亮的。小阿姆斯特朗被宣告无罪，林肯一举成为全国有名的人物。

林肯从福尔逊的证词中，作出了这样一个推论：只有在月光照射下，才能看清被告的脸。但是，那一天（相当于我国农历的九月初八或初九）是上弦，到了晚上十一点，月亮早就下山了，因而不可能有月光照射到被告的脸。这就说明福尔逊的证词是捏造的、虚假的，根本不能作为判案的证据。

（3）有助于提高办事效率和推理能力，保证办案质量。

提高办事效率，首先是指处理事情要快，不能拖拖拉拉；其次是指要把事情办好，办得有成效。要做到这两点，最主要的途径有两条：一是提高思维的效率；二是安排好办事的逻辑程序。人们只有思路清晰，思维敏捷，才能提高办事的速度，才能根据事物及事物之间的逻辑联系恰当地安排工作，提高办事效率。例如：

北宋真宗时期，皇城因遭雷击而失火，宏伟的昭应宫被烧毁，宋真宗命丁渭修复，丁渭并没有按传统习惯做法马上开工兴建，而是经过仔细分析提出一个方案：先把皇宫的前大街挖成沟渠，利用挖出来的土作为原料来烧制砖瓦，把京城附近的卞河水引入挖成的沟渠，用它来把大批的建筑材料运到宫前，新宫建成后，再用建筑废料填平沟渠，就地处理碎砖烂瓦，从而又能修复原来的大街。丁渭这一方案一举解决了取土烧砖、建材运输和废料处理等问题。丁渭有严密的办事逻辑程序，从而节省了大量人力、物力和财力，提高了效率。

对司法工作者来说，任何案件的侦破和审理都离不开逻辑知识。从案件的假设到验证，一步一步地查清案情，最后找出罪犯，都需要运用逻辑推理。例如，本章引例中，布鲁塞尔博士的精辟分析包含了以下 15 个推理：

①制造或放炸弹的都是男人，

"F. P."是制造并放置炸弹的人，

所以，"F. P."是男人。

（这是一个三段论第一格的推理。应该指出的是，这个三段论的大前提是由一个简单枚举归纳推理得出的结论，并非在任何情况下都是正确的。只有在特定情况下才可认为是正确的，具有相对正确性）

②如果偏执狂在 35 岁之后才发展得不可收拾，且"F. P."放炸弹已有 16 年历史，那么，"F. P."的年龄应在 50 岁以上；

偏执狂在 35 岁以后才发展得不可收拾，且"F. P."放炸弹已有 16 年历史；

所以，"F. P."的年龄应在 50 岁以上。

③如果偏执狂都认为自己的行动是自卫，那么，爱迪生公司对这个"F. P."也许有过不适当的处置；

偏执狂都认为自己的行动是自卫；

所以，爱迪生公司对这个"F. P."也许有过不适当的处置。

④如果信的字迹清秀，说明他受过良好的教育；

"F. P."的信字迹清秀；

所以，"F. P."受过良好的教育。

（②③④都是肯定前件式充分条件假言推理）

⑤凡偏执狂很可能是运动员型，不胖不瘦，中等身材，体格匀称；

"F. P."是偏执狂；

所以，"F. P."很可能是运动员型，不胖不瘦，中等身材，体格匀称。

（这是个可能模态三段论）

⑥凡笔迹清秀、信纸干净的人，肯定是一个遵守时间、兢兢业业的模范职员；

"F. P."笔迹清秀、信纸干净；

所以，"F. P."肯定是一个遵守时间、兢兢业业的模范职员。

（这是三段论第一格的推理）

⑦如果“卑鄙罪行”的措辞缺乏美国味，并且“爱迪生公司”的写法根本不符合美国人的写法，那么说明他不是纯粹的美国血统；
“F. P.”“卑鄙罪行”的措辞缺乏美国味，且“爱迪生公司”的写法根本不符合美国人的写法；

所以，“F. P.”不是纯粹的美国血统。

（这是一个肯定前件式充分条件假言推理）

⑧偏执狂肯定是受过某种心理创伤，滋生起反抗权威的潜意识，然后受到某种不公正处置，使他的心理创伤复发，发展到反抗社会权威，于是乱放炸弹；
“F. P.”是一个偏执狂；

所以，“F. P.”肯定是受过某种心理创伤，滋生起反抗权威的潜意识，然后受到某种不公正处置，使他心理创伤复发，发展到反抗社会权威，乱放炸弹。

（这是一个三段论第一格的推理）

⑨如果他是独身，没有女朋友，也没有男朋友，心理创伤始终没有愈合，并且跟一个年龄比他大的女亲属一起生活，这个女亲属常使他想起自己的母亲，从而触动对父亲的怨恨，不断激发对权威的反抗，那么他就会经常放炸弹；
他经常不断地放炸弹；

所以，很可能他是独身，没有女朋友，也没有男朋友，心理创伤始终没有愈合，并且跟一个年龄比他大的女亲属一起生活，这个女亲属常使他想起自己的母亲，从而触动对父亲的怨恨，不断激发对权威的反抗。

（这是一个回溯推理）

⑩如果他是一个偏执狂，他就很注意保持自己的君子风度；
如果他很注意保持自己的君子风度，那就很可能是和蔼可亲，衣着整齐，风度翩翩；

所以，如果他是一个偏执狂，那么他很有可能是和蔼可亲，衣着整齐，风度翩翩。

（这是一个肯定式充分条件假言联锁推理）

⑪如果要制造炸弹，就必须有一个很好的工作室，一个不会妨碍邻居又不会被人发现的隐蔽所在；
“F. P.”要制造炸弹；

所以，“F. P.”必须有一个很好的工作室，一个不会妨碍邻居又不会被人发现的隐蔽所在。

（这是一个肯定前件式充分条件假言推理）

⑫如果恐怖分子到处使用炸弹，那么，他就很可能是斯拉夫人；

如果他很可能是斯拉夫人，那么，他就很可能是天主教徒；

所以，如果恐怖分子到处使用炸弹，那他就很可能是天主教徒。

（这是一个肯定式充分条件假言联锁推理）

⑬如果有规则是他的习惯之一，那么他必然定时去一个教堂；

有规则是他的习惯之一；

所以，他必然定时去一个教堂。

（这是一个肯定前件式充分条件假言推理）

⑭如果他的匿名信不是在纽约就是在韦斯特切斯特投寄的，那么，他的家很可能就在这两地之间；

如果他的家很可能就在这两地之间，那么，他就很可能住在康涅狄格州的布里奇波特这一地区（因为该区是斯拉夫人最集中的居住区）；

所以，如果他的匿名信不是在纽约就是在韦斯特切斯特投寄的，那么，他很可能住在康涅狄格州的布里奇波特这一地区。

（这是一个肯定式充分条件假言联锁推理）

⑮“F. P.”或患癌症，或患心血管病，或患肺结核；

“F. P.”患的不是癌症，不是肺结核；

所以，“F. P.”患的是心血管病。

（这是一个否定肯定式选言推理。这个推理的逻辑结构完全正确，只是小前提“F. P.”患的不是肺结核与事实不符，从而导致了推理结论的错误。）

二、学习普通逻辑的方法

要学好普通逻辑，除了要明确学习目的以外，还必须掌握学习方法。因为，逻辑学本身具有严密的科学性和逻辑性，在逻辑学中，推理是中心，概念、判断是推理的基础，论证是概念、判断、推理的综合运用，普通逻辑的基本规律是推理、论证的依据。所以，在学习时既不要顾此失彼，零敲碎打，也不要失去推理这个中心，眉毛胡子一把抓，而应脚踏实地，循序渐进。

要学好普通逻辑，就要在理解和掌握基本的逻辑概念和逻辑理论上下功夫。要在理解的基础上记住概念的定义，把握逻辑形式的特征及表达公式，以及它们的规则。一时不能完全理解的，可以先把它们记住，在学习和运用中慢慢体会理解。尤其是一些表达逻辑形式的公式和符号必须掌握，它可以帮助我们记忆，有利于训练我们进行抽象思维的能力。

要学好普通逻辑，必须理论联系实际。普通逻辑是一种工具，在学习过程中要认真做练习，联系专业把学和用结合起来。同时，在平时思考问题、说话、辩论和写作中，能自觉地运用逻辑知识，遵守逻辑规律，做到概念明确，判断恰当，推理准确，条理清楚，结构严密。

第三节 逻辑简史

一、逻辑学的产生

逻辑学是一门古老的科学。早在公元前 4 世纪前后，在古代的中国、印度和希腊都同时产生了逻辑科学。不过，当时它还不是一门独立存在的科学，而是在哲学的怀抱里抚育成长的，它的成熟并从哲学中分化出来，经历了一个漫长的过程。

中国在春秋战国时期，逻辑思想曾有很大的发展，史称“名辩之学”。主要内容表现在后期墨子、荀况、韩非等人的著述中。其中，以《墨经》和《正名篇》对逻辑学的贡献最为卓著。例如，《墨经》提出了“以名举实，以辞抒意，以说出故”的光辉思想，这里的“名”相当于概念，“辞”相当于判断，“说”相当于推理。它说明，在人们的思维和论证过程中，概念是用来反映事物的，判断是用来表达思想认识的，推理是用来推导事物的因果联系的。这是对概念、判断、推理的本质和作用所作的精辟说明。又如，《墨经》说：“或谓之牛，或谓之非牛，是争彼也，是不俱当。不俱当，必或不当。”这就是说，“是牛”和“不是牛”这两个论断不都能成立，必有一个是假的。这里实际上表述了矛盾律的思想。事实证明，我国古代的逻辑思想是十分丰富的，需要我们大力研究和发展。

古代印度的逻辑学说，即“因明”。“因”指推理的依据，“明”就是通常所说的“学说”，“因明”就是古代印度关于推理的学说。主要代表著作有陈那的《因明正理门论》、商羯罗主的《因明入正理论》等。这些著作主要研究了推理和论证方法，形成了古代印度特有的逻辑理论和体系。例如，陈那提出“三支论式”，认为每一个推理形式都是由“宗”“因”“喻”这三部分组成的。这里的“宗”相当于三段论的结论，“因”相当于三段论的小前提，“喻”相当于三段论的大前提。三支论式与三段论，主要是前提与结论的次序不同，它们的推理形式实际上是一致的。

古希腊是逻辑学的主要诞生地。古希腊哲学家亚里士多德在总结前人研究成果的基础上，第一次全面、系统地研究了逻辑学的各种主要问题，首创了形式逻辑这门科学。因此，有人称亚里士多德为“逻辑之父”。亚里士多德写有《范畴篇》《解释篇》《前分析篇》《后分析篇》《论辩篇》《辩谬篇》等逻辑专著。公元前 1 世纪由他的继承者们汇集出版，取名为《工具论》，意思是为人类提供认识的工具。在《工具论》中，亚里士多德比较系统地研究了概念、判断、推理的种类和关系，比较充分地阐明了作为演绎推理主干的三段论法的理论，制定了三段论的基本规则。在后来被定名为《形而上学》的这部哲学著作里，还讨论了形式逻辑的三条基本规律——同一律、矛盾律和排中律。亚里士多德还致力于把判断和推理抽象化、形式化的工作，这就给划分判断类型、研究推理形式和制定推理规则提供了可能性和方便条件。

二、逻辑学的发展

在亚里士多德之后，古希腊斯多葛学派研究了复合判断的问题，他们把复合判断区分为假言判断、选言判断和联言判断等。在此基础上，他们研究并制定了假言推理和选言推理的形式、规则。斯多葛学派的这些研究成果，补充了亚里士多德逻辑之不足，丰富了形式逻辑的内容。由于这部分内容是建立在对判断（即命题）进行研究的基础上的，因此人们把它称为“命题逻辑”。

近代资本主义时期，随着实验自然科学的兴起和发展，英国哲学家弗兰西斯·培根提出了科学归纳法，奠定了归纳逻辑的基础。1620 年，培根发表了他的专著《新工具》，他把这部著作取名为“新工具”，是为了表明他的归纳法与亚里士多德的《工具论》根本不同。培根认为归纳法才是认识的真正工具，他所提供的“新工具”理应取代亚里士多德的“旧工具”。在这部著作中，培根批评了亚里士多德的演绎逻辑（主要是三段论），陈述了他提出的“三表法”和“排除法”。所谓“三表”，就是“存在和具有表”“差异表”“程度表”。通过这些表，把观察到的事物现象加以整理和排列。所谓“排除”，就是从“三表”中把那些不相干的性质舍弃掉，进而找到事物之间的因果联系，发现事物的一般规律。培根认为，这才是“真正的归纳法”。

17 世纪末，德国的数学家和哲学家莱布尼茨提出了用数学方法处理演绎逻辑、把推理变成逻辑演算的光辉思想，因而他成为数理逻辑（即现代逻辑）的奠基人。19 世纪，英国数学家布尔建立了“逻辑代数”（即布尔代数），把莱布尼茨的思想变为现实，成为数理逻辑的早期形式。随后，经过弗雷格和罗素等人的研究，数理逻辑进一步系统化和完善，发展成为一门新兴的科学。

到了 19 世纪，英国哲学家约翰·穆勒继续发展了培根的归纳学说，他在《逻辑学体系》中，明确而系统地阐述了寻求现象间因果联系的五种归纳方法，即契合法、差异法、契合差异并用法、共变法和剩余法（逻辑史上通称为“穆勒五法”），进一步丰富了归纳逻辑的内容。

19 世纪中叶以后，马克思、恩格斯、列宁和毛泽东对逻辑学都有精辟的论述。他们运用辩证唯物主义的观点和方法研究逻辑问题，一方面在批判黑格尔辩证逻辑体系中的唯心主义的同时，吸收了其合理的因素，为科学的辩证逻辑奠定了基础；另一方面又在批评旧形式逻辑中的唯心主义和形而上学的同时，科学地阐明了形式逻辑的某些基本原理，对丰富和发展形式逻辑作出了重要贡献。

【复习思考题】

1. 普通逻辑研究的对象是什么？
2. 怎样理解普通逻辑是一门工具性的科学？
3. 思维的逻辑形式由哪两部分构成？区别各种逻辑形式的标志是什么？
4. 学习普通逻辑有什么意义？

第二章

概　念

【本章引例】

在鲁迅先生的著名小说《孔乙己》中，满口“之乎者也”而又穷困潦倒的老书生孔乙己，是个与众不同的人物，鲁迅先生说他是一个“穿着长衫站着喝酒的人”。他明明偷了人家的东西，但却死要面子，不愿承认是“偷”。当别人说他偷了人家的东西时，孔乙己立刻就睁大眼睛说：“你怎么这样凭空污人清白……”当有人说亲眼看到他偷了何家的书，被吊着打，孔乙己便涨红了脸，额上的青筋条条绽出，争辩道：“窃书不能算偷……窃书！……读书人的事，能算偷么?”他的回答引得众人哄笑起来。

你知道大家为什么哄笑吗?

第一节　概念概述

一、什么是概念

概念是反映事物本质属性或特有属性的思维形式。

在客观世界中，存在着各种各样的事物，任何事物都具有这样或那样的性质。例如，质、量、色、味、时空、性能、功用等性质，以及和其他事物之间的相互关系。这些性质和关系，我们通称为事物的属性。可以说一切事物都是由属性组成的，任何属性都属于一定的事物。事物由于属性的异同组合成不同的类，具有相同属性的事物组成一类，具有不同属性的事物组成为不同的类。

在事物的属性中，有些是特有属性，有些是非特有属性。所谓特有属性，是指为一类事物所独有而其他类事物都不具有的那些属性。如“犯有罪行并受到刑罚处罚”就是罪犯的特有属性，而“有眼睛”“有脚”却不只为罪犯所特有，因此，“有眼睛”“有脚”就是罪犯的非特有属性。

在事物的属性中，有些是本质属性，有些是非本质属性。所谓本质属性，就是决定该事物之所以成为该事物而区别于其他事物的属性。例如“能制造和使用劳动工具”就是人的本质属性，而身高、体重、性别等则是人的非本质属性。

概念与感觉、知觉、表象有着质的区别。感觉、知觉、表象是反映对象的具体形象的。在具体形象中，对象的本质属性和非本质属性是混合在一起没有分开的。概念不是反映对象的具体形象，而是抽象地反映对象的本质属性，舍弃了对象的非本质属性。所以，概念具有抽象性和概括性。毛泽东在《实践论》中说：“概念这种东西已经不是事物的现象，不是事物的各个片面，不是它们的外部联系，而是抓着了事物的本质，事物的全体，事物的内部联系了。概念同感觉，不但是数量上的差别，而且有了性质上的差别。”①

概念是对象本质属性在人脑中的反映形式，属于意识的范畴，并非客观对象本身，因而它具有主观性。由于概念是主观对客观事物的反映，因而它不能脱离客观。如果没有客观事物，那就根本不可能有对客观事物的反映，可见，概念又不是完全脱离客观的纯主观的东西。所以，概念是主观性和客观性的统一。

二、概念与语词

概念与语词有着密切的联系。人们对客观事物本质属性的认识所形成的概念，还只是头脑中的思想。它必须借助语言的形式表达出来，以传达给别人。语词是表达概念的声音与符号，是概念的语言形式，概念是语词的思想内容。有的概念用一个词来表达，如“法”“人”“文秘”“人民”等，有些概念则用词组来表达，如“中华人民共和国刑法”“高职文秘专业的学生”等。

但是，概念与语词又是有区别的，主要表现为：

第一，所有的概念都要用语词来表达，但并非所有的语词都表达概念。一般来说，汉语中的实词是表达概念的。如“家”“小”“跑”“二”等都是表达概念的实词。虚词一般不表达概念。如“的”“吗”“啊”等不能单独充当语法成分的虚词不表达概念。

第二，不同的语词可以表达同一个概念。例如，“宪法”和“国家的根本法”、“土豆”

① 毛泽东选集：第1卷. 2版. 北京：人民出版社，1991：285.

和“马铃薯”等，虽然语词不同，但表达的事物完全相同，因此，它们表达的是同一概念。

在鲁迅先生的著名小说《孔乙己》中，实际上“窃书”和“偷书”是不同的语词反映的同一概念，它们的外延是相同的。孔乙己故意把“窃书”与“偷书”相混淆为自己狡辩，以表明他的与众不同：他是“穿长衫”的读书人，是有文化知识的，怎么能叫偷呢？“偷”字只能用在那些“穿短衫”的人身上，所以，他是“窃书”而非“偷书”。鲁迅先生善于运用人物自身在言行和思想上的逻辑错误与逻辑矛盾来揭示人物的思维特征，刻画人物性格。他通过孔乙己违反逻辑思维的语言，生动地刻画出孔乙己既不能挤入上层社会，又对下层社会不屑一顾，成为“站着喝酒而穿长衫的唯一的人”的悲惨命运。

第三，同一个语词可以表达不同的概念。由于语境不同，同一个语词也可以表示不同的概念。例如，“老了”这个语词，可以表示人年纪大了，也可以表示人死了。又如“地下”这个语词，既可以表示在地面上，又可以表示在地面下，还可以表示不合法的、隐蔽的等概念。

三、概念的内涵和外延

（一）概念内涵和外延的特征

概念反映对象的本质属性，同时也就反映了具有这种本质属性的对象，因而概念有客观的内容和确定的范围，这两方面分别构成了概念的内涵和外延。

概念的内涵就是指反映在概念中的对象的本质属性或特有属性。例如，“秘书”这个概念的内涵，就是指处于枢纽地位，主要以办文、办会、办事来辅助决策并服务于领导的人员。又如“罪犯”这个概念的内涵，就是指犯有罪行并受刑罚处罚的人。

概念的外延是指具有概念所反映的本质属性或特有属性的对象，通常称为概念的适用范围。例如，“秘书”这个概念的外延，就是指凡是处于枢纽地位，主要以办文、办会、办事来辅助决策并服务于领导的那些人，包括机要秘书、文字秘书、生活秘书、外事秘书，等等。又如“罪犯”这个概念的外延，就是指犯有各种各样的罪行而受刑罚处罚的那些人。

（二）概念内涵和外延的确定性与灵活性

对某些概念来说，内涵和外延是互相依存、互相制约的。概念的内涵是指这个概念所反映的事物是什么属性的事物，是指概念的质的方面；概念的外延是指这个概念所反映的那些事物，是指概念的量的方面。确定某一概念的内涵，也就相应地确定了这个概念的外延。例如“人”这个概念，当我们确定其内涵为“能制造和使用劳动工具的动物”时，那么其相应的外延“所有的能制造和使用劳动工具的动物”也就确定了下来。因为“人”这个概念是人们在实践中反复认识客观事物的基础上，经过质变而形成的。从这方面来说，概念的内涵和外延具有相对确定性，即在一定时间、地点、条件下，概念的内涵和外延总是确定的、不变的。

但另一方面，概念的内涵和外延又具有灵活性。因为概念是人们对客观事物的一种认识，而认识具有发展性和不完整性，所以，随着客观事物的发展和人们在实践中对客观事物认识的不断深入，某些概念的内涵和外延也会发生变化。例如“人民”这个概念，在抗日战争、解放战争、中华人民共和国成立初期和现阶段这几个时期的内涵和外延都不相同。

尽管早在1875年，人们就已经知道人有不同的血型，但是直到1901年，奥地利著名的医学家、生理学家卡尔·兰德斯泰纳博士才在离心器内将血液分离以后，依据血红细胞来划分血浆系统，将这些血型系统规范为A、B、O、AB四种，给出了现代意义的血的类型（ABO系统）。1930年，他因此被授予了诺贝尔生理学或医学奖。但“血型”这概念的内涵，还需要进一步探索，因为人的认识是不断发展的。

日本警察科学研究所第二研究室主任山本茂在侦破一桩拖延了很久的案件时，吃惊地发现从现场取来那个枕头芯内的荞麦皮属AB型！

这就是说，植物也含有血型物质，也有“血型”！这是血型学上前所未有的发现。其实，这并不奇怪。血型物质的化学成分为一种特殊的糖类，不光人身上有，植物也有，因此植物同样有“血型”。

山本茂深入地进行研究，他发现，苹果、南瓜、草莓、山茶为O型，珊瑚树为B型，葡萄、李子、单叶枫为AB型。他调查了500多种植物，逐一查明了它们的血型。但他始终没有发现A型的植物。

概念是思维的基本形式，是构成判断和推理的基础。了解概念的内涵与外延，对于人们正确地理解概念、准确地运用概念，具有重要意义。如果我们掌握了某一概念的内涵与外延，则这个概念就是明确的；如果我们没有掌握或没有完全掌握某一概念的内涵与外延，则这个概念就是不明确或不完全明确的。如“公文”这个概念，只有了解了它“是传达贯彻党和国家方针政策，公布法律和规章，指导、布置和商洽工作，请示和答复问题，报告、通报和交流情况等的重要工具”的内涵，了解了它十五种格式（外延），才可以说明确了“公文”这个概念。掌握一个概念的内涵与外延的程度是衡量我们对这个概念明确到什么程度的标准。逻辑学研究概念的目的就是要明确概念，进而准确地使用概念，以保证思维的正确性。

第二节　概念的种类

根据概念内涵和外延方面的某些共同特征，可以按照不同的标准，把概念划分为若干不同的种类。了解概念的分类，有助于了解各种概念的特征，从而正确地运用概念。

一、单独概念和普遍概念

根据概念外延的大小，即概念所反映的对象数量的不同，可以把概念分为单独概念和普遍概念。

（一）单独概念

单独概念是指反映一个特定对象的概念，它的外延是一个独一无二的事物。例如，“中华人民共和国刑法”“杭州市”“鲁迅”等都是单独概念，它们反映的对象都是一个独一无二的个体。

从语言角度来说，语词中的专有名词表示单独概念，例如，“上海”“美国”“《红楼梦》”“西安事变”等。单独概念也可以用词组（一般指摹状词）来表达，例如，“《红楼梦》的作者”“世界上最长的河流”“中国第一部宪法”等。

（二）普遍概念

普遍概念是指反映由两个以上的对象所组成的概念。它的外延不是一个单独的个体，而是由两个或两个以上的对象组成的类。例如，“法律”“城市”“人”“国家”等，它们所反映的对象都不是单一的，而是由许多属性相同的事物组成的类。这种反映同一类事物的概念就叫做普遍概念。

从语言角度来说，语词中的普通名词表示普遍概念，例如，“书”“动物”“法律”“政策”等。普遍概念也可以用词组来表达，例如，“中国的法律”“美国的城市”“杭州的中学”等，这些概念都是普遍概念。它们的外延不是一个独一无二的事物，而是由许多性质相同的事物所组成的类。

单独概念和普遍概念的划分是根据外延的多少来进行的，因此，要判断一个概念是单独概念还是普遍概念，可以通过在概念前面加数量词来进行。比如，在“书”“城市”前面可以分别加数量词“五本”“三个”，则“书”“城市”就是普遍概念。但在“《三国演义》”“北京市”前面就不能分别加数量词“五本”“三个”了，所以“《三国演义》”“北京市”就是单独概念。

二、集合概念和非集合概念

根据概念所反映的对象是否为集合体，可以把概念分为集合概念和非集合概念。

（一）集合概念

集合概念是反映事物集合体的概念。集合体就是由两个或两个以上的个体经过组合构成的一个统一整体，这个整体所具有的本质属性不为组成它的个体所具有。例如，“森林”是一个集合体，它是由许许多多一棵一棵的树（个体）组成的整体，它所具有的本质属性，其中的某一个体（某一棵树）不具有。以这类集合体作为反映对象的概念，就叫做集合概念。如“中华民族”“工人阶级”“法律丛书”等都是集合概念。

（二）非集合概念

非集合概念是反映非集合体的概念。非集合概念是相对于集合概念来说的，凡不属于反映集合体的概念都是非集合概念。例如，“民族”“工人”“书”“树”等，它们不反映事物集合体，都是非集合概念。

分析一个概念是集合概念还是非集合概念，要把这个概念放在具体的语言环境中进行。例如，在“我们班的同学来自全国各地”和“我们班的同学都是中国人”这两个语句中，前一个“我们班的同学”是个集合概念，它不反映我们班中的某个同学，不能说成“我们班的某个同学来自全国各地”。后一个“我们班的同学”是个非集合概念，它既反映我们班中所有的同学，也反映我们班中的某个同学，可以说“我们班的某个同学是中国人”。同样，“儿童是祖国的未来”和“儿童是受法律保护的”这两个判断中的“儿童”也不一样，前者表示集合概念，而后者则表示非集合概念。

三、正概念和负概念

根据概念所反映的对象是否具有某种属性，可以把概念分为正概念和负概念。

正概念是反映对象具有某种属性的概念。例如，“合法”“公务员”“伟大”等，都是正概念，也叫做肯定概念。

负概念是反映对象不具有某种属性的概念。例如，“不合法”“非公务员”“未成年人”“无罪”等，都是负概念，也叫做否定概念。

任何概念总是相对于一个特定范围而言，一个概念所相对的特定范围，在逻辑上称为论域。理解一个负概念，必须注意它的论域。例如，“非党员”与“未成年人”的论域是“人”，只有了解了它们的论域，才知道“非党员”是指党员以外的“人”，“未成年人”是指成年人以外的“人”。而“无罪”指的是“罪”以外的行为，其论域是“人的行为”。论域有大有小，在使用概念的过程中，可以根据实践的需要人为地加以限制。在同一论域中，有确定的正概念，就必定有明确的负概念。

上述概念的各种分类是从不同角度来划分的，目的在于了解概念的各个方面的特征。一个概念不止是属于某种划分中的一个种类，而是可以分别属于几种不同划分中的不同种类，例如，“秘书”这个概念既是一个普遍概念，又是一个非集合概念，也是一个正概念；“未成年人”这个概念既是一个普遍概念，又是一个非集合概念，也是一个负概念。

第三节 概念间的关系

概念是人们反映客观事物本质属性的一种思维形式，客观事物之间存在着各种各样的联系，因而概念之间的关系也是各种各样的。普通逻辑不研究概念之间的一切关系，只研究两个概念的外延之间的关系。根据概念外延之间是否重合，可以把概念分成相容关系和不相容关系两大类。

一、相容关系

相容关系是指两个概念的外延至少有一部分重合的关系。根据外延重合的多少，相容关系又可以分为同一关系、真包含关系、真包含于关系和交叉关系四种。

（一）同一关系

同一关系也叫做全同关系，它是指外延完全重合的两个概念之间的关系。例如，“J. K. 罗琳”（a）和“《哈利·波特》的作者”（b）这两个概念，它们的外延完全重合，那么 a 概念与 b 概念之间的关系就是同一关系。概念之间的同一关系可用图形表示，如图 2－1 所示。

具有同一关系的概念是从不同的方面来反映同一对象的，它们的外延是同一的，但内涵却不一样或不完全一样。例如，“规定国家根本制度的法律”是从内容方面来反映宪法的，“具有最高法律效力的法律”则是从法律效力的程度方面来反映宪法的，所以两者的内涵是不同的。现代汉语中的同义词只有当外延完全相同时，才是同一关系。

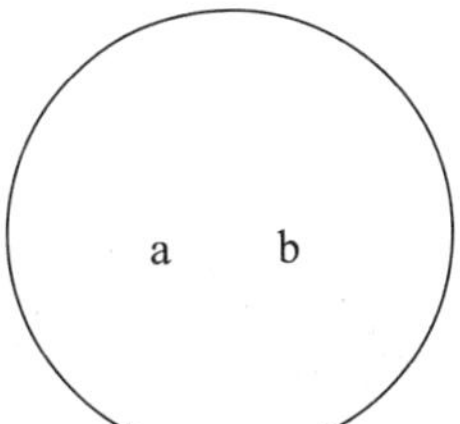

图 2－1 同一关系

具有同一关系的概念内涵有所不同，外延却完全相同。因此，在语境许可的情况下，具有同一关系的概念可以交替使用，这样既可以避免表述重复，又可以丰富表达的内容。例如，在“中国，我的母亲，世界上人口最多的国家”中，“中国”“我的母亲”“世界上人口最多的国家”这三个概念是同一关系，这里交替使用会取得不同的修辞效果。

（二）真包含关系

真包含关系是指一个概念的部分外延与另一个概念的全部外延重合的关系。例如，

“学生”（a）和“高职学生”（b）这两个概念，a 概念的外延大，b 概念的外延小，a 概念的外延包含了 b 概念的全部外延，b 概念的外延被 a 概念的外延所包含。那么，a 概念与 b 概念之间的关系就是真包含关系。概念之间的真包含关系可用图形表示，如图 2-2 所示。

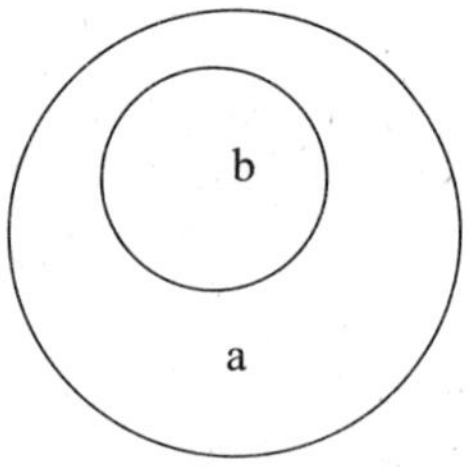

图 2-2　真包含关系

（三）真包含于关系

真包含于关系是指一个概念的全部外延与另一个概念的部分外延重合的关系。例如，“文字秘书”（a）与“秘书”（b）这两个概念，a 概念的外延小，b 概念的外延大，a 概念的全部外延都包含在 b 概念之中，那么 a 概念与 b 概念之间的关系就是真包含于关系。概念之间的真包含于关系可用图形表示，如图 2-3 所示。

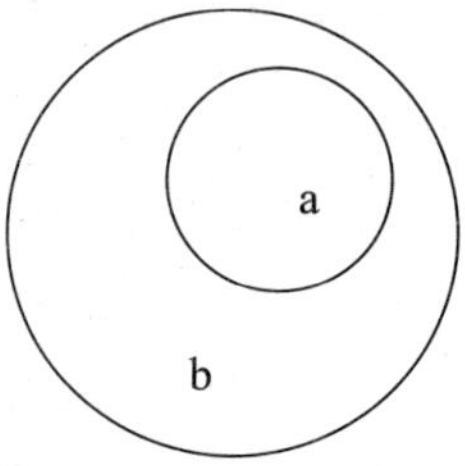

图 2-3　真包含于关系

真包含关系与真包含于关系是相对互逆的，人们把它们合称为属种关系。在具有属种关系的概念中，外延大的概念称为属概念，外延小的概念称为种概念。如 a 真包含 b 时，a 为 b 的属概念，b 则为 a 的种概念；当 a 真包含于 b 时，a 为 b 的种概念，b 则为 a 的属概念。属概念所反映的对象是一个类，种概念所反映的对象是组成类的一个分子。所以，属种关系所反映的是类和分子之间的关系。

由于属概念与种概念分别反映不同层次的对象，因此，在语言表达中，属概念与种概念一般不能并立使用，否则，会使部分外延被重复断定。例如，有一本《秘书学概论》的教材上谈到经济方法时指出：“本书主编调查了几位大学校长和医院院长，他们都不能不把相当的精力放到财经问题和为本单位筹款上，表示十分需要懂经济的秘书助理。”这段话中的“财经问题”和“筹款”是属种关系，作者将它们作为全异关系进行并列使用，造成读者思想上的混乱。又如，《中华人民共和国刑法》第一百一十五条第一款规定：“放火、决水、爆炸以及投放毒害性、放射性、传染病病原体等物质或者以其他危险方法致人重伤、死亡或者使公私财产遭受重大损失的，处十年以上有期徒刑、无期徒刑或者死刑。”这里的放火罪、决水罪、爆炸罪、投毒罪是属于属概念，它们可以分为故意放火罪、故意决水罪、故意爆炸罪、故意投毒罪和过失放火罪、过失决水罪、过失爆炸罪、过失投毒罪两种种概念。第二款规定：“过失犯前款罪的，处三年以上七年以下有期徒刑；情节较轻的，处三年以下有期徒刑或者拘役。”这就把属概念如放火罪、决水罪、爆炸罪、投毒罪和过失放火罪、过失决水罪、过失爆炸罪、过失投毒罪这些种概念并立使用，造成了概念不明确。

（四）交叉关系

交叉关系是指一个概念的部分外延与另一个概念的部分外延重合的关系。例如，“教师”（a）和“律师”（b）这两个概念，它们的外延仅有一部分是重合的。即 a 概念的部分外延与 b 概念的部分外延重合，那么 a 概念与 b 概念之间的关系就是交叉关系。交叉关系的概念不能并立使用，如青年和学生。概念的交叉关系可用图形表示，如图 2－4 所示。

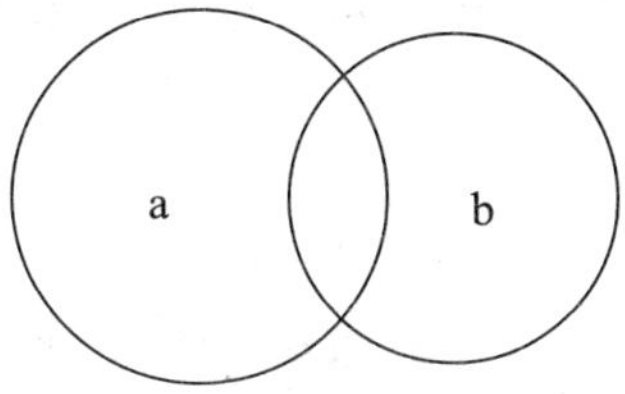

图 2－4　交叉关系

二、不相容关系

不相容关系是指两个概念的外延没有任何一部分重合的关系。例如，“金属”和“非金属”、“红色”和“黄色”，它们之间没有任何外延重合，所以这两组概念之间的关系就是不相容关系。不相容关系也可以称为全异关系，它可分为矛盾关系和反对关系两种。

（一）矛盾关系

矛盾关系是指两个概念的外延没有任何部分重合，而它们的外延之和刚好等于其属概念的外延。例如，“成文法”（a）和“不成文法”（b）这两个概念，它们的外延没有任何重合，而两个概念的外延之和等于其属概念“法律”（c）的外延。那么，a 概念与 b 概念之间的关系就是矛盾关系。概念之间的矛盾关系可用图形表示，如图 2－5 所示。

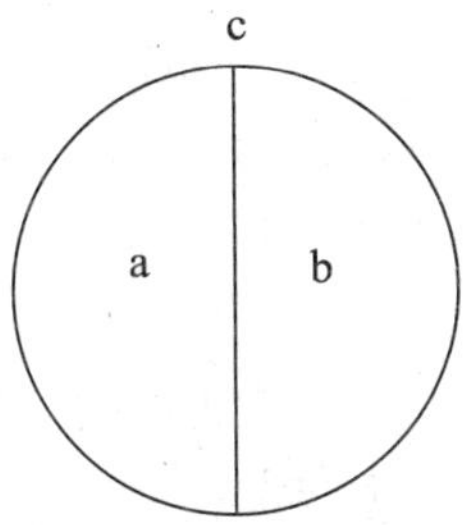

图 2－5　矛盾关系

（二）反对关系

反对关系也叫做对立关系。如果两个概念的外延没有任何部分重合，而它们的外延之和小于其属概念的外延，那么，这两个概念之间的外延关系就是反对关系。例如，“红色”（a）和“黄色”（b）这两个概念，它们的外延没有任何重合，而两个概念的外延之和小于其属概念“颜色”（c）的外延。那么，a 概念与 b 概念之间的关系就是反对关系。概念之间的反对关系可用图形表示，如图 2－6 所示。

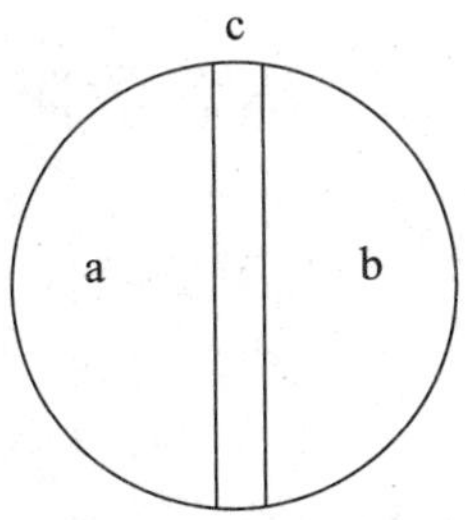

图 2－6　反对关系

用圆圈图形直观地来表示概念外延之间的关系，是瑞士数学家欧勒提出来的。人们为了纪念他，把这种图形称为欧勒图。我们可以通过欧勒图正确地表示各种概念的关系，并正确地理解这些概念所反映的事物之间的关系。

第四节　概念的限制和概括

一、概念内涵与外延之间的反变关系

当我们对概念进行比较时会发现，概念的内涵有多有少，外延有大有小。例如，“秘书”的内涵是指“处于枢纽地位，主要以办文、办会、办事来辅助决策并服务于领导的人”，“行政秘书”这个概念比“秘书”这个概念多了职能范围的内涵，“行政机要秘书”这个概念又比“行政秘书”这个概念多了性质的内涵。它们的内涵一个比一个增多，而外延却一个比一个缩小。

一个概念的内涵越多，则外延越小；一个概念的内涵越少，则外延越大。这就是概念内涵与外延之间的反变关系。凡具有属种关系的两个概念在内涵和外延之间都具有反变关系，即种概念的内涵比属概念的内涵多，而外延小；属概念的内涵比种概念的内涵少，而外延大。反变关系是概念进行限制和概括的逻辑依据。

例如，“侦察”与“侦查”两个概念，后者的外延（概括的范围）大于前者。侦察，是在进入刑事诉讼程序之前的活动（可以认为是“侦查”的前期工作）；是确认犯罪嫌疑人、查找证据的调查活动；是国家侦察保卫机关根据有关法令规定，运用各种专门手段措施进行的特殊调查研究工作；通常采用相对侦察对象是秘密的方法。其中，国家安全侦察工作更具特殊性，间谍犯罪的国际政治背景、外交关系的复杂性，决定了案情处置的复杂性，如能否破案、何时破案，甚至是否提起诉讼等，都有其相关因素牵制，不能按刑事侦察工作常规处理。而侦查是指依照刑事诉讼法进行的查明案情、搜集证据、揭露和证实犯罪的专门调查和强制措施，可按法定程序公开进行。从外延看，专门侦查指讯问、询问、勘验、检查、搜查、扣押（物证、书证）、鉴定、通缉。

二、概念的限制

概念的限制，就是通过增加概念的内涵以减少概念外延的逻辑方法，它使一个外延较大的属概念过渡到一个外延较小的种概念。

例如，对“学生”这个概念，增加“高等学校”这一内涵，其外延就缩小了，变成了“高等学校学生”这个概念。对“高等学校学生”这个概念再增加“浙江”这一内涵，其外延又缩小了，过渡到了“浙江高等学校学生”这一概念，这就是概念的限制过程。人们在表达思想时，如果使用的概念外延过大，就不能明确表达想要表达的内容，这就需要用概念的限制去缩小概念的外延。例如，在“发扬民主”这个判断中，“民主”的外延太大，是资本主义的民主还是社会主义的民主呢？所以，这里的“民主”要进行限制，改成“发扬社会主义民主”就比较准确了。

如我国台湾地区的一个被称为“文字狱”的案件，就是因为其所谓的法律概念不准确而引起的。

1976 年 10 月，《潮州文献》发表郭寿华的文章《韩文公、苏东坡给予潮州后人的观感》。文中有韩愈妻妾之外不免消磨于风花雪月，曾在潮州染风流病，以至于体力过度消耗及误信方士下硫黄补剂中毒等描述。文章发表后，韩愈第 39 代直系亲属韩思道，向台北“地方法院”自诉郭寿华“诽谤死人罪”。

台湾所谓“刑法”规定有诽谤死人罪，所谓“刑诉法”规定：对“诽谤死人罪”，“直系血亲有诉讼权”，但对“直系血亲”未作规定或解释。

既然台湾所谓的有关规定对“直系血亲”未作关于年代的限制，台北“地方法院”认为韩思道有诉讼权。经审理认为：被告以涉于私德、与公益无关之事，无中生有，对韩愈的诽谤罪成立，判处郭寿华罚金 300 元。

郭不服，上诉台北“高等法院”，经判驳回。基于台湾所谓的有关规定，该判决是合乎规定的，但认定韩愈的第 39 代孙对该案有诉讼权，又显然违背“立法”目的。因为郭某于韩愈死后一千多年撰文指其染有风流病，对其第 39 代孙是否造成伤害，值得怀疑，因而该案判决引起极大震动。

追问其中原因，是因为台湾所谓“刑诉法”未对“直系血亲”作关于年代的限制，是其所谓的法律概念不准确，造成了合乎“法律”的判决，却又有悖于“立法”意图。①

概念的限制可以连续进行。如“学校”可以限制到“高等院校”，再限制到“综合大学”，直到“浙江大学”，这就是连续限制。因限制是由属概念过渡到种概念，所以，全同关系、交叉关系或全异关系的概念不能进行限制，另外，单独概念或集合概念也不能再进行限制。

三、概念的概括

概念的概括，就是通过减少概念的内涵以扩大概念外延的逻辑方法，它使一个外延较小的种概念过渡到一个外延较大的属概念。

例如，对“中国工人阶级”这个概念减去“中国”这个属性，就扩大为“工人阶级”；对“工人阶级”这个概念减去“工人”这个属性，就扩大为“阶级”。这就是概念的概括。人们在表达思想时，如果使用的概念外延过小，同样不能明确表达想要表达的内容。如“司法工作人员必须遵纪守法”，但要遵纪守法的不仅仅只是“司法工作人员”，显然，这里“司法工作人员”的外延过小，应概括为“所有的公民都必须遵纪守法”。

概念的概括也可以连续进行。如“男人”到“人”再到“动物”，就是连续概括。因

① 杨仁寿. 法学方法论. 北京：中国政法大学出版社，1999：3－8.

概括是种概念过渡到属概念的一种逻辑方法，所以，它只能在属种关系的概念之间进行。同时，当一个概念概括到哲学范畴的时候，就不能再进行概括了，因为再也没有比哲学范畴外延更大的概念了。

第五节　定　义

一、什么是定义

定义就是明确概念内涵的逻辑方法，即揭示概念所反映的事物的本质属性或特有属性的逻辑方法。例如：

①法律是由立法机关制定，国家政权保证执行的行为规范。

②商品是用来交换的劳动产品。

③名词是用来表示人和事物名称的词。

以上三例分别指出了“法律”“商品”“名词”这三个概念反映的对象所具有的本质属性，即揭示了这三个概念的内涵，因而都属于定义。

定义由被定义项、定义项和定义联项三个部分组成。被定义项就是要被揭示内涵的概念，如例①中的“法律”，例②中的“商品”，例③中的“名词”。定义项就是用来揭示被定义项内涵的概念，如例①中的“由立法机关制定，国家政权保证执行的行为规范”，例②中的“用来交换的劳动产品”，例③中的“用来表示人和事物名称的词”。定义联项就是表示被定义项和定义项之间的联系的概念，如上述三例中的“是”。

二、下定义的方法

给概念下定义，首先必须了解掌握概念所反映的事物的本质属性。逻辑学只是在人们了解掌握了事物的本质属性的基础上，提供给人们一种下定义的方法。人们在下定义时，经常用到的方法有以下几种。

（一）属加种差定义

用属加种差定义的方法给概念下定义时，首先找出被定义项最邻近的属概念，然后找出被定义项与其他同级种概念之间的差别——种差，最后把最邻近的属与种差加在一起，组成定义。

例如，给“刑法”下定义，首先找出刑法最邻近的属概念“法律”，然后把刑法和其他各种法律加以比较，找出它和其他各种法律（如民法、经济法、婚姻家庭法等）之间的差别，即“规定犯罪和刑罚的”，这就是刑法有别于其他法律的种差。最后，将“种差”和“属概念”相加，组成定义：“刑法就是规定犯罪和刑罚的法律。”属加种差定义是下定义时最常用的一种方法，这种下定义的方法可以用下列公式表示：

被定义项＝种差＋邻近的属概念

（二）发生定义

发生定义是以事物产生或形成的情况作为种差而作出的定义。例如，我国《刑法》第十四条关于“故意犯罪”的定义，“明知自己的行为会发生危害社会的结果，并且希望或者放任这种结果发生，因而构成犯罪的，是故意犯罪”。第二十六条关于“犯罪集团”的定义，“三人以上为共同实施犯罪而组成的较为固定的犯罪组织，是犯罪集团”。前一个定义是把“故意犯罪”的产生情况作为种差而下的定义，而后一个定义是把“犯罪集团”如何形成的情况作为种差来下的定义。

（三）语词定义

语词定义是说明或规定语词含义的定义。语词定义主要是用来对一些比较难理解的语词进行说明或注释，或者对不十分明确的语词含义加以规定，而不一定是对事物本质属性的揭示。

语词定义有两种，即规定的语词定义和说明的语词定义。

当别人不了解某一个语词的意义时，我们就要用一个语词定义来说明这个语词的含义，这就是说明的语词定义。例如，“乌托邦”原为希腊语，“乌”是没有，“托邦”是地方，“乌托邦”就是指没有的地方，也就是一种空想、虚构的理想的完美境界。这就是对“乌托邦”这个概念的说明的语词定义。

规定的语词定义，就是对一个新的语词或者在某种特殊意义上使用的某些语词作出规定性的解释。例如，司法应用逻辑是以普通逻辑的一般原理为框架（包括传统的和现代的逻辑），结合研究刑事侦查、审案判决、起诉辩护等一系列司法工作实践，研究司法工作思维的基本规律和方法特点的一门应用性学科①。这就是对“司法应用逻辑”这个概念的规定的语词定义。法律条文中的定义，基本上是规定的语词定义。因为法律是统治阶级意志的表现，是立法机关根据统治阶级的利益、统治阶级的意志所作的规定。

另外，还有一些下定义的方法，例如，通过揭示被定义对象与其他事物的关系给概念下定义的关系定义，通过揭示事物的功用给概念下定义的功用定义，等等。

---

① 张志成. 逻辑思维与司法实践. 北京：北京大学出版社，2005：6.

三、下定义的规则

为了使定义准确地揭示出概念的内涵，以达到明确概念内涵的目的，除了掌握下定义的方法以外，还必须遵守以下几条下定义的规则。

（一）定义必须相应相称

这条规则要求定义项的外延必须与被定义项的外延是全同关系。定义项的外延既不能大于被定义项的外延，也不能小于被定义项的外延，两者应当相等。违反了这条规则，就要犯“定义过宽”或“定义过窄”的逻辑错误。例如：

①刑法是关于犯罪和刑罚的法律。

②刑法是国家制定的法律。

③刑法是惩治贪污犯的法律。

例①中的“刑法”和“关于犯罪和刑罚的法律”外延相等，合乎这条规则的要求。例②中的“刑法”和“国家制定的法律”不相等，因为国家制定的法律不单只有“刑法”，定义项的外延大于被定义项的外延，犯了“定义过宽”的逻辑错误。而例③中的定义项“惩治贪污犯的法律”的外延小于被定义项“刑法”的外延，“惩治贪污犯”只是“刑法”的一部分内容，犯了“定义过窄”的逻辑错误。

（二）定义项中不能直接或间接地包含被定义项

这条规则要求既不能在定义项中直接引用被定义项，又不能用被定义项来解释定义项。我们给概念下定义的目的，就是要用定义项去揭示被定义项的内涵，如果定义项中包含了被定义项，那就达不到明确被定义项内涵的目的。

违反这条规则，就会犯“同语反复”或“循环定义”的逻辑错误。例如：

①罪犯就是犯了罪的人。

②辩证法就是同形而上学根本对立的宇宙观，形而上学就是同辩证法根本对立的宇宙观。

例①中定义项直接引用了被定义项，犯了“同语反复”的逻辑错误；例②中因定义项依赖于被定义项来解释，犯了“循环定义”的逻辑错误。

（三）定义项一般不能用否定句形式或负概念

这条规则要求不能使用否定语句或否定概念来下定义。因为，定义应当直接揭示被定义项的内涵，但否定句和否定概念不能反映被定义项具有何种本质属性，只能说明被定义项指称的对象不具有某种属性，这样就不能达到下定义的目的。例如：

①合法行为就是不违反法律的行为。

②报告不是通知。

例①在定义项中用了负概念“不违反法律”；例②是用否定句的形式“……不是……”。以上两例都没有达到揭示被定义项“合法行为”和“报告”这两个概念的本质属性的目的，因而都违反了“定义项一般不能用否定句形式或负概念”这一规则。

（四）定义项必须用清楚确切的科学术语

定义要揭示被定义项的内涵，所以要求定义项必须用明确的科学术语表达，不能用晦涩含混的语言，也不得用比喻。如果定义项中使用了晦涩含混的语言或比喻形式，就达不到明确概念内涵的目的。例如：

①生命就是内在关系对外在关系的不断适应。

②教师是园丁。

例①在定义项中使用了含糊不清的语词，“内在关系对外在关系的不断适应”是令人难以理解的含混概念，没有揭示“生命”的内涵，不能作为定义。例②是用比喻的形式来给“教师”下定义的，虽然富有形象性和启发性，但没有直接和准确地揭示出“教师”的本质属性，也不能作为定义。

第六节 划 分

一、划分的特征

划分是通过把一个概念所反映的对象，分为若干个小类，来揭示这个概念外延的逻辑方法。例如：

①法律可分为成文法和不成文法。

②人可分为老年人、中年人、青年人、少年儿童和婴儿。

例①是根据“法律”的表现形式不同来进行划分的，把法律分成两个小类，用来明确它的外延。例②是按照“人”的年龄差别来进行划分的，按年龄不同把人分成五个小类，以明确它的外延。

划分由划分的母项、划分的子项和划分的标准三个部分组成。划分的母项就是要被划分的概念，如例①中的“法律”和例②中的“人”。划分的子项就是从母项中划分出来的概念，如例①中的“成文法”和“不成文法”，例②中的“老年人”“中年人”“青年人”“少年儿童”“婴儿”。划分的标准也称划分的依据，如例②中的划分标准就是人的年龄差别。

划分是把一个属概念分成几个种概念的逻辑方法，所以，划分的母项必须是普遍概念，不能是单独概念。由于划分是揭示概念外延的逻辑方法，因此它和分解不同。分解是把一个具体事物分成若干部分，而划分是根据某一标准把母项分成若干个子项，划分后的子项仍然具有母项的属性。

二、划分的方法

划分的方法有一次划分和连续划分两种。

一次划分就是根据划分标准把母项的外延一次划分完毕，这种划分只有母项和子项两层。如把“文学体裁”分为“诗歌”“小说”“散文”“戏剧”四个并列的子项，而对子项不再进行划分。

连续划分是把第一次划分以后的子项作为母项，继续划分出子项，直到满足实践需要为止。如把“文学体裁”分为“诗歌”“小说”“散文”“戏剧”四个子项以后，可以把“小说”作为母项再划分为“中国小说”和“外国小说”这两个子项，还可以把“中国小说”作为母项继续划分，直到满足需要为止。

此外，在实际划分中还有一种特殊的划分方法：二分法。二分法以对象有无某种属性作为划分标准，将一个属概念划分为一个正概念和一个负概念。如把“死亡”分为“正常死亡”和“非正常死亡”；把“考试成绩”分为“及格”和“不及格”。这里对“死亡”和“考试成绩”都是采用二分法作出的划分。

二分法简单易行，这是它的优点。但是，由于它的子项中有一个否定概念，此否定概念的内涵是什么不清楚，这是它的缺点。

三、划分的规则

（一）划分必须相应相称

划分必须相应相称，是指划分后的子项外延之和必须与母项的外延相等。如果违反这条规则，就会犯“划分过宽”或“划分不全”的逻辑错误。例如：

①文学作品包括小说、诗歌、散文、戏剧、音乐、雕塑。

②刑罚的主刑可分为管制、有期徒刑、无期徒刑、死刑。

例①中“文学作品”概念的外延等于“小说”“诗歌”“散文”“戏剧”四个子项的外延之和，而这里却多出了“音乐”和“雕塑”两个子项，犯了“划分过宽”的逻辑错误。例②中把“主刑”的外延分为“管制”“有期徒刑”“无期徒刑”“死刑”四个子项，漏了“拘役”这个子项，犯了“划分不全”的逻辑错误。

（二）划分的标准必须同一

事物有许多属性，按不同的属性可以划分出不同的种类。划分的标准必须同一，这条规则要求我们在同一次划分中，全部子项都必须依据某一标准列出，不允许一部分子项依据这一标准列出，另一部分子项则依据另一标准列出。违反这条规则，就会犯“多标准划分”的逻辑错误。例如：

①法律可分为国内法、国际法和程序法。

②人可以分为成年人、未成年人、中国人和男人。

例①中同时使用了两个标准进行划分：“国内法”和“国际法”是以法律的适用范围为标准的，而“程序法”则是以法律规定的内容为标准的。例②中对人的划分同时使用了年龄、国籍和性别三个标准，这样的划分，使诸子项的外延互相交叉，界限不清，达不到明确概念外延的目的。

（三）划分后的各子项必须互相排斥

划分出的子项之间应该是不相容关系，必须互相排斥。如果违反这条规则，子项之间就会产生属种或交叉关系，造成子项的重叠，犯“子项相容”的逻辑错误。

例如，“我班的同学有来自北方的、南方的、浙江的，还有杭州的”。这样的划分就出现了“子项相容”的逻辑错误，“南方的”“浙江的”“杭州的”这三个子项是相容的。

如果犯“子项相容”的逻辑错误，那么划分时肯定没有按同一标准进行。因此，违反了第（三）条规则也肯定违反了第（二）条规则，但违反第（二）条规则不一定违反第（三）条规则。如“三角形可以分为等边三角形和不等角三角形”，就违反了第（二）条规则，但没有违反第（三）条规则。

（四）划分的层次必须清楚

划分的层次必须清楚，是指划分所得的子项必须是母项最邻近的种概念，并应当是在同一层次的。如果划分所得的子项不是母项最邻近的种概念或不是同一层次的，就会犯“层次不清”或“越级划分”的逻辑错误。例如：

①我国的刑罚可分为主刑、罚金、剥夺政治权利和没收财产。

②我国刑罚包括管制、拘役、有期徒刑、无期徒刑、死刑、罚金、剥夺政治权利、没收财产。

例①中把“主刑”和“附加刑”的属种概念并立，层次混乱，犯了“层次不清”的逻辑错误。例②中少了中间层次“主刑”和“附加刑”的划分，子项不是母项的最邻近的种概念，造成另一种划分不清，犯了“越级划分”的逻辑错误。

【复习思考题】

1. 什么是概念？它与语词有何关系？
2. 概念有哪些种类？怎样区别集合概念与非集合概念？
3. 概念的外延之间有哪几种关系？如何区别矛盾关系与反对关系？
4. 什么是定义？其规则有哪几条？
5. 什么是划分？它有几条规则？
6. 什么是概念的限制和概括？它们有何意义？

第三章

判　断

【本章引例】

森林里正在开庆祝大会，祝贺小松鼠和小花猫获得了“文明公民”的光荣称号。参加庆祝大会的小动物很多，主持熊猫向来宾介绍说：“小松鼠和小花猫是文明公民，就是说，小松鼠是文明公民，小花猫也是文明公民；小松鼠和小花猫是好朋友，也就是说，小松鼠是好朋友，小花猫也是好朋友。”说到这里时，来宾们突然大笑起来。

你知道来宾们为何大笑吗？

第一节　判断概述

一、判断的特征

判断是对客观事物情况有所断定的一种思维形式，就是用肯定或否定的形式反映周围现实的一种思维形式。例如：

①秘书工作要既不失职，又不越权。

②张三不是杀人犯。

③小王和小李是同学。

④如果他是凶手，那么他到过现场。

这些都是判断。其中例①断定了“秘书工作”同时具有“既不失职，又不越权”的性质；例②断定了“张三”不具有“杀人犯”的性质；例③断定了“小王和小李”具有“同学”的关系；例④则断定了“凶手”和“到过现场”之间有条件关系。

判断有两个逻辑特征：

第一，判断都有所肯定或有所否定，即有所断定。断定某对象具有某属性或对象之间具有某种关系，就是对该对象有所肯定，如例①、③、④。断定某对象不具有某属性或对象之间没有某种关系，就是对该对象有所否定，如例②。如果对对象既无所肯定，也无所否定，那就是对对象无所断定，因而就不是判断。

第二，判断都有真假。判断是对客观事物有所断定的一种思维形式，是对客观事物情况的反映，而不是客观事物本身。因此，就存在是否真实地反映客观事物实际的问题。正确地、真实地反映客观事物的判断就是真判断；错误地、歪曲地反映客观事物的判断就是假判断。例如：

①地球是围绕太阳运行的。

②地球不是围绕太阳运行的。

例①所作出的判断符合对象的实际，它是个真判断；例②所作出的判断不符合对象的实际，它是个假判断。从前面两例中，我们可以看出检验判断真假的标准是实践。

普通逻辑不研究判断的真假，只研究各种判断的形式以及具有这些形式的判断之间的真假规律。

判断在人的思维中占有重要的地位。单个的概念不能明确地表达思想，概念只有组成判断，才能对对象有所断定，表达某种确定的思想。另外，人们的认识成果是用判断形式固定下来的，同时又用判断的形式进行表达和交流。所以，没有判断，思维就无法进行。

掌握判断的有关知识，对于司法工作者更具有重要意义。首先，就理解法律条文来说，法律条文总是表现为一定的判断形式，并且一般是结构复杂的判断形式。其次，就办案过程来说，无论是侦查、起诉还是审判，司法工作者都要对案情、证据、法律行为以及法律责任等作出各种各样的判断。所以，只有掌握判断的逻辑形式、种类及其逻辑性质等知识，才能确切地理解法律条文的含义，不致发生误解；才能准确地判定案件的性质，提高办案质量。

二、判断与语句

判断与语句同概念和语词一样，两者关系比较密切。语句是判断的物质外壳和表达形式；判断是语句的思想内容。

第一，任何判断都必须用语句来表达，但并非所有的语句都表示判断。一般来说，陈述句表达判断，因为这类句子一般有明显的肯定或否定的内容。例如，“所有的法律都是有强制性的”“人民检察院不是审判机关”，这些句子都表达判断。疑问句、祈使句、感叹句一般不表示判断，因为它们一般不对事物作出断定。如果它们对事物作出了断定，那么，它们也表示判断。例如：

①杭州多么美丽啊！

②年轻人，不要吸烟！

③难道有绝对静止的事物吗？

例①是感叹句，例②是祈使句，例③是疑问句，虽然这三个例句都不是陈述句，但它们都对事物作出了判定，所以，也表达判断。总的来说，一个句子是否表达判断，要看它是否对事物作出断定。表达判断的语句在逻辑上也称做命题。

第二，同一判断可以用不同的语句来表达。例如：

①每一个公民都必须遵守法律。

②没有一个公民可以不遵守法律！

③难道有可以不遵守法律的公民吗？

以上三个句子语法结构不同，但都表示了同一个判断，即“所有的公民都必须遵守法律”。

第三，不同判断也可以用同一语句表达。例如：

①罪犯在火车上。

②他走了。

例①可以表示“罪犯在火车车厢顶上”或“罪犯在火车车厢内”这样两个判断；例②可以表示“他离开这里了”或“他死了”这样两个判断。这主要是由于语境不同造成的。

三、判断的种类

判断是对事物情况的断定，而事物情况是多种多样的，因此，判断的形式也是多种多样的。按照不同的标准，可以把判断分为不同的种类。

根据判断是陈述了事物情况的必然性还是可能性这个标准，可以把判断分为模态判断和非模态判断两大类。

根据判断本身是否包含有其他判断这个标准，可以把非模态判断分为简单判断和复合判断两类。简单判断又可分为性质判断和关系判断；复合判断又可分为联言判断、选言判断、假言判断和负判断。

模态判断可以分为可能模态判断和必然模态判断两类。

判断的分类见图 3－1。

- 判断
  - 非模态判断
    - 简单判断
      - 性质判断
      - 关系判断
    - 复合判断
      - 联言判断
      - 选言判断
      - 假言判断
      - 负判断
  - 模态判断
    - 可能模态判断
    - 必然模态判断

图 3-1　判断的分类

第二节　性质判断

一、性质判断概述

性质判断就是断定思维对象具有或不具有某种性质的判断。传统逻辑把它称为直言判断。例如：

①所有政法院校的学生都是学过逻辑学的。

②有的秘书不是本地人。

这两个判断都是性质判断。例①断定“政法院校的学生”都具有“学过逻辑学”的性质；例②断定了“秘书”中有的对象不具有“本地人”的性质。

性质判断是由四个部分组成的，它们分别叫做主项、谓项、联项和量项。

主项是表示被断定对象的概念。例①中的“政法院校的学生”，例②中的“秘书”都是主项。在逻辑学中，主项通常用符号“S”表示。

谓项是表示被断定对象的性质的概念。例①中的“学过逻辑学的”，例②中的“本地人”都是谓项。在逻辑学中，谓项通常用符号“P”表示。

联项也称联结项，它是联结主项和谓项的概念，表示性质判断的“质”，分为肯定和否定两种，一般用“是”和“不是”表示。在肯定判断表达中，联项有时可以省略。比如，例①也可以表示为“所有政法院校的学生都学过逻辑学”。

量项是表示所断定的主项的数量或范围的概念。例①中的“所有……都……”、例②中的“有的”就是量项。

性质判断本身不包含其他判断成分，它实际上只是断定了“S”与“P”这两个概念之间的外延关系，所以它属于简单判断。

二、性质判断的种类

按性质判断的质划分，性质判断可以分为肯定判断和否定判断。

肯定判断就是断定对象具有某种性质的判断。例如：

①小张是从事文秘工作的。

②所有的法律都是有阶级性的。

肯定判断的逻辑形式是“S是P”。

否定判断是断定对象不具有某种性质的判断。例如：

①被告不是精神病患者。

②有些案件不是能公开审理的。

否定判断的逻辑形式是“S不是P”。

断定一个判断是肯定判断还是否定判断，是根据联结项是肯定的还是否定的来决定，而不是根据语句的意义来断定。如“有些案件不是不能公开审理的”这个判断，它的联结项是否定的，因而是个否定判断，而不能从语句的双重否定等于肯定这个意义上认为它是肯定判断。

按性质判断的量划分，性质判断可以分为单称判断、全称判断和特称判断。

单称判断是断定某个对象具有或不具有某种性质的判断。例如：

①杭州是个风景优美的旅游城市。

②他不是从事文秘工作的。

单称判断的主项是个单独概念，其逻辑形式是“这个S是（不是）P”。

全称判断是断定某类对象的全部都具有或都不具有某种性质的判断。例如：

①所有的公民都必须遵纪守法。

②所有的检察机关都不是审判机关。

全称判断的逻辑形式是“所有的S都是（不是）P”。

特称判断是断定某类对象中至少有一个对象具有或不具有某种性质的判断。例如：

①有些秘书是称职的。

②有的被告不是犯罪分子。

特称判断的逻辑形式是“有些S是（不是）P”。

特称判断适用于对某类事物数量不十分确定的情况。特称判断的量项“有些”和日常语言中的“有些”含义不完全相同，日常语言中的“有些”是指“仅仅有些”。如“我们班有些学生是团员”，是指我们班仅仅有一部分学生是团员，而其他学生不是团员。逻辑中的“有些”是指“至少有些”。如“我们班有些学生是团员”，是指我们班至少有些同学是团员，其他部分不清楚，也有可能全部都是。

单称判断的主项虽然没有量项，但它的主项也用了概念的全部外延，因此，在某些地方可以把单称判断当全称判断看待。这样，性质判断的最基本的逻辑形式就是四种：

（1）全称肯定判断。其逻辑形式为“所有S都是P”，简写为SAP，简称A判断。

（2）全称否定判断。其逻辑形式为“所有S都不是P”，简写为SEP，简称E判断。

（3）特称肯定判断。其逻辑形式为“有些S是P”，简写为SIP，简称I判断。

（4）特称否定判断。其逻辑形式为“有些S不是P”，简写为SOP，简称O判断。

三、性质判断之间的对当关系

如果两个性质判断的主、谓项均相同，那么这两个判断就是同一素材的判断。例如：

①所有的法律都是有阶级性的。

②所有的法律都不是有阶级性的。

③有些法律是有阶级性的。

④有些法律不是有阶级性的。

这四个判断是同一素材的性质判断，它们的主、谓项相同。由相同素材构成的A、E、I、O四种判断之间的真假关系，称为性质判断的对当关系。

从判断的逻辑形式方面来看，性质判断表达的是对主项S与谓项P这两个概念的外延关系的断定。根据概念的关系我们知道，S与P之间有五种关系，即全同关系、真包含于关系、真包含关系、交叉关系和全异关系。A、E、I、O四种判断在上述五种关系下，都有相应确定的真假，如表3-1所示。

表3-1　A、E、I、O四种判断在S与P的五种关系下的真假

S与P的关系 / 判断的真假 / 判断的形式		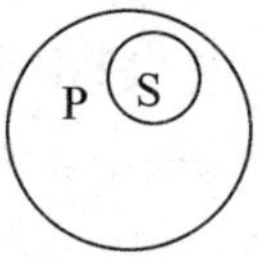	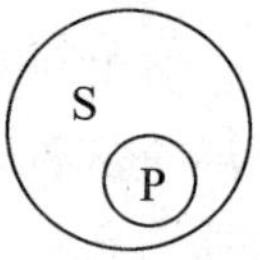		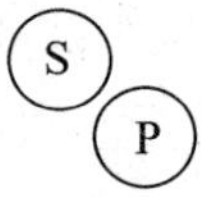
SAP	真	真	假	假	假
SEP	假	假	假	假	真
SIP	真	真	真	真	假
SOP	假	假	真	真	真

根据表3-1中的A、E、I、O四种判断在S与P的五种不同关系下的真假进行对照，就可以得出A、E、I、O四种判断之间存在着以下几种关系。

（一）反对关系

反对关系是指两个判断不能同真，可以同假的关系。即A与E的关系。从表3-1中可知，当A真时，E一定假；当A假时，E真假不定。例如：

A：我班所有的同学都是杭州人。

E：我班所有的同学都不是杭州人。

这两个判断中，当 A 真时，E 必假；当 A 假时，E 真假不定。同理，当 E 真时，A 必假；当 E 假时，A 真假不定。

在对当关系中，由于单称判断的主项是一个单独概念，因此同素材的单称肯定判断和单称否定判断是矛盾关系，而不能把它们归到全称肯定判断和全称否定判断之中，看成是反对关系。

（二）下反对关系

下反对关系是指两个判断不能同假，可以同真的关系。即 I 与 O 之间的关系。例如：

I：有些秘书是称职的。

O：有些秘书不是称职的。

这两个判断中，当 I 真时，O 真假不定；当 I 假时，O 必真。同理，当 O 真时，I 真假不定；当 O 假时，I 必真。

（三）差等关系

差等关系是指 A 与 I、E 与 O 之间的关系。当全称判断真时特称判断必真，全称判断假时特称判断真假不定；当特称判断真时全称判断真假不定，特称判断假时全称判断必假。例如：

A：我们班所有的学生都是团员。

I：我们班有些学生是团员。

E：我们班所有的学生都不是浙江人。

O：我们班有些学生不是浙江人。

以上几个判断中，当 A 真时 I 必真，当 A 假时 I 真假不定；当 I 真时 A 真假不定，当 I 假时 A 必假。同理，当 E 真时 O 必真，当 E 假时 O 真假不定；当 O 真时 E 真假不定，当 O 假时 E 必假。

（四）矛盾关系

矛盾关系是指两个判断既不能同真，也不能同假的关系。即 A 与 O、E 与 I 的关系。例如：

A：所有的法律都是有阶级性的。

O：有的法律不是有阶级性的。

E：所有的高职学生都不是学中文的。

I：有些高职学生是学中文的。

这两个判断中，当 A 真时，O 必假；当 A 假时，O 必真。同理，当 E 真时，I 必假；当 E 假时，I 必真。

上述 A、E、I、O 四种性质判断之间的真假关系，可用逻辑方阵表示，如图 3－2 所示。

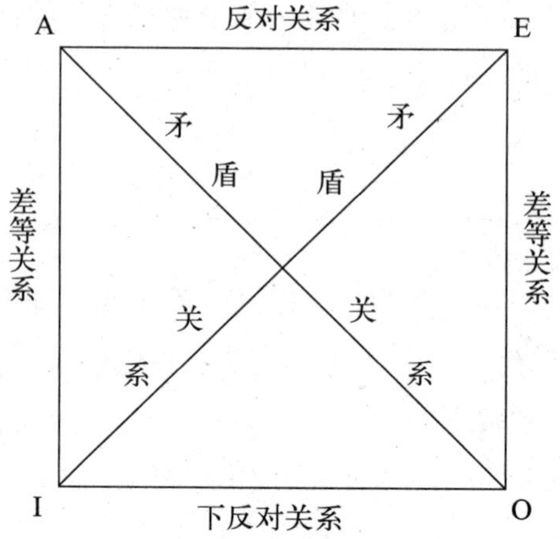

图 3－2　四种性质判断之间的真假关系

四、性质判断主、谓项的周延性

周延性是指在性质判断中对主项、谓项外延数量的断定情况。如果判断中断定了主项或谓项的全部外延，那么这个主项或谓项就是周延的；如果没有断定主项或谓项的全部外延，那么这个主项或谓项就是不周延的。例如：

①所有的犯罪行为都是违法行为。

②所有的贪污罪都不是过失犯罪。

③有些秘书是共产党员。

④有些学生不是共青团员。

例①是个全称肯定判断。它断定了主项"犯罪行为"的全部外延都存在在谓项"违法行为"之中，因此，主项"犯罪行为"是周延的。但这个判断并没有断定主项"犯罪行为"的全部外延就是谓项"违法行为"的全部外延，所以，谓项"违法行为"就是不周延的。

例②是个全称否定判断。它断定了主项"贪污罪"的全部外延都不是谓项"过失犯罪"的任何外延，即断定了主项的全部外延和谓项的全部外延相排斥。因此，这个判断既断定了主项"贪污罪"的全部外延，也断定了谓项"过失犯罪"的全部外延，其主谓项都是周延的。

例③是个特称肯定判断。它断定了主项"秘书"的部分外延存在在谓项"共产党员"的外延之中，因此，主项"秘书"是不周延的。但这个判断并没有断定主项"秘书"的部分外延就是谓项"共产党员"的全部外延。所以，谓项"共产党员"也是不周延的。

例④是个特称否定判断。它断定了主项“学生”的部分外延和谓项“共青团员”的全部外延相排斥，因此，主项“学生”是不周延的，而谓项“共青团员”是周延的。

从以上四例中，我们可以确定：全称判断的主项都周延；特称判断的主项都不周延；肯定判断的谓项都不周延；否定判断的谓项都周延。

A、E、I、O四类判断的主、谓项的周延性如表3-2所示。

表3-2 四类判断的主、谓项的周延性

判断类型	主 项	谓 项
A	周 延	不周延
E	周 延	周 延
I	不周延	不周延
O	不周延	周 延

关于判断主、谓项的周延性问题，要注意以下几点：

第一，周延性问题是关于一个性质判断主项或谓项的外延问题，如果离开了一个确定的判断，就不存在主、谓项外延的周延性问题。因此，我们不能孤立地说一个概念是周延的还是不周延的。

第二，我们断定判断主、谓项的周延性，只是我们对主项外延与谓项外延关系的一种认识，并不表示主项和谓项所反映的对象本身之间的客观关系。因此，我们不能以主项和谓项所反映的对象之间的客观关系去判定判断中主、谓项的周延情况。例如：

①偶数是能被2整除的数。

②有些人是科学家。

这是两个肯定判断。有人认为在客观现实中，“偶数”和“能被2整除的数”是全同关系，“人”和“科学家”是真包含关系，因此，他们根据这两个判断的主、谓项在客观现实中的关系断定它们的谓项都是周延的。

第三，不能用彼判断主、谓项的周延性来断定此判断主、谓项的周延性。比如，不能用“偶数是能被2整除的数”中主项的周延性，去判定另一个判断“能被2整除的数就是偶数”中谓项的周延性。

第三节 关系判断

一、关系判断的特征

关系判断是断定对象与对象之间关系的一种判断，它也是一种简单判断。例如：

①某甲和某乙是同案犯。

②张三的罪行不重于李四的罪行。

③二加三等于五。

例①是断定“某甲”和“某乙”之间具有“同案犯”的关系；例②是断定“张三的罪行”和“李四的罪行”具有“不重于”的关系；例③是断定“二”、“三”和“五”之间具有“加……等于”的关系。它们都是关系判断。

关系判断是由关系者项、关系项、量项三部分组成的。

关系者项是表示判断中一定关系的承担者的概念，也称关系主项。如例①中的“某甲”和“某乙”，例②中的“张三的罪行”和“李四的罪行”，例③中的“二”、“三”和“五”。关系者项一般用符号 a、b、c 表示。

关系项是表示判断中关系者之间关系的概念。例①中的“同案犯”，例②中的“不重于”，例③中的“加……等于”都表示关系项。关系项一般用符号 R 表示。

量项是表示关系者项数量的概念。如“所有的唯心主义和所有的唯物主义是互相对立的”，这个关系判断中的两个“所有的”就是量项。

在关系判断中，有的关系者项是两个，有的关系者项是三个，有的关系者项多于三个。它们分别叫做二项关系、三项关系和多项关系。

在关系判断中，如果关系者项表示的是一个或一类对象，量项可以省略。这样，一个二项的关系判断可以写为：

R(a，b)

或

aRb

一个三项的关系判断可以写为：

R(a，b，c)

二、关系的性质

客观事物之间的关系是多种多样的，反映在关系判断中的关系也有各种性质。本教材只讨论二项关系中关系的对称性和关系的传递性。

（一）关系的对称性

关系的对称性有三种情况：对称关系、反对称关系和非对称关系。

1. 对称关系

在特定的论域里，如果 aRb 真，那么 bRa 也一定真，在这种情况下，关系“R”就是对称的。如“同案犯”就是对称关系。当“张三和李四是同案犯”为真时，“李四和张三是同案犯”也一定为真。表示对称关系的概念一般有“同学”“朋友”“等于”“邻居”等。

2. 反对称关系

在特定的论域里，如果 aRb 真，那么 bRa 一定假，在这种情况下，关系“R”就是反对称的。如“大于”就是反对称关系。当“五大于三”为真时，“三大于五”一定为假。表示反对称关系的概念一般有“大于”“小于”“重于”“以南”“以北”等。

3. 非对称关系

在特定的论域里，如果 aRb 真，那么 bRa 可能真也可能假，在这种情况下，关系“R”就是非对称的。如“认识”就是非对称关系。当“小王认识张老师”为真时，“张老师认识小王”有可能为真，也有可能为假。表示非对称关系的概念一般有“喜欢”“佩服”“支持”“了解”“信任”等。

（二）关系的传递性

关系的传递性也有三种情况：传递关系、反传递关系和非传递关系。

1. 传递关系

在特定的论域里，如果 aRb 真，并且 bRc 也真，那么 aRc 必真，在这种情况下，关系“R”是传递的。如“早于”就是传递关系。当“甲早于乙路过现场”为真，“乙早于丙路过现场”也为真时，那么，“甲早于丙路过现场”必真。表示传递关系的概念一般有“大于”“在前”“在后”“相等”“平行”等。

2. 反传递关系

在特定的论域里，如果 aRb 真，并且 bRc 也真，那么 aRc 必假，在这种情况下，关系“R”是反传递的。如“比……大二十五岁”就是反传递关系。当“爷爷比爸爸大二十五岁”为真，“爸爸比我大二十五岁”也为真时，“爷爷比我大二十五岁”必定为假。表示反传递关系的概念一般有“父子”“母女”“比……早两天”“迟一个月”“大两岁”等。

3. 非传递关系

在特定的论域里，如果 aRb 真，并且 bRc 也真，那么 aRc 有可能为真，也有可能为假，在这种情况下，关系“R”是非传递的。如“离……很近”就是非传递关系。当“小王家离西湖很近”为真，“西湖离小刘家很近”也为真时，“小王家离小刘家很近”有可能为真，也有可能为假。表示非传递关系的概念一般有“认识”“教唆”“控告”“相邻”等。

第四节　联言判断

联言判断是一种复合判断。所谓复合判断就是在一个判断中还包含有其他判断的一种判断形式，其表现形式相当于语句中的复句。如“他不但是个盗窃犯，而且还是个强奸犯”这个判断，就是由“他是个盗窃犯”和“他是个强奸犯”两个判断组成的。我们把组成的这两个判断叫做支判断，关联词“不但……而且”称为判断的联结项。复合判断有联言判断、选言判断、假言判断和负判断等几种。

一、联言判断的特征

联言判断就是断定几种事物情况同时存在的判断。例如：

①张三和李四都要受到法律制裁。

②王某不但犯有强奸罪，而且犯有抢劫罪。

③小刘和小李不但学的都是文秘专业，而且还都是杭州人。

以上三例都是联言判断。例①断定了“张三和李四”都具有“受到法律制裁”的属性；例②断定了“王某”同时具有“犯有强奸罪”和“犯有抢劫罪”两种属性；例③断定了“小刘和小李”这两个对象共同具有“学的都是文秘专业”和“杭州人”的属性。

联言判断是由两个或两个以上的支判断和联结项构成的。联言判断的支判断称为联言支，一般用符号 p、q 表示；表示联言判断联结项的语言形式有“……并且……”“不但……而且……”“虽然……但是……”“不仅……还……”，等等。有的联言判断省略了联结项，如“他的说法不对，你的说法正确”。这个判断虽然没有联结项，但同时断定了两种事物情况的存在，也是联言判断。联言判断的联结项可用逻辑符号“∧”（读作“合取”）表示。一个二支联言判断的逻辑形式为：

p 并且 q

或

$p \wedge q$

二、联言判断的真假值

根据联言判断的定义，一个联言判断的真假是由其支判断的真假情况决定的。只有当它的联言支都为真时，它才是真的，其他情况下，它都是假的。如“我有一套《红楼梦》，还有一套《三国演义》”这个判断要为真，“我”必须同时拥有“一套《红楼梦》”和“一套《三国演义》”，它才是真的，否则就是假的。

联言判断 $p \wedge q$ 的真假值和支判断 p、q 的真假值的关系，可以用真值表来表示，如表 3－3所示。

表 3－3　联言判断的真假情况

p	q	$p \wedge q$
真	真	真
真	假	假
假	真	假
假	假	假

三、联言判断的作用

联言判断是人们在日常生活中常常用到的一种复合判断。人们经常用它来表示事物的正反两个方面，表示事物的对立统一。例如：

在人民内部，不可以没有自由，也不可以没有纪律；不可以没有民主，也不可以没有集中。

它告诉我们，“自由”是相对于“纪律”而言的，它们分别是联言判断的两个联言支，只有当两个都为真时，联言判断才为真。如果它们有一个为假，那么这个联言判断就是假的。同样，“民主”和“集中”也是两个联言支，必须同时存在才为真。这种表示事物的对立统一的用法非常生动有力，它告诉人们没有离开了纪律的自由，也没有缺少了集中的民主。

联言判断也是司法工作中常用的一种判断形式。例如，对什么是“犯罪”，我们可以这样回答：“犯罪必须是具有社会危害性的行为、违反刑法的行为和应当受到刑罚处罚的行为。”这实际上是由三个支判断组成的联言判断，它告诉我们，只有这三种性质的行为同时存在，才构成“犯罪”。

第五节　选言判断

一、选言判断的特征

选言判断就是断定几种可能事物情况至少有一种存在的判断。例如：

①这篇讲话稿或者是李秘书写的，或者是张秘书写的。

②一个选民在选举时，要么投赞成票，要么投反对票，要么投弃权票。

这两个例子都是选言判断。例①断定了“这篇讲话稿是李秘书写的”和“这篇讲话稿是张秘书写的”这两种情况至少有一种是真的。例②断定了“一个选民在选举时”，“投赞成票”“投反对票”“投弃权票”这三种可能情况至少有一种是真的。

选言判断是由两个或两个以上的支判断构成的，逻辑上把选言判断的支判断称为选言支，通常用符号 p、q 表示。选言判断的逻辑联结项一般用“或者”“要么”等表示。

二、选言判断的种类

选言判断选言支之间存在着不同的关系，有的选言判断选言支互相吸引，有的选言判断的选言支互相排斥。根据选言支是否互相排斥，可以把选言判断分为相容选言判断和不相容选言判断两类。

（一）相容选言判断

相容选言判断就是断定几个选言支至少有一个为真的选言判断。例如：

①本案或者是内部的人作案，或者是外部的人作案。

②学习成绩不好，可能是学习方法不对，也可能是学习不认真。

以上两例都是相容选言判断，它们的选言支并不互相排斥，如例①中“本案是内部的人作案”与“本案是外部的人作案”这两种情况是可以并存的，并不必然只有一种情况存在。同样例②中，“学习成绩不好”的原因，有可能是“学习方法不对”和“学习不认真”同时引起的。

相容选言判断的逻辑联结项一般有“或者……或者……”“可能……也可能……”“也许……也许……”等。相容选言判断的联结项可用逻辑符号“∨”（读作“析取”）表示。

相容选言判断的逻辑形式为：

p 或者 q

或

$p \vee q$

相容选言判断的逻辑真假情况是由其选言支的真假决定的。一个真的相容选言判断，至少有一个选言支断定的情况是真的。相容选言判断只有当各个选言支都为假时，它才是假的。相容选言判断的真假情况可以用真值表表示，如表 3－4 所示。

表 3-4 相容选言判断的真假情况

p	q	$p \vee q$
真	真	真
真	假	真
假	真	真
假	假	假

（二）不相容选言判断

不相容选言判断就是断定其选言支中有并且只有一个选言支为真的选言判断。例如：

①在困难面前不是迎头而上，就是畏难退缩。

②某甲非自然死亡的原因，要么是自杀，要么是他杀，要么是意外事故。

以上两例就是不相容选言判断。例①断定了在困难面前“迎头而上”和在困难面前“畏难退缩”这两种情况只有一种是真的，不可能两者同时为真。同样例②中，“某甲非自然死亡的原因”只能是“自杀”“他杀”“意外事故”中的一种，不可能同时存在其中的两种或三种。

不相容选言判断的逻辑联结项一般用“要么……要么……”“不是……就是……”“或者……或者……两者必居其一”等表示，也可以用逻辑符号“$\dot{\vee}$”（读作“不相容析取”）表示。

不相容选言判断逻辑形式为：

要么 p，要么 q

或

$p \dot{\vee} q$

不相容的选言判断的真假值取决于其选言支的真假情况。只有当选言支中有并且只有一个支为真时，不相容选言判断才是真的，除此之外，在其他任何情况下，都是假的。不相容选言判断的真假情况可以用真值表表示，如表 3-5 所示。

表 3-5 不相容选言判断的真假情况

p	q	$p \dot{\vee} q$
真	真	假
真	假	真
假	真	真
假	假	假

三、正确使用选言判断

选言判断是人们认识事物、解决问题过程中经常用到的一种判断形式。例如，在侦查过程中，明确罪犯的作案动机对确定侦查范围是有重大意义的。但在侦查开始阶段，由于掌握的材料有限，侦查人员往往只能分析其有哪几种可能性，即只能作出一个选言判断。这时的选言判断给侦查人员提供了案件的几种作案动机，这对于明确案件的性质、确定侦查方向与范围会起到决定性的作用。

选言判断是一种比较复杂的判断形式，在使用时必须首先对事物的各种情况及其互相之间的关系作出具体的分析，然后再确定相应的逻辑联结项来表示。使用选言判断时应注意以下两点。

（一）准确区分选言判断和联言判断

由于相容选言判断的支判断之间具有相容性，因此，有人往往把它和联言判断相混淆。例如：

①或者对罪犯实施惩罚，或者对罪犯实行改造，这是我国监狱机关的基本任务。

②液体沸腾的原因是温度升高和压力下降。

例①是错把联言判断作为选言判断。“我国监狱机关的基本任务”是必须同时“对罪犯实行改造”和“对罪犯实施惩罚”，缺一不可。例②是错把选言判断作为联言判断。“液体沸腾的原因”并不需要“温度升高”和“压力下降”同时出现，只要出现其中一个就可以了。

联言判断和相容选言判断是有根本区别的，联言判断必须在所有的支判断都为真时才成立，而相容选言判断只要有一个支判断为真就可以成立。如《中华人民共和国刑法》第二百三十九条规定：“以勒索财物为目的绑架他人的，或者绑架他人作为人质的，处十年以上有期徒刑或者无期徒刑，并处罚金或者没收财产……”其中的“勒索财物为目的绑架他人的”与“绑架他人作为人质的”之间就是一种选言关系，只要有一种情况存在就成立，两者同时存在也可以，但并不一定要两者同时存在时才成立。而“处十年以上有期徒刑或者无期徒刑”与“处罚金或者没收财产”之间是联言关系，应该同时存在。

（二）选言判断的选言支必须穷尽

正确的选言判断不一定穷尽选言支，但穷尽选言支的选言判断肯定是正确的。例如：

①某甲的死亡要么是正常死亡，要么是非正常死亡。

②本案的作案人或者是成年人，或者是未成年人。

以上两个选言判断分别从死因和年龄穷尽了选言支，因此，是真实的选言判断。如果选言支没有穷尽，而漏掉的正好是唯一真实的支判断，那么，这个选言判断就是不真实的。例如：

①某甲的死亡要么是自杀，要么是他杀。

②本案的作案人或者是青年人，或者是中年人。

例①中“某甲的死亡”原因，还有疾病、灾害和自然老死等；例②中“本案的作案人”从年龄上分，还有老年人和少年人等。这两个选言判断都没有穷尽选言支，因此，不一定是真实的。

在刑事侦查工作中，如果选言支没有穷尽，而且漏掉的恰好是真实的选言支，那么，将会直接影响侦查工作的顺利进行。

第六节　假言判断

一、假言判断的特征

假言判断就是断定某一事物情况的存在是另一事物情况存在的条件的判断。假言判断又叫条件判断。例如：

①如果他是盗窃犯，那么他就去过现场。

②只有发扬攻关精神，才能攀登科学高峰。

从以上两例中我们可以看出，假言判断并不直接断定某种事物情况的存在或不存在，它只是断定了一种事物情况与另一种事物情况之间，存在着某种条件制约关系。例①只是断定了“他是盗窃犯”是“他就去过现场”的条件；例②只是断定了“发扬攻关精神”是“攀登科学高峰”的条件。所以，假言判断的逻辑特征，是其对事物情况的有条件的断定。

假言判断是由两个支判断和联结项组成的。作为条件的支判断叫前件，通常用符号 p 表示；作为推断的支判断叫后件，通常用符号 q 表示。联结前、后件的逻辑联结项一般用“如果……那么……”“只有……才……”“当且仅当……才……”等来表示。

二、假言判断的种类

假言判断断定的是客观事物情况存在之间的条件关系，根据事物情况的条件不同，假言判断可分为三种，即充分条件假言判断、必要条件假言判断和充分必要条件假言判断。

（一）充分条件假言判断

所谓充分条件，是指有两个分别为 p、q 的事物情况，如果有 p，就必然有 q，而没有 p 是否有 q 不能确定，这样，p 就是 q 的充分条件。例如，“停电”对“电灯不亮”来说，就是一个充分条件。因为，只要“停电”就必然产生“电灯不亮”；而不“停电”，是否产生“电灯不亮”，则不能确定。

充分条件假言判断就是断定事物情况之间具有充分条件的假言判断。例如：

①如果死者是中毒而死的，那么死者就会有一系列中毒的症状。

②假如有风，那么树就动。

以上两例都是充分条件假言判断。例①断定了“死者是中毒而死的”这个情况，是“死者就会有一系列中毒的症状”这个情况的充分条件。例②断定了“有风”这个情况，是“树动”这个情况的充分条件。

充分条件假言判断的逻辑联结项一般用“如果……那么……”“只要……便……”“一旦……就……”“假如……就……”等表示。也可以用逻辑符号“→”（读作“蕴涵”）表示。

充分条件假言判断的逻辑形式为：

如果 p，那么 q

或

$p \rightarrow q$

一个充分条件假言判断的真假，是由其前件和后件之间的真假来确定的。当前件为真时，后件必真。如“有风”真时，“树动”必真。当前件为假时，后件可真可假。如“有风”为假时，“树动”为真可以存在，“树动”为假也可以存在。只有当前件为真，后件为假时，充分条件假言判断才是假的。即“有风”为真，“树动”为假时。

充分条件假言判断的真假值与它前、后件的真假关系，可以用真值表表示，如表 3-6 所示。

表 3-6 充分条件假言判断的真假情况

p	q	$p \rightarrow q$
真	真	真
真	假	假
假	真	真
假	假	真

（二）必要条件假言判断

所谓必要条件，是指有两个分别为 p、q 的事物情况，如果没有 p，就必然没有 q，而有 p 却未必有 q，这样，p 就是 q 的必要条件。例如，“年满十八周岁”对“有选举权”来说，就是一个必要条件。没有“年满十八周岁”，就必然不存在“有选举权”；而有了“年满十八周岁”，却不一定存在“有选举权”。

必要条件假言判断就是断定事物情况之间具有必要条件的假言判断。例如：

①只有认识自己的缺点，才能改正自己的缺点。

②只有到过现场，才能实施偷窃行为。

以上两例都是必要条件假言判断。例①断定了“认识自己的缺点”这个情况，是“改正自己的缺点”的必要条件。例②断定了“到过现场”这个情况，是“实施偷窃行为”这个情况的必要条件。

必要条件假言判断的逻辑联结项一般用“只有……才……”“除非……不……”“没有……没有……”“不……不……”等来表示。也可以用逻辑符号“←”（读作“逆蕴涵”）表示。

必要条件假言判断的逻辑形式为：

只有 p，才 q

或

$p \leftarrow q$

一个必要条件假言判断的真假，是由其前件和后件之间的真假来决定的。当前件为假时，后件必定假，如“年满十八周岁”为假时，“有选举权”必定假。当前件为真时，后件可真可假，如“年满十八周岁”为真时，“有选举权”为真这种情况可以存在，同样，“有选举权”为假这种情况也可以存在。只有当前件为假，后件为真时，必要条件假言判断才是不存在的。如“年满十八周岁”为假，“有选举权”为真时。

必要条件假言判断的真假值与它前、后件之间的真假关系，可用真值表表示，如表 3-7所示。

表 3-7　必要条件假言判断的真假情况

p	q	$p \leftarrow q$
真	真	真
真	假	真
假	真	假
假	假	真

（三）充分必要条件假言判断

所谓充分必要条件，是指有两个为 p、q 的事物情况，如果有 p，就必然有 q，如果没有 p，就必然没有 q，这样，p 就是 q 的充分必要条件，简称充要条件。例如，“出现阶级”

对“产生国家”来说，就是充分必要条件。“出现阶级”存在了，就开始“产生国家”；没有“出现阶级”，就不会“产生国家”。

充分必要条件假言判断是反映某事物情况是另一事物情况充分必要条件的假言判断。例如：

①如果而且只有工人阶级的领导，中国革命才能取得胜利。

②只要而且也只有被告人犯罪的证据充分、确实，才可以认定被告人有罪。

以上两例都是充分必要条件假言判断。例①断定有了“工人阶级的领导”这个事物情况，是“中国革命取得胜利”这个事物情况的充分必要条件。例②断定了“被告人犯罪的证据充分、确实”这个事物情况，是“认定被告人有罪”这个事物情况的充分必要条件。

充分必要条件假言判断的逻辑联结项一般用“当且仅当……才……”“如果而且只有……才……”“如果……那么……并且只有……才……”等表示。也可以用逻辑符号“← →”（读作“等值”或“相互蕴涵”）表示。

充分必要条件假言判断的逻辑形式为：

p 当且仅当 q

或

$p \leftarrow\rightarrow q$

由于充分必要条件假言判断既断定了前件“p”是后件“q”的充分条件，同时又断定了前件“p”是后件“q”的必要条件，它实际上是两种假言判断的组合，因此，其判断形式也可以表示为：

$(p\rightarrow q)\land(p\leftarrow q)$

充分必要条件假言判断的真假，是由其前件和后件的真假来确定的。由于充分必要条件假言判断所断定的是前件与后件真假的等值关系，所以，只有当前件和后件真假值相同时，它才是真的；在其他情况下，它都是假的。如表 3－8 所示。

表 3－8　充分必要条件假言判断的真假情况

p	q	$p\leftarrow\rightarrow q$
真	真	真
真	假	假
假	真	假
假	假	真

三、正确使用假言判断

假言判断的作用比较大，是司法工作特别是刑侦工作中运用较多的一种判断形式。因为，侦查人员无论是分析认定案件性质还是刻画罪犯条件，都是以现场勘查得知的情况为基础，然后借助已知的事物情况之间的条件制约关系，来作出判断，进行推理的。由于假言判断是反映事物的条件与结果的判断，因此，必须了解和把握事物之间的联系实质，而了解和掌握假言判断的逻辑知识，对于正确使用假言判断有十分重要的意义。

（一）准确把握逻辑联结项的含义

首先，必须把握假言判断前后件之间的逻辑关系，并根据这种关系选择恰当的逻辑联结项。例如：

①如果某甲到过现场，那么某甲就是凶手。

②只有停电，电灯才不亮。

以上两例假言判断都是错误的。例①中的前件“某甲到过现场”与后件“某甲就是凶手”是必要条件关系，应该选用必要条件假言判断的逻辑联结项，而它却用了一个充分条件假言判断的逻辑联结项，把必要条件作为充分条件使用。例②中的前件“停电”与后件“电灯不亮”是充分条件关系，应该选用充分条件假言判断的逻辑联结项，而它却用了一个必要条件假言判断的逻辑联结项，把充分条件作为必要条件使用。

又如，某甲一台德国蔡司牌相机被窃，怀疑某乙近来所用一台同型号相机即自己失窃的，因而举报。蔡司牌相机的后盖外行不易开启，于是有办案人与嫌疑人对话如下：

“请你打开这相机的后盖。”

“我能打开相机后盖，就能证明这台相机是我的，对吗?”

“不对，你不能打开这台相机的后盖，就证明这台相机不是你的；但你能打开这台相机的后盖，还不能证明这台相机是你的。”

因为“充分条件”逻辑关系是条件存在，结果产生；条件不存在，结果产生与否不确定（有之必然，无之未必不然）。而“必要条件”逻辑关系是条件不存在，结果必然不产生；条件存在，结果产生与否不确定（无之必不然，有之未必然）。所以，“熟悉这类相机的性能（能轻松打开后盖）”与“是相机物主”，二者间构成关系显然是必要条件关系。

“无之不然，有之未必然”是一条侦查基本原理。证据再多，对于确认作案犯罪而言，仍只是必要条件——无之不然，有之未必然。

其次，要防止随意使用逻辑联结项。例如：

如果强调了加强体育活动，那么就会影响其他学科的成绩。

这个判断是错误的，它把没有条件关系的事物情况，强加了条件关系。它认为“强调了加强体育活动”与“就会影响其他学科的成绩”是充分条件关系，用了充分条件假言判断的逻辑联结项“如果……那么……”。事实上“体育活动”和“其他学科”之间，不是对立关系，也无条件依赖，而是互相促进的。

（二）正确进行条件转换

假言判断的条件转换是根据前件与后件之间的真假关系来进行的。因为，对充分条件来说，前件 p 真，则后件 q 必真；而对必要条件来说，后件 q 真，前件 p 必真。如果把充分条件的前件 p 作为必要条件的后件 q，把充分条件的后件 q 作为必要条件的前件 p，那么它们的真假值是相同的。

例如，“天下雨”（p）与“地湿”（q）是充分条件关系，而“地湿”（q）与“天下雨”（p）则是必要条件关系。这就说明了“天下雨”与“地湿”之间的充分条件，可以转化为“地湿”与“天下雨”之间的必要条件关系。

充分条件假言判断可以转换成必要条件假言判断。例如：

如果是盗窃犯，那么他到过犯罪现场。

可以转换成：

他只有到过犯罪现场，才是盗窃犯。

或

只有不是盗窃犯，才没有到过犯罪现场。

同样，必要条件假言判断也可以转换成充分条件假言判断。例如：

只有发扬攻关精神，才能攀登科学高峰。

可以转换成：

如果要攀登科学高峰，就要发扬攻关精神。

或

如果不发扬攻关精神，就不能攀登科学高峰。

假言判断经过条件转换以后，与原判断之间的真假值必须相等。掌握假言判断条件转换的方法，可以使假言判断的表达方式既正确又多样。

第七节　负判断

一、负判断的特征

负判断是一种比较特殊的复合判断，它是一种否定某个判断的判断。例如：

①并非只要掌握了法律专业知识，就能成为优秀的法律工作者。

②不是所有的犯罪分子都要受到法律的制裁。

以上两例都是负判断。例①是对“只要掌握了法律专业知识，就能成为优秀的法律工作者”这个充分条件假言判断的否定。例②是对“所有的犯罪分子都要受到法律的制裁”这个全称判断的否定。

负判断的联结项一般用“并非……”“并不是……”“……是假的”等表示。也可用逻辑符号“¬”（读作“非”）表示。

负判断的逻辑形式为：

并非 p

或

¬p

其中 p 是被否定的判断，是负判断的支判断。负判断和支判断之间是矛盾关系，不能同真，也不能同假。负判断的逻辑值与支判断的逻辑值之间的关系，可以用真值表表示，如表 3-9 所示。

表 3-9　负判断与支判断的真假情况

p	¬p
真	假
假	真

负判断和性质判断中的否定判断不同。否定判断是对事物具有某种性质的否定，而负判断则是对某个判断的否定。例如：

①所有的桃花都不是会结桃子的。

②并非所有的桃花都是会结桃子的。

例①是否定判断，是对“桃花会结桃子”这种性质的否定。而例②是负判断，是对“所有的桃花都是会结桃子的”这个全称肯定判断的否定。

二、负判断的种类

负判断可以分为两类：简单判断的负判断和复合判断的负判断。

（一）简单判断的负判断及其等值判断

在简单判断的负判断中，主要介绍单称判断、全称判断和特称判断这三种性质判断的负判断及其等值判断。

1. 单称判断的负判断及其等值判断

对单称肯定判断和单称否定判断进行否定可以得到两个负判断：

并非这个 S 是 P

并非这个 S 不是 P

因为单称肯定判断与它的负判断是矛盾关系，而单称肯定判断与单称否定判断也是矛盾关系，所以，单称肯定判断的负判断和单称否定判断是等值的。即“并非这个 S 是 P”等值于“这个 S 不是 P”。同样，“并非这个 S 不是 P”等值于“这个 S 是 P”。如“并非张三是凶手”与“张三不是凶手”等值；“并非中国不是世界上人口最多的国家”等值于“中国是世界上人口最多的国家”。

2. 全称判断的负判断及其等值判断

SAP 的负判断是“并非 SAP”，由于 SAP 与 SOP 是矛盾关系，所以它的负判断“并非 SAP”等值于 SOP。用逻辑符号形式可表示为：

$$\neg SAP \leftrightarrow SOP$$

如，“并非所有的桃花都是红色的”与其支判断“所有的桃花都是红色的”是矛盾关系，而“所有的桃花都是红色的”与“有些桃花不是红色的”是矛盾关系。所以，“并非所有的桃花都是红色的”和“有些桃花不是红色的”相等值。

SEP 的负判断是“并非 SEP”。因为 SEP 与 SIP 是矛盾关系，所以，它的负判断“并非 SEP”等值于 SIP。用逻辑符号形式可表示为：

$$\neg SEP \leftrightarrow SIP$$

3. 特称判断的负判断及其等值判断

SIP 的负判断是“并非 SIP”。因为 SIP 与 SEP 是矛盾关系，所以，它的负判断“并非 SIP”等值于 SEP。用逻辑符号形式可表示为：

$$\neg SIP \leftrightarrow SEP$$

如，“并非有些学生是上海人”与其支判断“有些学生是上海人”是矛盾关系，而“所有的学生都不是上海人”与“有些学生是上海人”是矛盾关系。所以，“并非有些学生是上海人”和“所有的学生都不是上海人”相等值。

SOP 的负判断是“并非 SOP”。因为 SOP 与 SAP 是矛盾关系，所以，它的负判断“并非 SOP”等值于 SAP。用逻辑符号形式可表示为：

$$\neg SOP \leftrightarrow SAP$$

（二）复合判断的负判断及其等值判断

1. 联言判断的负判断及其等值判断

联言判断“p 并且 q”的负判断是“并非（p 并且 q）”。在联言判断中，只要有一个联言支为假，那么这个判断就是假的。因此，与联言判断的负判断相等值的判断，应该是一个相应的选言判断。即“并非（p 并且 q）”等值于“非 p 或者非 q”。用逻辑符号形式可表示为：

$$\neg (p \wedge q) \leftrightarrow \overline{p} \vee \overline{q}$$

例如，负判断“并非张三和李四都要受到法律制裁”，等值于“或者张三不受到法律制裁，或者李四不受到法律制裁”。

2. 选言判断的负判断及其等值判断

相容选言判断“p 或者 q”的负判断是“并非（p 或者 q）”。相容选言判断只有当所有的选言支为假时，这个判断才是假的，因此，与相容选言判断的负判断相等值的判断是一个相应的联言判断。即“并非（p 或者 q）”等值于“非 p 并且非 q”。用逻辑符号形式可表示为：

$$\neg(p\vee q)\leftrightarrow\overline{p}\wedge\overline{q}$$

例如，负判断“并非他或者是个盗窃犯，或者是个杀人犯”，等值于“他既不是盗窃犯，也不是杀人犯”。

不相容选言判断“要么 p，要么 q”的负判断是“并非（要么 p，要么 q）”。不相容选言判断有且只有一个选言支为真时，这个判断才是真的，其他情况之下都是假的。因此，与不相容选言判断的负判断相等值的判断是一个相应的选言判断。即“并非（要么 p，要么 q）”等值于“或者（p 并且 q）或者（非 p 并且非 q）”。用逻辑符号形式可表示为：

$$\neg(p\dot{\vee}q)\leftrightarrow(p\wedge q)\vee(\overline{p}\wedge\overline{q})$$

例如，负判断“并非逆水行舟要么前进，要么后退”，等值于“逆水行舟或者既前进又后退，或者既不前进又不后退”。

3. 假言判断的负判断及其等值判断

充分条件假言判断“如果 p，那么 q”的负判断是“并非（如果 p，那么 q）”。充分条件假言判断只有当前件真，后件假时，它才是假的，其他情况下都是真的。因此，与充分条件假言判断的负判断相等值的判断是一个相应的联言判断“p 并且非 q”。即“并非（如果 p，那么 q）”等值于“p 并且非 q”。用逻辑符号形式可表示为：

$$\neg(p\rightarrow q)\leftrightarrow p\wedge\overline{q}$$

例如，负判断“并非如果有了风，树就动”，等值于“有了风，但是树没有动”。

必要条件假言判断“只有 p，才 q”的负判断是“并非（只有 p，才 q）”。必要条件假言判断只有当前件假，后件真时，它才是假的。因此，与必要条件假言判断的负判断相等值的判断是一个相应的联言判断“非 p 并且 q”。即“并非（只有 p，才 q）”等值于“非 p 并且 q”。用逻辑符号形式可表示为：

$$\neg(p\leftarrow q)\leftrightarrow\overline{p}\wedge q$$

例如，“并非只有造成被害人死亡的后果，才能构成故意杀人罪”，等值于“虽然没有造成被害人死亡的后果，也能构成故意杀人罪”。

充分必要条件假言判断“当且仅当 p，才 q”的负判断是“并非（当且仅当 p，才 q）”。充分必要条件假言判断在前、后件同真或同假时，它才是真的。充分必要条件假言判断只有在前、后件一真一假的情况下，它才是假的。因此，充分必要条件假言判断的负判断等值于一个相应的选言判断。即“并非（当且仅当 p，才 q）”等值于“（p 并且非 q）或者（非 p 并且 q）”。用逻辑符号形式可表示为：

$$\neg(p\leftrightarrow q)\leftrightarrow(p\wedge\bar{q})\vee(\bar{p}\wedge q)$$

例如，“并非当且仅当被告人犯罪的证据充分、确实，才可以认定被告人有罪”，等值于“虽然被告人犯罪的证据充分、确实，但没有认定被告人有罪，或者虽然被告人犯罪的证据不充分、确实，但却认定被告人有罪”。

三、真值表的判定作用

真值表就是用来确定判断真假值的一种图表。一些简单判断的真假情况，人们可以用直观的方法（如对当关系、性质判断与其负判断之间的关系）来判定。但比较复杂的判断就很难用直观的形式来判定其真假值，只有通过借助真值表的方法来进行判定。运用真值表方法，可以在有限步骤内准确地判定出比较复杂的复合判断的真假情况。

（一）真值表的应用方法

如果复合判断是语言表达形式的，那么，首先把复合判断化为逻辑符号形式。例如：

并非只有造成被害人死亡的后果，才能构成故意杀人罪。

在这个判断中，我们设“p”表示“造成被害人死亡的后果”，“q”表示“构成故意杀人罪”，然后用相应的逻辑联结项相联结，则该判断的逻辑形式为：

$$\neg(p\leftarrow q)$$

其次，根据判断形式的构成过程，找出判断形式中所有变项和判断类型，列出真值表进行判定。如判定上例的真值表如表 3－10 所示。

表 3－10　真值表一

p	q	$p\leftarrow q$	$\neg(p\leftarrow q)$
真	真	真	假
真	假	真	假
假	真	假	真
假	假	真	假

从表 3－10 可以看出，必要条件假言判断，只有“p”假、“q”真时，它才是假的，其他情况下都是真的；必要条件假言判断的负判断，只有在“p”假、“q”真时，它才是真的，其他情况下都是假的。

（二）真值表的作用

真值表除了可以判定复合判断的逻辑真假值以外，还可以判定两个复合判断是否等值，也可以判定两个复合判断是否为矛盾关系或反对关系。

例如，要断定“并非如果气温降到了冰点以下，就不能继续施工”与“气温降到了冰点以下，但仍能继续施工”是否等值，就可以用真值表的方法来进行。

首先，把判断化成逻辑符号表达式。我们用“p”和“q”来表达它们的支判断，则以上两个判断的逻辑形式可表示为：“$\neg(p\rightarrow q)$”和“$p\wedge\bar{q}$”。

然后，画出真值表进行判定，如表 3－11 所示。

表 3－11　真值表二

p	q	$\bar{q}$	$p\rightarrow q$	$\neg(p\rightarrow q)$	$p\wedge\bar{q}$
真	真	假	真	假	假
真	假	真	假	真	真
假	真	假	真	假	假
假	假	真	真	假	假

从表 3－11 中，我们可以看出这两个判断的真假值是相等的。

第八节　模态判断

一、模态判断的特征

非模态判断是断定事物情况存在的判断，但当人们进一步研究事物情况时就会发现，有些事物情况的存在具有必然性，有些事物情况的存在只具有可能性。例如：

①大学生一定要学好专业知识。

②罪犯可能畏罪潜逃。

③公民必须按规定纳税。

例①断定了“大学生”具有“要学好专业知识”的必然性；例②断定了“罪犯”具有“畏罪潜逃”的可能性；例③断定了“公民按规定纳税”是必须的。这三个判断都属于模态判断。

模态判断就是断定事物情况的必然性或可能性的判断，是在判断中包含“必然”“可能”“必须”“一定”等一类的模态词的判断。

任何模态判断，都包含有模态词和它所制约的判断成分这两个部分。如果把模态词抽出，放在所制约的判断成分后面，以上几例分别可以表示为：

①“大学生要学好专业知识”是一定的。

②“罪犯畏罪潜逃”是可能的。

③“公民按规定纳税”是必须的。

用“p”表示模态判断中的判断成分，再加上一定的模态词，便成为相应的模态判断的逻辑形式。如例②，可表示为“p是可能的”，也可表示为“可能p”。

二、模态判断的种类

根据模态判断断定的是事物情况的可能性还是必然性，可以把模态判断分为可能模态判断和必然模态判断两大类。

（一）可能模态判断

可能模态判断也称或然模态判断，它是断定某种事物情况具有可能性的判断。例如：

①某甲可能是凶手。

②今天可能不下雨。

以上两例都是可能模态判断。例①是对“某甲是凶手”的可能性作了肯定的断定，是可能肯定模态判断。例②是对“今天下雨”的可能性作了否定的断定，是可能否定模态判断。用符号“◇”表示模态词“可能”，那么可能模态判断的逻辑形式可以表示为：

可能p（或◇p）

可能非p（或$\Diamond\overline{p}$）

（二）必然模态判断

必然模态判断就是断定某种事物情况具有必然性的模态判断。例如：

①对犯罪分子一定要严厉打击。

②扎实的基本功必然不是一天能练就的。

以上两例都是必然模态判断。例①是对“对犯罪分子要严厉打击”的必然性作了肯定的断定，是必然肯定模态判断。例②是对“扎实的基本功是一天能练就的”的必然性作了否定的断定，是必然否定模态判断。用符号“□”表示模态词“必然”，那么必然模态判断的逻辑形式可以表示为：

必然p（或□p）

必然非p（或$\Box\overline{p}$）

三、模态判断之间的真假关系

模态判断之间的真假关系与A、E、I、O四种性质判断之间的真假关系类似，同素材的“必然p”“必然非p”“可能p”“可能非p”之间也具有一种对当关系。

（一）反对关系

反对关系就是“必然 p”与“必然非 p”之间的真假关系。它们之间的真假关系是：不能同真，可以同假。即当“必然 p”为真时，“必然非 p”必假；当“必然 p”为假时，“必然非 p”真假不定。当“必然非 p”为真时，“必然 p”必假；当“必然非 p”为假时，“必然 p”真假不定。

（二）差等关系

差等关系就是“必然 p”与“可能 p”、“必然非 p”与“可能非 p”之间的真假关系。它们之间的真假关系是：当必然判断为真时，可能判断必真，当必然判断为假时，可能判断真假不定；当可能判断为真时，必然判断真假不定，当可能判断为假时，必然判断必假。

（三）矛盾关系

矛盾关系就是“必然 p”与“可能非 p”、“必然非 p”与“可能 p”之间的真假关系。它们之间的真假关系是：不能同真，也不能同假。即当必然判断为真时，可能判断必假，当必然判断为假时，可能判断必真；当可能判断为真时，必然判断必假，当可能判断为假时，必然判断必真。

（四）下反对关系

下反对关系就是“可能 p”与“可能非 p”之间的真假关系。它们之间的真假关系是：可以同真，不能同假。即当“可能 p”为真时，“可能非 p”真假不定，当“可能 p”为假时，“可能非 p”必真；当“可能非 p”为真时，“可能 p”真假不定，当“可能非 p”为假时，“可能 p”必真。

这四种模态判断之间的真假关系，也可以用“逻辑方阵”表示，如图 3-3 所示。

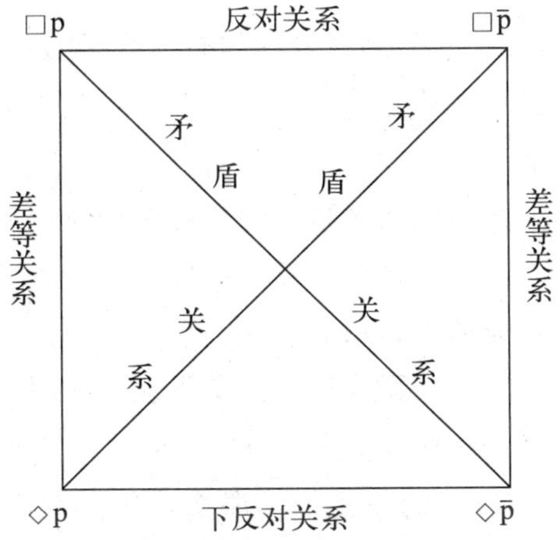

图 3-3 模态判断之间的真假关系

四、正确使用模态判断

模态判断是人们日常生活和司法工作中经常用到的一种判断形式。由于模态判断是人们对事物情况的可能性或必然性作出的一种判断，因此，只有正确地了解事物和认识事物，才能作出准确的判断。例如：

①张三到过现场，他肯定是凶手。

②小李在发烧，可能是生病了。

这两个模态判断都是错误的。例①把可能判断作为必然判断，因为“到过现场”与“凶手”之间只是一种可能性，而不是必然关系。例②却把必然判断当作可能判断，“发烧”必然是“生病”，而不是可能关系。

司法工作中，分清可能模态判断和必然模态判断具有重要意义。如对一个凶杀案来说，罪犯必然有作案时间，必然有凶器，现场必然会留有作案的蛛丝马迹等，这些必然判断能帮助侦查人员判明案情，确定侦破方向。但罪犯是谁，罪犯的作案目的、动机是什么，等等，由于侦查人员在分析案情时，掌握的材料还不充分，往往只能作出可能判断，而不能作出必然判断。从逻辑上来说，人们更希望能够得到必然性的判断，但司法工作中并非都如此，尤其是刑事侦查中，有时会更多地运用或然性判断和推理。这是因为整个侦查阶段对案情的了解几乎都处在回溯推测之中，侦查人员从一个案件表面的、杂碎的、细微的一些蛛丝马迹着手，作出“这个案件可能是自杀”“这个盗窃案不可能是外盗”“张三作案的可能性不大”等或然性判断，对案件的认识总是由少到多，由表及里，由浅入深，由未知到已知，由或然到必然。而一旦对案件的侦查对象作出必然的推论时，那么案件也就侦破结案了，侦查工作也就完成了。刑事侦查中，常用的可能判断有以下几种情况：

第一种是可能性比较小。如某单位的财务室边上就是会计的宿舍，平时下班后会计都在宿舍里，很少外出。某天下班后会计恰好有事离开宿舍，就在会计离开宿舍的时候（18点到20点之间）发生了盗窃案，白天财务室还没有发放完的职工福利十多万元现金被盗。这样的作案时间偏早的盗窃案一般来说只有事先掌握会计行踪的人，才会有可能作案。因而，流窜犯作案的可能性比较小。

第二种是有可能性。如某个风景区发现了一具男性尸体，从死者装束来推断应是一长途旅行者。死者没有任何行李，身上也没有任何证件，只有裤子后兜中有几张一元和五角的纸币。像这样的案件就可能是谋财害命。

第三种是可能性比较大。如在安徽和浙江的交界地段发现一具女性尸体，死者身上没有任何能够证明其身份的证件，不过侦查人员在她的包中发现了一个带有安徽某某机械厂字样的信封和几张安徽某某机械厂的信笺纸，那么，我们就可以断定死者极有可能是安徽人。

这三种可能判断的程度不同，它们的认识价值也不同。第一种接近否定，第三种接近肯定。一般来说，可能性大的，价值也大；可能性小的，价值也小。侦查人员总是力求得到最大可能性的或者接近最大可能性的或然性判断。但接近否定的不等于否定，接近肯定的也不等于肯定，哪怕有了万分之九千九百九十九的肯定性，也不能忽视那万分之一的可能性，这就是“不怕一万，就怕万一”。因此，我们在实际工作中必须根据掌握的事实材料作出恰如其分的判断，不然，轻则会给工作带来失误，重则会出现冤、假、错案。例如昆剧《十五贯》中的无锡知县过于执，他把熊友兰身上带着的十五贯钱认定为赃款，把熊友兰和苏戌娟的碰巧同行认定为私奔，就是把可能判断作为必然判断来进行审案而造成千古奇冤的。

【复习思考题】

1. 什么是判断？判断的基本特征是什么？
2. 判断与语句有何联系和区别？
3. 性质判断主要有哪几种形式？
4. 什么是同一素材的性质判断之间的对当关系？
5. 什么是主、谓项的周延性？A、E、I、O 判断主、谓项的周延性如何？
6. 什么是关系判断？
7. 什么是联言判断？
8. 相容选言判断和不相容选言判断有何区别？
9. 假言判断有几种类型？它们有何不同？
10. 什么是负判断？各类负判断的等值判断是什么？
11. 如何利用真值表判断复合判断之间是否等值？
12. 什么是模态判断？各种模态判断之间的真假关系如何？

第四章

演绎推理

【本章引例】

一次苏丹国王外出，路上碰到聪明狡黠的苏特拉斯。苏特拉斯对国王说："陛下，您知不知道我是全国最会讲谎话的人?"国王摇摇头说："如果你能使我相信你说谎话，那我就给你一镑金币。"苏特拉斯说："陛下，这一镑金币我拿定了。您听好，我现在就开始说。在三十年前的一天夜里，您父亲和我父亲在一起赌钱，后来您父亲输了，当时他向我父亲借了一镑金币。可惜后来钱还未还，他们就去世了。""胡说！你说谎。"国王气得跳了起来，苏特拉斯拿着金币笑着说："对不起，这镑金币我拿走了。"国王气得直翻白眼(注：当时苏丹法律规定父债子还)。

你知道苏特拉斯是用什么推理得出"这一镑金币我拿定了"的结论的吗?

第一节　推理概述

一、推理的特征

推理就是由一个或几个已知判断得出一个新的判断的思维形式。例如：

①犯罪是有社会危害性的行为，

所以，不具有社会危害性的行为不是犯罪。

②所有的法律都是有阶级性的，
刑法是法律，
———————————
所以，刑法是有阶级性的。

③金是能导电的，
银是能导电的，
铜是能导电的，
铅是能导电的，
铁是能导电的，
金、银、铜、铅、铁都是金属，
———————————
所以，所有的金属都是能导电的。

以上几例都是推理。例①是从一个已知的判断直接得到一个“不具有社会危害性的行为不是犯罪”的新判断；例②是从两个已知的判断中得出“刑法是有阶级性的”这个新判断；例③是从多个已知判断中得出“所有的金属都是能导电的”这个新判断。

任何推理都是由前提和结论两个部分组成的。前提是已知的判断，是推理的依据。例①中的“犯罪是有社会危害性的行为”，例②中的“所有的法律都是有阶级性的”“刑法是法律”都是前提。前提可以是一个判断，如例①，也可以是一组判断，如例③。结论是由前提推导出来的判断。例①中的“不具有社会危害性的行为不是犯罪”，例②中的“刑法是有阶级性的”，例③中的“所有的金属都是能导电的”就是结论。

推理是由判断组合而成的，但并不是判断的任意组合。推理的前提与结论之间存在着一种推导关系，这种推导关系就是前提与结论之间的逻辑关系。这种逻辑关系是客观事物情况之间联系的反映。

推理与判断一样，也有内容和形式两个部分。推理形式就是用逻辑变项去代替推理中的具体判断和概念，若用逻辑变项“S、P、M”来分别代替例②中的“刑法”“有阶级性的”“法律”三个概念，则其推理形式为：

所有 M 都是 P，
S 是 M，
———————————
所以，S 是 P。

因为不同的判断内容可以有相同的判断形式，所以，不同内容的推理也可以有相同的推理形式。普通逻辑只研究推理形式，不研究具体的推理内容。

二、推理的种类

推理的分类是个比较复杂的问题，根据不同的标准可以把推理分成不同的种类。根据推理由前提到结论的思维进程方向的不同，可将推理分为演绎推理、归纳推理和类比推理三大类。演绎推理是由一般到个别的推理，归纳推理是由个别到一般的推理，类比推理是由个别（一般）到个别（一般）的推理。推理的种类如图 4－1 所示。

- 推理
  - 演绎推理
    - 简单判断推理
      - 性质判断推理
        - 直接推理
        - 间接推理
      - 关系判断推理
    - 复合判断推理
      - 联言推理
      - 选言推理
      - 假言推理
      - 二难推理
  - 归纳推理
    - 不完全归纳推理
    - 完全归纳推理
  - 类比推理

图 4－1　推理的种类

第二节　直接推理

直接推理是相对于间接推理而言的。直接推理是由一个判断作前提直接得出另一个判断的推理。例如：

马克思主义不是教条主义，

所以，凡教条主义都不是马克思主义。

间接推理是由两个或两个以上的判断为前提推出结论的推理，如三段论等。

一、对当关系直接推理

对当关系直接推理是根据同素材的 A、E、I、O 四种判断之间的真假关系来进行的推理。A、E、I、O 四种判断之间的真假关系包括反对关系、差等关系、矛盾关系和下反对关系四种，相应地对当关系直接推理也有四种，即反对关系直接推理、差等关系直接推理、矛盾关系直接推理和下反对关系直接推理。

（一）反对关系直接推理

反对关系存在于 A 和 E 之间，它们两者之间不能同真，可以同假。因此，根据反对关系，可以由一个判断的真推出另一个判断的假，即

$SAP \to \neg SEP$

例如：

所有的犯罪分子都要受到法律制裁，

所以，并非所有的犯罪分子都不要受到法律制裁。

同样：

SEP→¬SAP

（二）差等关系直接推理

差等关系存在于A和I、E和O之间，它们之间的真假关系是：当全称判断真时，特称判断必真；全称判断假时，特称判断真假不定；特称判断假时，全称判断必假；特称判断真时，全称判断真假不定。因此，根据差等关系，由全称判断的真，可以推出特称判断必真；由特称判断的假，可以推出全称判断必假，即

SAP→SIP

¬SIP→¬SAP

例如：

①我们班所有的同学都是浙江人，

所以，我们班有些同学是浙江人。

②并非有些罪犯是天生的，

所以，并非所有的罪犯都是天生的。

同样：

SEP→SOP

¬SOP→¬SEP

（三）矛盾关系直接推理

矛盾关系存在于A和O、E和I之间，它们的真假关系是既不能同真，也不能同假。因此，根据矛盾关系，可以由一个判断的真直接推出另一个判断的假，由一个判断的假直接推出另一个判断的真，即

SAP→¬SOP

¬SAP→SOP

SIP→¬SEP

¬SIP→SEP

例如：

①所有的人都要遵纪守法，

所以，并非有些人不要遵纪守法。

②有些学生是团员，

所以，并非所有的学生都不是团员。

③并非所有的秘书都是文秘专业毕业的，

所以，有些秘书不是文秘专业毕业的。

④并非有些犯罪行为是合法行为，

所以，所有的犯罪行为都不是合法行为。

同样：

SEP→¬SIP

¬SEP→SIP

SOP→¬SAP

¬SOP→SAP

（四）下反对关系直接推理

下反对关系存在于I和O之间，它们两者之间不能同假，可以同真。因此，根据下反对关系，可以由一个判断的假直接推出另一个判断的真，即

¬SIP→SOP

例如：

并非有些学生是学法律的，

所以，有些学生不是学法律的。

同样：

¬SOP→SIP

对当关系推理合计有十六个公式概括，如表4-1所示。

表4-1　对当关系推理公式

已知真＼推出	SAP	SEP	SIP	SOP	推出／已知假
SAP	真	假	真	假	SOP
SEP	假	真	假	真	SIP
SIP	—	假	真	—	SEP
SOP	假	—	—	真	SAP

二、判断变形直接推理

判断变形直接推理，就是通过改变前提的形式而直接推出结论的推理形式。这种推理主要有换质法、换位法和换质位法。

（一）换质法

换质法就是通过改变前提的质（肯定改为否定，否定改为肯定），从而得出结论的直接推理方法。换质法要遵守以下两条规则：

第一，结论判断的质必须和前提判断的质相反。即前提为肯定，结论必须是否定的；前提为否定，结论必须是肯定的。

第二，不改变主、谓项的位置，结论判断的谓项应是前提判断谓项的矛盾概念。

根据规则，A、E、I、O 判断都可以用换质法进行推理。例如：

①所有司法类专业的学生都是要学逻辑学的，

所以，所有司法类专业的学生都不是不要学逻辑学的。

②所有的迷信都不是科学，

所以，所有的迷信都是伪科学。

③有些错误是可以避免的，

所以，有些错误不是不可以避免的。

④有些问题不是能一时解决的，

所以，有些问题是不能一时解决的。

用 $\overline{P}$（读“非 P”）表示谓项 P 的矛盾概念，它们的推理形式是：

$SAP \to SE\overline{P}$

$SEP \to SA\overline{P}$

$SIP \to SO\overline{P}$

$SOP \to SI\overline{P}$

通过换质法，可以从正反两个方面加深对同一对象的认识，也可以从不同的方面来表述同一判断的内容。如例③，一方面，肯定了“有些错误”具有“可以避免的”性质；另一方面，通过换质否定了“有些错误”具有“不可以避免的”性质，使我们对“有些错误是可以避免的”这个判断的认识更加明确、更加深入。

（二）换位法

换位法就是通过交换前提中主、谓项的位置，从而得出结论的直接推理方法。换位法的规则是：

第一，不改变前提的质，只改变主、谓项的位置。

第二，前提中不周延的项，到结论中也不得周延。

根据规则，A、E、I 判断可以换位。例如：

①所有的商品都是劳动产品，

所以，有的劳动产品是商品。

②所有未遂犯都不是过失犯，

所以，所有过失犯都不是未遂犯。

③有些学生是团员，

所以，有些团员是学生。

它们的推理形式是：

SAP→PIS

SEP→PES

SIP→PIS

O 判断不能换位。因为 O 判断主项不周延，谓项周延。换位以后，前提中不周延的主项，到结论中则变成周延的谓项，违反了“前提中不周延的项，到结论中也不得周延”的规则，所以 O 判断不能换位。

通过换位法，人们可以更好地从两个不同的方面去了解主项和谓项所反映的客观事物之间的联系。同时，通过换位法可以更清楚地揭示出前提判断中主、谓项的周延情况，有助于人们更好地思考问题和表达思想。

（三）换质位法

换质位法是对前提既换质又换位，从而得出结论的直接推理。它是换质法和换位法的综合运用。

例如，“所有的资本主义国家都是实行资产阶级专政的”，先换质为“所有的资本主义国家都不是不实行资产阶级专政的”，再换位为“不实行资产阶级专政的不是资本主义国家”。

A、E、O、I 判断都可以换质位。例如：

①所有的法律都是有阶级性的，

所以，没有阶级性的都不是法律。

②隐私案件不是能公开审理的，

所以，有些不能公开审理的是隐私案件。

③有些导电的不是金属，

所以，有些非金属是导电的。

它们的推理形式可以表示为：

$SAP \rightarrow \bar{P}ES$

$SEP \rightarrow \bar{P}IS$

$SOP \rightarrow \bar{P}IS$

I 判断不能先换质再换位，但可以先换位再换质。例如：

$SIP \rightarrow PIS \rightarrow PO\bar{S}$

变形法推理也可以用十个公式概括，如表 4－2 所示。

表 4－2 变形法推理公式

名称	换质法推理	换位法推理	换质位法推理
公式	$SAP \rightarrow SE\bar{P}$	$SAP \rightarrow PIS$	$SAP \rightarrow \bar{P}ES$
	$SEP \rightarrow SA\bar{P}$	$SEP \rightarrow PES$	$SEP \rightarrow \bar{P}IS$
	$SIP \rightarrow SO\bar{P}$	$SIP \rightarrow PIS$	$SOP \rightarrow \bar{P}IS$
	$SOP \rightarrow SI\bar{P}$	—	—

换质位法没有自己特别的规则，可以先换质再换位，也可以先换位再换质，但要遵守换质法和换位法的规则。另外，换质位以后还要注意语句通顺。

第三节 三段论

一、三段论的定义和公理

（一）三段论的定义

三段论是由包含着一个共同项的两个性质判断为前提，推出一个新的性质判断为结论的推理形式。例如：

①所有的法律都是有阶级性的，
刑法是法律，
所以，刑法是有阶级性的。

②哺乳动物都不是用腮来呼吸的，
人是哺乳动物，
所以，人不是用腮来呼吸的。

这两个推理都是三段论。每个推理都由三个性质判断组成，其中两个性质判断是前提，分别称为大前提和小前提，另一个性质判断是结论。三段论又称为直言三段论。

三段论的两个前提和一个结论中共有三个不同的项。两个前提中的共同项，我们称为中项，如例①中的“法律”，例②中的“哺乳动物”。结论中的主项我们称为小项，如例①中的“刑法”，例②中的“人”。结论中的谓项我们称为大项，如例①中的“有阶级性的”，例②中的“用腮来呼吸的”。中项在前提中起着媒介的作用，三段论就是通过中项把包含大、小项的两个前提联结起来得出结论的推理形式。

三段论的两个前提中，包含大项的前提称为大前提，包含小项的前提称为小前提。

通常用符号 P 表示大项，S 表示小项，M 表示中项。那么上述两例三段论推理形式可以表示为：

①所有 M 都是 P
S 是 M
————————
所以，S 是 P

②所有 M 都不是 P
S 是 M
————————
所以，S 都不是 P

这两例三段论的逻辑形式也可以用符号表示为：

①	②
MAP	MEP
SAM	SAM
∴SAP	∴SEP

（二）三段论的公理

三段论的公理是：一类事物的全部是什么或不是什么，那么该类事物中的部分也是什么或不是什么。即对一类事物的全部对象进行断定，那么对该类事物中的每一个对象也应该进行断定。

如在例①中，我们在大前提中断定了所有的 M 类事物都有 P 的属性，在小前提中断定了 S 属于 M 类事物，则 S 同样具有 P 的属性，如图 4－2 所示。在例②中，我们在大前提中断定了所有 M 类事物都不具有 P 的属性，在小前提中断定了 S 属于 M 类事物，则 S 同样不具有 P 的属性，如图 4－3 所示。

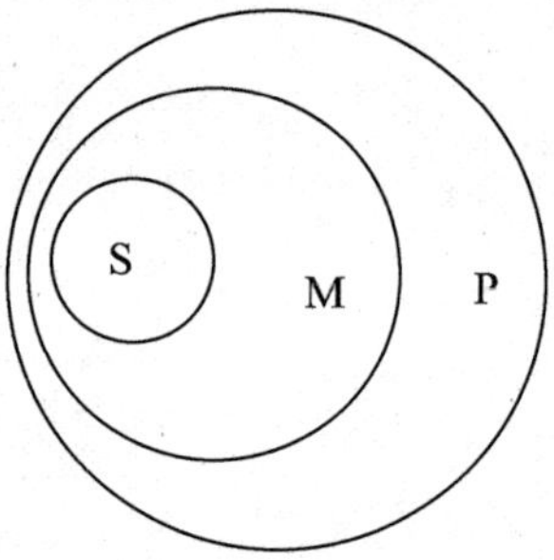

图 4－2

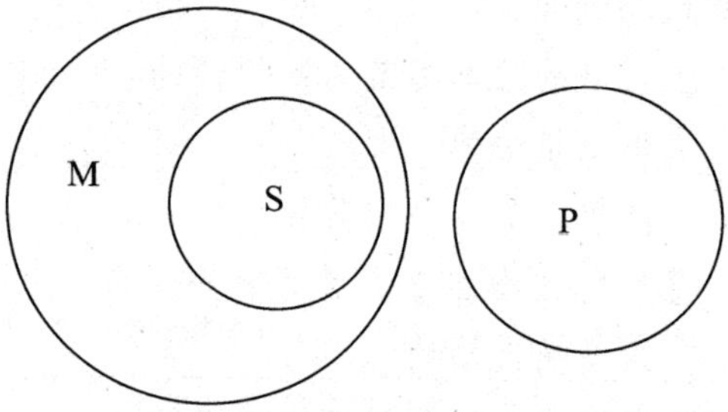

图 4－3

二、三段论的规则

三段论是依据三段论的公理来进行推演的。一个正确有效的三段论，除了前提真实和按照三段论公理进行推演以外，还必须遵守以下几条三段论的规则。

（一）一个三段论中只能有三个不同的项

三段论是通过中项的媒介作用来确定大、小项之间关系的一种推理形式。如果一个三段论只有两个项，那么它们在两个前提中势必重复出现，这样就不可能推出结论，因而也不可能构成三段论。如果大、小前提中出现四个项，那就说明两个前提的主、谓项都不相同，这样就没有一个项可以起到媒介的作用，无法确定大、小项的关系，同样不能推出结论。例如：

小李是学生，

老王是老师，

?

这里出现了四个项，无法确定它们之间的关系，不能构成三段论推出结论。所以，三段论有且只能有三个项。

违反这条规则所犯的逻辑错误，称为“四项错误”或“四概念错误”。在犯“四项错误”的三段论中，主要表现为同一语词在不同的判断中表达了不同的概念。例如：

鲁迅的作品不是一天能读完的，

《故乡》是鲁迅的作品，

所以，《故乡》不是一天能读完的。

这个三段论大、小前提中的中项“鲁迅的作品”是同一语词，看起来好像只有三个项，实际上是四个项，前者是集合概念，后者是非集合概念。所以，这个三段论犯了“四项错误”。

（二）中项在前提中至少要周延一次

中项在前提中起着媒介的作用，大、小项之间的关系是通过中项来确定的。如果中项在两个前提中都不周延，那么，就有可能大项和中项的这一部分外延发生关系，而小项和中项的另一部分外延发生关系，这样，中项就不能起到媒介作用，因而也不能必然地推出三段论的结论。例如：

犯罪行为都是违法行为，

某人的行为是违法行为，

所以，某人的行为是犯罪行为。

这个三段论中，中项“违法行为”在两个前提中都没有周延，实际上有些违法行为不一定是犯罪行为。这个推理违反了“中项在前提中至少要周延一次”的规则，犯了“中项不周延”的逻辑错误。

（三）前提中不周延的项，在结论中也不得周延

三段论的结论是通过大、小前提推导出来的，因此，如果在前提中所涉及的仅仅是

大、小项的一部分外延，那么，结论中也只能涉及大、小项的这一部分外延，否则就会犯“大项扩大”或“小项扩大”的逻辑错误。例如：

①法官是懂得法律的，
他不是法官，
————————————
所以，他不是懂得法律的。

②鲁迅是文学家，
鲁迅是思想家，
————————————
所以，思想家都是文学家。

例①中的大项“懂得法律的”，在前提中是肯定判断的谓项，是不周延的，但在结论中成为否定判断的谓项，周延了，违反了“前提中不周延的项，在结论中也不得周延”的规则，犯了“大项扩大”的逻辑错误。例②中的小项“思想家”，在前提中是肯定判断的谓项，是不周延的，但在结论中成为全称判断的主项，周延了，同样违反了规则，犯了“小项扩大”的逻辑错误。

（四）两个否定的前提不能得出结论

否定判断的主、谓项都互相排斥，如果大、小前提都是否定的，那么，大、小项与中项都是互相排斥的，这样中项就不能起到媒介作用，也就无法确定大、小项之间的关系，所以，无法推出结论。例如：

小王不是法律系学生，
小王不是团员，
————————————
所以，法律系学生……？

（五）如果有一个前提是否定的，则结论必否定；如果结论是否定的，则必有一个前提为否定

如果有一个前提是否定的，那么根据规则（四），另一个前提一定是肯定的。在否定的前提中，中项和大项（或小项）的外延是不相容的，在肯定的前提中，中项和小项（或大项）的外延是相容的，由此可见，大、小项之间的外延是不相容的，是互相排斥的，所以，结论只能是否定的。例如：

法律专业毕业的学生是学过逻辑学的，
小王没有学过逻辑学，
————————————
所以，小王不是法律专业毕业的学生。

这里大项“法律专业毕业的学生”和中项“学过逻辑学的”是真包含关系，而小项“小王”和中项“学过逻辑学的”是不相容关系。因此，结论只能断定大、小项不相容，即结论为否定判断。

如果结论为否定，那么必有一个前提是否定的。因为，如果两个前提都是肯定的，那么大、小项和中项都是相容关系，结论只能是肯定判断，而不可能是否定的。所以，如果结论为否定判断，则肯定有一个前提是否定判断。

（六）两个特称的前提不能得出结论

两个前提都是特称判断有三种情况：II、OO、IO。

第一种情况两个前提都是特称肯定判断，没有一个项是周延的。根据三段论“中项在前提中至少要周延一次”的规则，不能得出结论。

第二种情况两个前提都是特称否定判断，根据三段论规则（四），两个否定的前提不能得出结论。

第三种情况前提中有一个是特称肯定判断，一个是特称否定判断，这两个前提中只有一个项是周延的。按照三段论的规则，中项在前提中至少周延一次，那么这个周延项必须作中项。但因为有一个前提是否定判断，根据三段论规则（五），得出的结论也是否定的。否定判断的谓项周延，即大项周延，而大项在前提中是不周延的，这样就违反了三段论“前提中不周延的项，在结论中也不得周延”的规则，犯了“大项扩大”的逻辑错误，同样不能得出结论。

（七）如果有一个前提是特称的，则结论必特称

根据规则（六）可知，如果有一个前提是特称的，那么另一个前提必定是全称的，即有 AI、AO、EI、EO 四种情况。根据三段论规则（四），两个否定的前提不能得出结论，所以第四种情况“EO”不能得出结论。

第一种情况前提为 AI，只有一个项周延。根据三段论规则，中项在前提中至少周延一次，这个唯一的周延项必须作中项，那么大、小项在前提中都不周延。根据三段论规则（三），前提中不周延的项在结论中也不得周延，所以，只能得出特称判断的结论。

第二种情况前提为 AO，有两个项周延。根据三段论规则（二），一个周延项必须作中项，再根据三段论规则（五），有一个前提为否定则结论必否定，而否定判断的谓项周延，即大项周延，再根据三段论规则（三），前提中不周延的项结论中也不得周延，因此，另一个周延项必须作大项。那么小项在前提中不周延，根据三段论规则（三），在结论中也不得周延，所以，只能得出特称判断。

第三种情况前提为 EI，它与 AO 相同，只有两个周延项，也只能得出特称判断的结论。

以上七条三段论规则，前面五条是基本的，后面两条是推导出来的；前面三条是针对项的，后面四条是针对前提的。

需注意的是，三段论推理在实际应用的时候并不如此简单，有些问题需要进行分析才

能说明原因。例如，在我国有这样两个村落，赵村所有的人都是白天祭祀祖先，李庄所有的人都是晚上祭祀祖先，我们确信没有既在白天又在晚上祭祀祖先的人。我们也知道李明是晚上祭祀祖先的人。依据以上信息，能判定以下哪项是对李明身份正确的判断？

A. 李明若不是李庄的，就是赵村的。

B. 李明若是赵村的就不是李庄的。

C. 李明若不是赵村的，就是李庄的。

D. 李明不是赵村的。

E. 可以断定，李明是李庄人。

根据既定结论的选项，从题干里可整理出以下两组大小前提：

①李庄所有的人都是晚上祭祀祖先的（大前提）；

李明是晚上祭祀祖先的（小前提）。

②赵村所有的人都是白天祭祀祖先的（大前提）；

李明不是白天祭祀祖先的（他晚上祭祀；小前提）。

从①推出结论“E. 李明是李庄人”犯“中项不周延”错误；从②则可必然推得结论“D. 李明不是赵村的”。

三、三段论的格和式

（一）什么是三段论的格

三段论的格，就是由中项在前提中所处的位置不同而构成的不同的三段论形式。

中项在大、小前提中可以分别是主项和谓项。这样，中项在前提中共有四种不同的位置情况，相应地，三段论共有四个格。

第一格的中项在大前提中作主项，在小前提中作谓项。例如：

所有的法律都是有阶级性的，

刑法是法律，

所以，刑法是有阶级性的。

其结构形式如下：

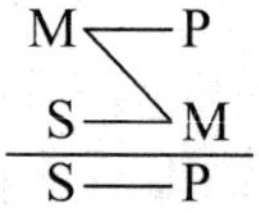

第二格的中项在大前提和小前提中都作谓项。例如：

我们班的同学都是杭州人，

小陈不是杭州人，

所以，小陈不是我们班的同学。

其结构形式如下：

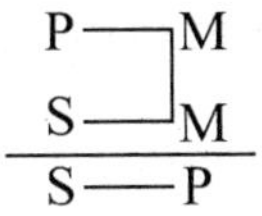

第三格的中项在大前提和小前提中都作主项。例如：

人是能思维的，

人是高等动物，

所以，有些高等动物是能思维的。

其结构形式如下：

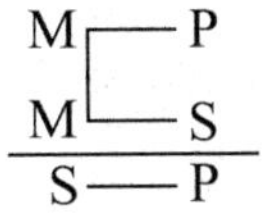

第四格的中项在大前提中作谓项，在小前提中作主项。例如：

有些女青年是学文秘专业的，

学文秘专业的是准备从事文秘工作的，

所以，有些准备从事文秘工作的是女青年。

其结构形式如下：

（二）三段论各格的规则及其作用

三段论各格的规则是根据三段论的规则并结合自己的具体格式推导出来的，又因为各格的结构形式、特征不同，因而在实践中有不同的作用。

1. 第一格的规则及其作用

第一格的特殊规则是：

（1）小前提必须是肯定判断；

（2）大前提必须是全称判断。

如果小前提为否定判断，根据三段论规则（五），结论也为否定判断，那么大项在结论中周延。这样，大项在前提中也要周延。而大项在前提中处在谓项的位置，若要周延必须是否定判断，那就出现了两个前提都为否定的情况。由三段论规则（四）得知，两个否定的前提不能得出结论，所以，小前提必须是肯定判断。

由于小前提是肯定判断，中项处在小前提的谓项，是不周延的。根据三段论规则，中项在前提中至少周延一次，因此，大前提中的中项必须周延。而大前提中中项处在主项的位置，要其周延必须是全称判断。

第一格最明显地体现了三段论的公理，典型地体现了演绎推理从一般到特殊的特点。

人们根据一般原理认识和说明特殊事物情况，或者把某个特殊事例置于一般原则之下加以证明，都要运用第一格。第一格的应用最为广泛，人们把第一格称为“典型格”或“完善格”。

2. 第二格的规则及其作用

第二格的特殊规则是：

（1）前提中必有一个是否定判断；

（2）大前提必须是全称判断。

第二格的中项在前提中都处在谓项的位置，根据三段论规则，中项在前提中至少周延一次，所以，前提中必须有一个是否定判断。由于有一个前提是否定的，根据三段论规则（五），结论也是否定的，而否定判断的谓项是周延的，即大项周延。由于大项在大前提中处在主项的位置，因此，大前提必须是全称判断。

第二格由于结论是否定的，因此，它的主要作用在于指出事物间的区别，说明某个事物不属于某个类。人们称它为“区别格”。例如：

所有的偶数都是能被2整除的数，

3不是能被2整除的数，

所以，3不是偶数。

这里，就指出3和偶数之间的区别，说明3不属于偶数这个类。

3. 第三格的规则及其作用

第三格的特殊规则是：

（1）小前提必须是肯定判断；

（2）结论肯定是特称判断。

如果小前提是否定的，那么根据三段论规则（五），结论也是否定的。否定判断的谓项周延，即大项周延。根据三段论规则，前提中不周延的项结论中也不得周延。而大项在大前提中处在谓项的位置，要其周延必须为否定判断，那就违反了两个否定前提不能得出结论的规则。所以，小前提必须是肯定判断。

因为小前提是肯定判断，小项处在小前提中谓项的位置，是不周延的。根据三段论前提中不周延的项在结论中也不得周延的规则，结论中的小项是不能周延的，所以，结论只能是特称判断。

第三格的结论是特称的，因此，人们经常用来证明一般原则的例外情况。在思维实践中，经常用来反驳某种全称判断，人们称它为“反驳格”。例如，为了反驳“所有的鸟都是会飞的”这个全称判断，就可以用这一格。

鸵鸟是不会飞的，

鸵鸟是鸟，

所以，有些鸟是不会飞的。

4. 第四格的规则及其作用

第四格的特殊规则是：

(1) 如果有一个前提是否定判断，则大前提为全称判断；

(2) 如果大前提是肯定判断，则小前提为全称判断；

(3) 如果小前提是肯定判断，则结论为特称判断；

(4) 任何一个前提都不能是特称否定判断；

(5) 结论不能是全称肯定判断。

第四格没有什么特殊的用途，也很少使用。其规则读者可以自己加以证明。

三段论各格的规则，是根据三段论的规则并结合各格的特殊形式推导出来的。如果一个三段论违反了该格的规则，那么肯定违反了三段论的规则；但是遵守该格的规则，并不一定符合三段论的规则。例如：

有些罪犯是盗窃犯，

有些罪犯是杀人犯，

所以，有些杀人犯是盗窃犯。

这个三段论符合第三格的规则要求，但它是一个错误的推理。违反了三段论规则(二)，犯了“中项不周延”的逻辑错误，同时也违反了“两个特称前提不能得出结论”的规则。

(三) 三段论的式

三段论的式，就是由于前提和结论的质、量不同，所构成的不同的三段论形式。也就是A、E、I、O四种判断在两个前提、一个结论中的不同排列组合所构成的三段论形式。例如：

所有的法律都是有阶级性的，

刑法是法律，

所以，刑法是有阶级性的。

这个推理的大、小前提和结论都是A判断，因此，它的式是AAA式。又如：

正当防卫行为不是违法行为，

李明的行为是正当防卫行为，

所以，李明的行为不是违法行为。

这个推理的大前提是E判断，小前提是A判断，结论是E判断，因此，它的式是EAE式。

根据A、E、I、O四种判断的不同排列组合，总共可以得到64个式。但其中有些式是无效的，如EEE、OOI、IIA等式。根据三段论的规则，结合四个格的形式，分别对64个式进行验证，四个格只有24个有效式，如表4-3所示。

表 4－3　有效式

第一格	第二格	第三格	第四格
AAA	AEE	AAI	AAI
AII	EAE	AII	AEE
EAE	EIO	EAO	EAO
EIO	AOO	EIO	EIO
（AAI）	（AEO）	IAI	IAI
（EAO）	（EAO）	OAO	（AEO）

每个格的有效式都是 6 个。表 4－3 中带括号的式，称为弱式，就是本来可以得出全称结论而只得出特称结论的式。例如：

商品是用来交换的劳动产品，

这些物品不是用来交换的劳动产品，

所以，这些物品有的不是商品。

这个三段论是第二格的 AEO 式，本来可以得出全称结论，即“这些物品都不是商品”，形成 AEE 式。根据差等关系，当 E 判断为真时，O 判断肯定是真的。所以，这个推理也没有错，但它没有展示出应当推出的全部内容，因而称为弱式。

四、三段论的省略式

（一）省略三段论的定义和形式

标准的三段论都含有大前提、小前提和结论三个部分，但在实际表达中往往省略了某一部分。省略三段论就是省略了大前提或小前提或结论的三段论。

省略三段论有三种形式：

第一种，省略大前提。例如，“马克思主义是真理，所以，马克思主义是不怕批评的”。这个推理就省略了大前提“真理是不怕批评的”。在省略三段论中，被省略的大前提往往是得到普遍承认的一般性原理。

第二种，省略小前提。例如，“犯故意伤害他人身体致人重伤罪的，处三年以上七年以下有期徒刑，因此，吴某应处三年以上七年以下有期徒刑”。这个推理就省略了小前提“吴某犯了故意伤害他人身体致人重伤罪”。在省略三段论中，被省略的小前提往往是不言而喻的事实。

第三种，省略结论。例如，“党员应该起模范带头作用，你是党员”。这个推理就省略了结论“你应该起模范带头作用”。在省略三段论中，省略结论必须在前提和结论关系十分明显的情况之下进行。

（二）省略三段论的复原和检验

检查省略三段论是否正确比较复杂。首先应该确定这个省略三段论省略了哪一部分，然后把省略的部分补充完整，恢复成一个完整的三段论，再进行检验。

例如，王维的《杂诗》："君自故乡来，应知故乡事。来日绮窗前，寒梅著花未?"开头两句"君自故乡来，应知故乡事"是个省略三段论。经检验发现省略了大前提"凡是从故乡来的都应知道关于故乡的事"。先复原可得：

凡是从故乡来的都应知道关于故乡的事，

君是从故乡来的，

所以，君应知道关于故乡的事。

这个推理是属于第一格 AAA 式。然后，再用三段论的规则和格式进行检查，可知这个推理从内容到形式都是正确的。

但是，有些省略三段论往往会将一些错误掩盖起来，不易发觉。例如：

他犯过错误，所以，他是不值得信任的。

复原后的完整式为：

凡是犯过错误的都是不值得信任的，

他是犯过错误的，

所以，他是不值得信任的。

这个推理属于第一格 AAA 式，格式符合逻辑要求。但这个推理是错误的，因为大前提是不真实的。在省略式中，由于大前提被省略，掩盖了它的不真实性，因而容易被人们忽视。

五、三段论在司法工作中的作用

在司法工作中，三段论的作用主要表现在侦查三段论和审判三段论方面。

（一）侦查三段论

侦查三段论就是三段论在司法侦查工作中的具体应用。应用于司法实践的侦查三段论推理公式为：

大前提：侦查学原理（或侦查经验知识）；

小前提：案情事实；

结论：演绎推出。

即大前提由侦查理论或经验（案例）构成，小前提由当前案情构成，结论虽是演绎得出，但一般是或然性的（因大前提已含有或然性的局限）。

侦查三段论推理具有广泛的应用性，在司法工作实践中，它是发现案件线索常用的推理方式。如“一战德国间谍网破获案”就是侦查三段论的应用：

1911 年，德国政府代表团访问英国。代表团中有一个高级官员总爱到加里东路的一家普通理发店理发。这引起了英国反间谍局的怀疑：理发店受到监视，所有来往信件被检查。经过周密细致的侦察终于查明，这家理发店原来是德国间谍组织在英国的重要联络点。英国当局不动声色，对该理发店继续进行监视，并对所获的各方面的情报进行全面的分析。不久，第一次世界大战爆发。1914 年 8 月，在战争爆发后的 24 小时内，所有在英国的德国间谍便被一网打尽！在其后的战争期间，德国人再也没能恢复在英国有效的情报工作。①

德国间谍机构遭遇的毁灭性打击，仅仅是由于一个德国高级军官选择了一家不够上流社会标准的理发店理发所造成的。这个推断过程就是一个基本的三段论式：

大前提（侦查经验知识）：德国上流社会的人不会去一般的理发店；

小前提（案情事实）：这个高级官员自然是德国上流社会的人；

结论（演绎推出）：这个高级官员不该去这样的理发店。

因为他去了，所以留下疑团，于是提供了侦查线索。

再如，叶永烈的《白衣侦探》中有这样一则故事：

一位年过花甲的老人独居，子女在外地工作。老人略有积蓄，某天深夜老人被扼死，钱财被抢走。案发的第二天上午，侦查人员在现场找到两个烟头。据了解老人从不抽烟，因此，这烟头极可能是作案者留下的。作案者大约以某种借口敲开老人的门，进屋后一边抽烟，一边与老人聊天，然后伺机作案。另外一个重要线索是：老人手中捏着几根头发。显然，这是老人反抗时用手抓罪犯的头留下的。经鉴定，老人的血型为 A 型。头发经鉴定，是血型为 B 型的人掉落的。这证明作案者的血型为 B 型。除此之外，在现场未找到其他线索。

仅知道作案者的血型，仍无法着手破案，侦查人员便把注意力集中在那两只烟头上。烟头是作案者自己用纸包着烟丝卷成的，烟头很短，浸透了唾液。根据唾液检验血型表明，烟头中的唾液含有 B 型血型质，属男性。这不仅说明作案者是男的，而且说明，烟头确实是作案者留下的——与那几根头发的血型相符。侦查人员还进一步分析了烟头的特征：烟头是作案者用纸包着烟丝卷成的；作案者在作案前接连抽了两根烟，说明他的烟瘾颇重；最为重要的是，烟头很短，浸透了唾液，说明作案者习惯于长时间把烟头衔在嘴里，直到烟头快烧到嘴唇时才扔掉。②

于是有了这样一个推断过程：

经验性大前提：一般来说，木匠、泥水匠常有这样的习惯，因为他们的双手

① 奥莱斯特·平托. 我的反间谍生涯. 姚越秀，等译. 北京：群众出版社，1981：38.

② 叶永烈. 白衣侦探. 上海：文汇出版社，1994：132－133.

要不停地干活，无暇用手指夹着香烟，于是就把香烟长时间地衔在嘴里；

案情小前提：现场发现的烟头很短，浸透了唾液（烟头长时间衔在嘴里）；

演绎结论：因此极有可能是木匠、泥水匠扔下的。

小小的烟头，勾画出作案者的形象。于是侦查人员着重从木匠、泥水匠中侦查，果然很快就查到一个可疑木匠。侦查人员取到他扔在地下的烟头，经鉴定，与作案现场遗留的烟头的特征完全一致。经进一步查核，侦查人员终于侦破此案，并从那个木匠家中搜出了赃款。

（二）审判三段论

审判三段论就是司法工作人员在办案过程中，根据法律理论和法律条文，运用三段论原理来进行定罪、量刑的一种思维形式。审判三段论一般来说有定罪三段论和量刑三段论两种形式。

定罪三段论就是以法律条文规定的犯罪性质以及有关罪名概念的定义为大前提，以证据确凿的犯罪事实为小前提，并把犯罪事实的小前提与法律规定的有关犯罪事实的罪名的大前提相联系和对照，从而作出被告人的行为是否构成该罪的结论。例如：

明知自己的行为会发生危害社会的结果，并且希望或者放任这种结果发生，因而构成犯罪的，是故意犯罪；

李某是明知自己的行为会发生危害社会的结果，并且希望或者放任这种结果发生而构成犯罪的；

所以，李某是故意犯罪。

量刑三段论就是以刑法条文规定的刑罚为大前提，以某种性质的犯罪为小前提，从而作出关于对犯罪分子处以什么刑罚处罚的结论。例如：

犯故意伤害他人身体致人重伤罪的，处三年以上七年以下有期徒刑，

张三犯了故意伤害他人身体致人重伤罪，

所以，张三要处三年以上七年以下有期徒刑。

这里，全称的大前提断定法律的依据，肯定的小前提断定被告的犯罪事实，结论就是以此为根据对被告作出的判决。无论是定罪三段论还是量刑三段论，都是三段论的第一格形式，因为第一格最明显地体现了三段论的公理，典型地体现了演绎推理从一般到特殊的特点。由于第一格在司法审判工作中有着特别重要的作用。因此，通常称为“审判格”。

审判工作是一项十分严肃的工作，容不得有半点差错，否则，就可能会带来极为严重的后果。为了做到既能严惩罪犯，又不冤枉无辜，司法工作者使用审判三段论时除了必须前提真实、推理形式正确以外，还必须准确地理解法律条文，分清此罪与彼罪，做到概念清楚、罪名确切。正确使用审判三段论，对于提高审判质量，做到定性准确、量刑恰当，都有十分重要的意义。所以，每一位司法工作人员特别是审判人员都应该认真学习和研究审判三段论。

第四节　关系推理

一、关系推理的特征

关系推理就是前提中至少有一个关系判断，并且根据前提中关系的逻辑性质进行推演的推理。例如：

①北京在杭州以北，

所以，杭州不在北京以北。

②甲早于乙路过现场，

乙早于丙路过现场，

所以，甲早于丙路过现场。

这两个都是关系推理。例①是根据“在……以北”这种反对称关系来进行推演的；例②是根据“早于”这种传递关系来进行推演的。

根据前提和结论都是由关系判断组成的，还是由关系判断和性质判断混合组成的，关系推理可以分为两大类：一类为纯关系推理，另一类为混合关系推理。

二、纯关系推理

纯关系推理就是前提和结论都是关系判断的推理。根据前提数量的不同，纯关系推理可分为直接关系推理和间接关系推理。

（一）直接关系推理

直接关系推理是由一个关系判断作为前提，直接得出结论的推理形式。它可以分为对称关系推理和反对称关系推理两种。

1. 对称关系推理

对称关系推理是根据关系的对称性进行推演的一种推理形式。例如：

①张明是王华的中学同学，

所以，王华是张明的中学同学。

②甲是乙的同案犯，

所以，乙是甲的同案犯。

这两例就是通过“同学”“同案犯”这种关系的对称性质而推出结论的。对称关系推理通过关系前项和关系后项的更换，起到了强调不同关系者项的作用。对称关系推理的逻辑形式可用公式表示为：

$$\frac{aRb}{\therefore bRa}$$

2. 反对称关系推理

反对称关系推理就是根据关系的反对称性进行推演的一种推理形式。例如：

①5 大于 3，

所以，3 不大于 5。

②张三犯的罪重于李四犯的罪，

所以，李四犯的罪不重于张三犯的罪。

这两例就是通过“大于”“重于”这种关系的反对称性质而推出结论的。反对称关系推理的逻辑形式可用公式表示为：

$$\frac{aRb}{\therefore b\bar{R}a}$$

（二）间接关系推理

间接关系推理是由两个关系判断作为前提，推出结论的关系推理形式。它可以分为传递关系推理和反传递关系推理两种。

1. 传递关系推理

传递关系推理是根据关系的传递性进行推演的关系推理。例如：

①甲比乙早路过现场，

乙比丙早路过现场，

所以，甲比丙早路过现场。

②杭州在上海以南，

上海在北京以南，

所以，杭州在北京以南。

这两个推理就是根据“比……早”“在……以南”这些关系的传递性推导出来的。传递关系推理的逻辑形式可用公式表示为：

$$\frac{\begin{array}{l}aRb\\bRc\end{array}}{\therefore aRc}$$

2. 反传递关系推理

反传递关系推理是根据关系的反传递性进行推演的关系推理。例如：

①甲和乙是母女关系，

乙和丙是母女关系，

所以，甲和丙不是母女关系。

②甲比乙早两个小时路过现场，

乙比丙早两个小时路过现场，

所以，甲不比丙早两个小时路过现场。

这两个推理就是根据“母女关系”“比……早两个小时”这些反传递性关系推导出来的。反传递关系推理的逻辑形式可用公式表示为：

aRb

bRc

∴ $a\bar{R}c$

三、混合关系推理

（一）混合关系推理的定义和形式

混合关系推理就是以一个关系判断和一个性质判断为前提，推出一个关系判断为结论的推理。例如：

所有六年级的学生都比三年级的学生年龄大，

这些同学是六年级的学生，

所以，这些同学比三年级的学生年龄大。

这是一个混合关系推理，第一个前提为关系判断，关系项是“比……大”，第二个前提是性质判断，结论为关系判断。

混合关系推理的逻辑形式可以表示为：

所有的 a 与 b 有 R 的关系，

c 是 a，

所以，c 与 b 有 R 的关系。

也可以用符号表示为：

aRb

cAa

∴ cRb

混合关系推理包括两个前提和一个结论，在前提和结论中只有三个不同的项，其中有一个项在前提中出现两次，称为媒概念，相当于三段论的中项，在前提中起媒介作用。因此，混合关系推理也称为关系三段论。

（二）混合关系推理的规则

混合关系推理有五条规则：

（1）媒概念在前提中至少周延一次。

（2）前提中不周延的概念结论中也不得周延。

（3）前提中的性质判断必须是肯定的。

（4）如果前提中的关系判断是肯定的，则结论中的关系判断也应该是肯定的；如果前提中的关系判断是否定的，则结论中的关系判断也应该是否定的。

（5）如果前提关系判断中的关系不是对称的，那么，前提中的关系者前项（后项）到结论中也应该作为关系者前项（或后项）。

第五节 联言推理

一、联言推理的特征

联言推理就是前提或结论为联言判断的推理。它是根据联言判断的逻辑性质进行推演的推理。例如：

①小张既是我们班的班长，又是我们班的团支部书记，

所以，小张是我们班的团支部书记。

②构成贿赂罪，要有牟取不正当利益的行为，

构成贿赂罪，要有给予国家工作人员以财物的行为，

所以，构成贿赂罪既要有牟取不正当利益的行为，又要有给予国家工作人员以财物的行为。

这两例都是联言推理。例①前提是个联言判断，结论是联言判断的支判断；例②前提是两个支判断，结论是个联言判断。

二、联言推理的形式

根据联言推理的定义，联言推理可以分为两种形式：分解式和组合式。

（一）分解式

联言推理的分解式就是前提为联言判断，结论是其支判断的联言推理形式。例如：

犯罪是危害社会的行为、触犯刑律的行为和要受到刑罚处罚的行为，

所以，犯罪是要受到刑罚处罚的行为。

这是一个分解式的联言推理。它的前提是个包含有三个支判断的联言判断，结论是前提中的一个支判断。分解式是根据一个联言判断为真，那么其所有的支判断都为真的逻辑性质来进行推演的。

联言推理分解式的逻辑形式为：

p 并且 q

所以，p(或 q)

也可以用符号表示为：

$p \wedge q$

$\therefore p(q)$

（二）组合式

联言推理的组合式就是前提为联言判断的支判断，结论是由前提中的支判断组合而成的联言判断的推理形式。例如：

宪法是规定国家根本制度的法律，

宪法是具有最高法律效力的法律，

所以，宪法既是规定国家根本制度的法律，又是具有最高法律效力的法律。

这是一个组合式的联言推理。它的前提是两个性质判断，结论是由这两个性质判断组合而成的联言判断。组合式是根据如果一个联言判断中的各个联言支都真，那么该联言判断为真的逻辑性质来进行推演的。因此，只要前提中的支判断为真，那么通过联言推理组合式得到的结论必然为真。

联言推理组合式的逻辑形式为：

p

q

所以，p 并且 q

也可以用符号表示为：

p

q

$\therefore p \wedge q$

第六节 选言推理

一、选言推理的特征

选言推理就是前提中有一个是选言判断，并根据选言判断选言支之间的关系而推出结论的推理。例如：

恒星要么是运动的，要么是静止的，

恒星是运动的，

所以，恒星不是静止的。

这就是一个选言推理，它的一个前提是选言判断，另一个前提和结论是这个选言判断的支判断，它是根据选言判断选言支之间的关系而得出结论的。因为选言推理是由两个前提和一个结论组成的，所以，人们也称它为选言三段论，把前提中的选言判断称为大前提，另一个选言支称为小前提。

二、选言推理的种类

根据选言推理前提中选言判断的种类不同，可以把选言推理分为两类：相容选言推理和不相容选言推理。

（一）相容选言推理

相容选言推理就是前提中有一个是相容选言判断的选言推理，相容选言推理是根据相容选言判断选言支之间的逻辑性质来进行推演的。根据相容选言判断选言支至少有一支为真的特点，我们可以得出相容选言推理有以下两条规则：

第一，否定一部分选言支，就要肯定另一部分选言支。

第二，肯定一部分选言支，不能否定另一部分选言支。

根据这两条规则，相容选言推理只有一个正确的形式，即否定肯定式。例如：

他或者是犯了贪污罪，或者是犯了受贿罪，

他没有犯受贿罪，

所以，他是犯了贪污罪。

这就是否定肯定式相容选言推理。它在小前提中否定了选言判断的部分选言支，到结论中肯定没有被否定的另一部分选言支。否定肯定式的相容选言推理逻辑形式可以表示为：

p 或者 q
非 p
———
所以，q

也可以用符号形式表示为：

$p \vee q$
$\neg p$
———
$\therefore q$

相容选言推理没有肯定否定式，这是受第二条规则的约束。因为，相容选言判断的选言支可以同真，肯定一部分选言支不能否定其他的选言支，所以，没有肯定否定式。例如：

他或者是犯了贪污罪，或者是犯了受贿罪，
他是犯了贪污罪，
———
所以，他没有犯受贿罪。

这个相容选言推理是错误的，它违反了第二条规则，即肯定一部分选言支，不能否定另一部分选言支。

（二）不相容选言推理

不相容选言推理就是前提中有一个是不相容选言判断的选言推理，不相容选言推理是根据不相容选言判断选言支有且只有一个为真的逻辑特点来进行推演的。不相容选言推理有两条规则：

第一，否定一部分选言支，就要肯定另一个选言支。

第二，肯定一个选言支，就要否定其他的选言支。

根据这两条规则，不相容选言推理有两个正确的形式：否定肯定式和肯定否定式。

1. 否定肯定式

否定肯定式不相容选言推理，就是在小前提中否定选言判断中除了一支以外的其他选言支，而在结论中肯定在前提中没有被否定的那个选言支。例如：

被告要么是故意犯罪，要么是过失犯罪，
被告不是故意犯罪，
———
所以，被告是过失犯罪。

否定肯定式不相容选言推理可用逻辑形式表示为：

要么 p，要么 q
非 p
———
所以，q

也可以用符号形式表示为：

$p\dot{\vee}q$

$\underline{\neg p\qquad\qquad}$

$\therefore q$

2. 肯定否定式

肯定否定式不相容选言推理，就是在小前提中肯定选言判断的一个选言支，在结论中否定其他的选言支。例如：

某甲的死要么是正常死亡，要么是非正常死亡，

某甲的死是正常死亡，

所以，某甲的死不是非正常死亡。

肯定否定式不相容选言推理的逻辑形式可以表示为：

要么 p，要么 q

p

所以，非 q

也可用符号形式表示为：

$p\dot{\vee}q$

$\underline{p\qquad\qquad}$

$\therefore \neg q$

三、选言推理的要求

（一）大前提中的选言支必须穷尽

在运用选言推理时，作为大前提的选言判断的选言支必须穷尽。如果大前提不穷尽选言支，刚好漏掉了真实的选言支，那么，就会推出错误的结论。例如：

宁要没有文化的劳动者，不要有文化的精神贵族。

这个省略大前提的选言推理，就是犯了前提中没有穷尽选言支的逻辑错误。把省略的大前提补充完整的选言推理形式为：

我们可以选用的人才要么是没有文化的劳动者，要么是有文化的精神贵族，

我们不要有文化的精神贵族，

所以，我们要没有文化的劳动者。

按这个大前提的划分标准，“我们可以选用的人才”除了“没有文化的劳动者”和“有文化的精神贵族”两个选言支以外，还应该有“有文化的劳动者”和“没有文化的精神贵族”两个选言支。因为选言推理的大前提没有穷尽选言支，所以得出了荒唐的结论。

（二）要遵守选言推理的规则

正确的选言推理除了要在前提中穷尽选言支以外，还必须遵守选言推理的规则。例如：

一段译文的错误，或者是原文有错误，或者是翻译有错误，
这段译文的错误是翻译有错误，
所以，这段译文不是原文有错误。

这个选言推理是错误的，它违反了相容选言推理肯定一部分选言支不能否定另一部分选言支的规则。

第七节 假言推理

一、假言推理的特征

假言推理就是前提中有一个是假言判断，并且根据假言判断前后件之间的关系进行推演而得出结论的推理。例如：

如果是犯贪污罪，那么犯罪分子应是国家工作人员，
某甲犯了贪污罪，
所以，某甲应是国家工作人员。

这是一个假言推理，有一个前提是假言判断，另一个前提和结论是性质判断。假言推理也可以叫做假言三段论，前提中的假言判断称为大前提。

二、假言推理的种类

根据前提中假言判断的不同，假言推理可以分为三类，即充分条件假言推理、必要条件假言推理和充分必要条件假言推理。

（一）充分条件假言推理

充分条件假言推理就是前提中有一个是充分条件假言判断的假言推理。

充分条件假言判断前后件的关系是：有前件就一定有后件，没有前件不一定没有后件；没有后件肯定没有前件，有了后件不一定有前件。根据充分条件假言判断前后件之间的逻辑特征，充分条件假言推理有两条规则：

第一，肯定前件就要肯定后件，否定后件就要否定前件。

第二，否定前件不能否定后件，肯定后件不能肯定前件。

根据充分条件假言推理这两条规则，可以得到充分条件假言推理的两个正确形式：肯定前件式和否定后件式。

1. 肯定前件式

肯定前件式就是在小前提中肯定充分条件假言判断的前件，结论中肯定它的后件的充分条件假言推理形式。例如：

如果为牟取不正当的利益，给予国家工作人员以财物的，就是犯了行贿罪，

李某是为牟取不正当的利益，给予国家工作人员以财物的，

所以，李某犯了行贿罪。

这是一个肯定前件式的充分条件假言推理。它在小前提中肯定了“如果为牟取不正当的利益，给予国家工作人员以财物的，就是犯了行贿罪”的前件，结论中肯定了它的后件。

充分条件假言推理肯定前件式的逻辑形式可以表示为：

如果 p，那么 q

p

所以，q

也可以用符号形式表示为：

$p \rightarrow q$

p

$\therefore q$

2. 否定后件式

否定后件式就是在小前提中否定充分条件假言判断的后件，结论中否定它的前件的充分条件假言推理形式。例如：

如果他是罪犯，那么他有作案时间，

他没有作案时间，

所以，他不是罪犯。

这是一个否定后件式的充分条件假言推理。它在小前提中否定了“如果他是罪犯，那么他有作案时间”的后件，结论中否定了它的前件。

充分条件假言推理否定后件式的逻辑形式可以表示为：

如果 p，那么 q

非 q

所以，非 p

也可以用符号形式表示为：

$p \to q$

$\neg q$
———————

$\therefore \neg p$

在充分条件假言判断中，前件假时，后件真假不定；后件真时，前件真假不定。因此，在进行充分条件假言推理时，不能用否定前件来否定后件，也不能用肯定后件来肯定前件。否则，推理就不正确。因此，充分条件假言推理有两个错误的形式：一个是否定前件式，其逻辑形式为：

如果 p，那么 q

非 p
———————

所以，非 q

还有一个是肯定后件式，其逻辑形式为：

如果 p，那么 q

q
———————

所以，p

例如：

①如果犯了贪污罪，就要受到法律制裁，

王某没有犯贪污罪，
———————

所以，王某不要受到法律制裁。

②如果停电，那么电灯就不亮，

现在电灯不亮，
———————

所以，现在停电了。

这两例都是错误的充分条件假言推理。例①中“没有犯贪污罪”不一定就“不要受到法律制裁”。例②中“电灯不亮”不一定是“停电了”。

（二）必要条件假言推理

必要条件假言推理就是前提中有一个是必要条件假言判断的假言推理。

必要条件假言判断前后件之间的关系是：有前件不一定有后件，没有前件肯定没有后件；有后件肯定有前件，没有后件不一定没有前件。根据必要条件假言判断前后件之间的逻辑特征，必要条件假言推理有两条规则：

第一，否定前件就要否定后件，肯定后件就要肯定前件。

第二，肯定前件不能肯定后件，否定后件不能否定前件。

根据必要条件假言推理的这两条规则，可以得到必要条件假言推理的两个正确形式：否定前件式和肯定后件式。

1. 否定前件式

否定前件式，就是在小前提中否定必要条件假言判断的前件，结论中否定它的后件的必要条件假言推理形式。例如：

只有年满十八周岁，才有选举权，
小王没有年满十八周岁，
————————————————
所以，小王没有选举权。

这就是否定前件式的必要条件假言推理。它在小前提中否定了“只有年满十八周岁，才有选举权”的前件，结论中否定了它的后件。

必要条件假言推理否定前件式的逻辑形式可以表示为：

只有p，才q
非p
————————
所以，非q

也可以用符号形式表示为：

$p \leftarrow q$
$\neg p$
————————
$\therefore \neg q$

2. 肯定后件式

肯定后件式，就是在小前提中肯定必要条件假言判断的后件，结论中肯定它的前件的必要条件假言推理形式。例如：

只有具有社会危害性的行为，才是犯罪行为，
他的行为是犯罪行为，
————————————————
所以，他的行为是具有社会危害性的行为。

这是一个肯定后件式的必要条件假言推理。它在小前提中肯定了“只有具有社会危害性的行为，才是犯罪行为”的后件，结论中肯定了它的前件。

必要条件假言推理肯定后件式的逻辑形式可以表示为：

只有p，才q
q
————————
所以，p

也可以用符号形式表示为：

$p \leftarrow q$
q
————————
$\therefore p$

在必要条件假言判断中，前件真时，后件真假不定；后件假时，前件真假不定。因此，在进行必要条件假言推理时，不能用肯定前件来肯定后件，也不能以否定后件来否定前件。否则，推理就不正确。因此，必要条件假言推理有两个错误的推理形式：一个是肯定前件式，其逻辑形式为：

只有p，才q
p
————————

所以，q

另一个是否定后件式，其逻辑形式为：

只有p，才q
非q
———————
所以，非p

例如：

①只有刻苦学习，才能攀登科学高峰，
小李刻苦学习了，
———————————————
所以，小李能攀登科学高峰了。

②只有年满十八周岁，才有选举权，
张三没有选举权，
———————————————
所以，张三没有年满十八周岁。

这两例都是错误的必要条件假言推理。例①中“刻苦学习”不一定“能攀登科学高峰”；例②中“没有选举权”的原因，不一定是“没有年满十八周岁”。

（三）充分必要条件假言推理

充分必要条件假言推理，就是前提中有一个是充分必要条件假言判断的假言推理。

充分必要条件假言判断前后件之间的关系是：有前件必定有后件，没有前件就没有后件；有后件就必定有前件，没有后件就没有前件。根据充分必要条件假言判断前后件的逻辑特征，充分必要条件假言推理有四条规则：

第一，肯定前件就要肯定后件。

第二，否定前件就要否定后件。

第三，肯定后件就要肯定前件。

第四，否定后件就要否定前件。

根据充分必要条件假言推理的四条规则，可以得到充分必要条件假言推理有四个正确的形式，即肯定前件式、否定前件式、肯定后件式和否定后件式。

1. 肯定前件式

肯定前件式，就是在小前提中肯定了充分必要条件假言判断的前件，结论中肯定它的后件的充分必要条件假言推理形式。例如：

有而且只有出现了阶级，才开始产生国家，
出现了阶级，
———————————————
所以，开始产生国家。

这是一个肯定前件式的充分必要条件假言推理。它在小前提中肯定了“有而且只有出现了阶级，才开始产生国家”的前件，结论中肯定了它的后件。

充分必要条件假言推理肯定前件式的逻辑形式可以表示为：

当且仅当 p，才 q

p

所以，q

也可以用符号形式表示为：

$p \leftarrow\rightarrow q$

p

∴ q

2. 否定前件式

否定前件式，就是在小前提中否定充分必要条件假言判断的前件，结论中否定它的后件的充分必要条件假言推理形式。例如：

当且仅当一个三角形的三条边相等，它的三个角才相等，

这个三角形的三条边不相等，

所以，这个三角形的三个角不相等。

这是一个否定前件式的充分必要条件假言推理。它在小前提中否定了“当且仅当一个三角形的三条边相等，它的三个角才相等”的前件，结论中否定了它的后件。

充分必要条件假言推理否定前件式的逻辑形式可以表示为：

当且仅当 p，才 q

非 p

所以，非 q

也可以用符号形式表示为：

$p \leftarrow\rightarrow q$

$\neg p$

∴ $\neg q$

3. 肯定后件式

肯定后件式，就是在小前提中肯定充分必要条件假言判断的后件，结论中肯定它的前件的充分必要条件假言推理形式。例如：

当且仅当枪弹为近距离发射，弹孔周围才有烟垢痕迹，

弹孔周围有烟垢痕迹，

所以，枪弹为近距离发射。

这是一个肯定后件式的充分必要条件假言推理。它在小前提中肯定了“当且仅当枪弹为近距离发射，弹孔周围才有烟垢痕迹”的后件，结论中肯定了它的前件。

充分必要条件假言推理肯定后件式的逻辑形式可以表示为：

当且仅当 p，才 q

q

所以，p

也可以用符号形式表示为：

p← →q

q

∴ p

4. 否定后件式

否定后件式，就是在小前提中否定了充分必要条件假言判断的后件，结论中否定它的前件的充分必要条件假言推理的形式。例如：

当且仅当能被 2 整除的数，才是偶数，

这个数不是偶数，

所以，这个数不能被 2 整除。

这是一个否定后件式的充分必要条件假言推理。它在小前提中否定了“当且仅当能被 2 整除的数，才是偶数”的后件，结论中否定了它的前件。

充分必要条件假言推理否定后件式的逻辑形式可以表示为：

当且仅当 p，才 q

非 q

所以，非 p

也可以用符号形式表示为：

p← →q

¬ q

∴ ¬ p

第八节　二难推理

一、二难推理的特征

二难推理，就是以两个假言判断和一个选言判断作为前提而构成的推理，亦称假言选言推理。

二难推理经常在辩论中使用，辩论一方提出两种假定的可能作为大前提，对方无论肯定还是否定某种可能，结果都会使自己陷入进退维谷、左右为难的境地。

例如，中世纪时无神论者针对一些神学家提出的“上帝万能”的错误思想，曾经提出过这样一个反问：上帝能否创造出一块连他自己也搬不动的石头？面对这样一个问题，这些神学家无论是给出肯定的还是否定的回答，都会和“上帝万能”的思想相矛盾，因而使自己处于下面这样一个二难的境地：

如果上帝能创造出这样一块石头，那么上帝就不是万能的（因为上帝至少还有一块石头搬不动），

如果上帝不能创造这样一块石头，那么上帝也不是万能的（因为上帝至少还有一块石头不能创造），

上帝或者能创造这样一块石头，或者不能创造这样一块石头，

总之，上帝不是万能的。

这就是个二难推理。它是由两个充分条件假言判断和一个选言判断作为前提而推出结论的推理形式。

二、二难推理的种类

根据二难推理的结论是简单判断还是复合判断，可以把二难推理分为简单式和复合式；根据二难推理是在前提中肯定前件到结论中肯定后件，还是在前提中否定后件到结论中否定前件，可以把二难推理分为构成式和破坏式。结合两者，可以得到二难推理的四种形式，即简单构成式、简单破坏式、复杂构成式和复杂破坏式。

（一）简单构成式

简单构成式，就是两个假言前提的前件不同、后件相同，在选言前提中肯定了两个假言前提的不同前件，在结论中肯定假言前提相同的后件的推理形式。

如元朝张养浩的《山坡羊·潼关怀古》："峰峦如聚，波涛如怒，山河表里潼关路。望西都，意踌躇。伤心秦汉经行处，宫阙万间都做了土。兴，百姓苦；亡，百姓苦！"最后两句就是一个简单构成式的二难推理。其推理形式为：

如果国家兴旺了，那么百姓就要受苦，

如果国家灭亡了，那么百姓就要受苦，

国家或者兴旺了，或者灭亡了，

总之，百姓都要受苦。

这是一个简单构成式的二难推理。它的两个假言前提的后件是相同的，因此，在选言前提中无论肯定哪一个前件，都将得出同一个结论。这个二难推理深刻地揭示了一个颠扑不破的真理：在封建社会中无论怎样改朝换代，百姓都不能摆脱苦难生活的悲惨命运。

简单构成式二难推理的逻辑形式可以表示为：

如果 p，那么 r

如果 q，那么 r

p 或者 q

所以，r

也可以用符号形式表示为：

$p\rightarrow r$

$q\rightarrow r$

$p\vee q$

$\therefore r$

（二）简单破坏式

简单破坏式，就是两个假言前提的前件相同、后件不同，在选言前提中否定两个假言前提的后件，在结论中否定它们的前件的二难推理形式。例如：

如果某甲犯的是故意杀人罪，那么他有杀人的动机，

如果某甲犯的是故意杀人罪，那么他有杀人的行为，

他或者没有杀人的动机，或者没有杀人的行为，

所以，某甲犯的不是故意杀人罪。

这是一个简单破坏式二难推理。它在选言前提中否定了两个假言前提的不同后件，在结论中否定了它们的前件。

简单破坏式二难推理的逻辑形式可以表示为：

如果 p，那么 r

如果 p，那么 q

非 r 或非 q

所以，非 p

也可以用符号形式表示为：

$p\rightarrow r$

$p\rightarrow q$

$\neg q\vee\neg r$

$\therefore \neg p$

（三）复杂构成式

复杂构成式，就是两个假言前提的前、后件都不相同，在选言前提中肯定两个假言前提的前件，在结论中肯定它们的后件的二难推理形式。

如昆剧《十五贯》中，苏州知府况钟受命监斩苏戌娟、熊友兰。当他发现这个案子中有许多疑点，是一个冤案时，内心十分矛盾，斩吧，那会屈杀了良民；不斩吧，又会因违抗上级命令而受到处罚。在他的思想中，形成了这样一个左右为难的思维

形式：

如果我下笔判斩，那么就会屈杀这两个无罪之人，

如果我不下笔判斩，那么就会违令受罚，

我或者下笔判斩，或者不下笔判斩，

所以，我或者屈杀这两个无罪之人，或者违令受罚。

这就是个复杂构成式的二难推理。它在选言前提中肯定两个假言前提的前件，在结论中肯定了两个假言前提的后件，结论是个复合判断。

复杂构成式二难推理的逻辑形式可以表示为：

如果 p，那么 r

如果 q，那么 s

p 或 q

所以，r 或 s

也可以用符号形式表示为：

$p \to r$

$q \to s$

$p \vee q$

$\therefore r \vee s$

（四）复杂破坏式

复杂破坏式，就是两个假言前提的前、后件都不相同，在选言前提中否定它们的后件，在结论中否定它们的前件的二难推理形式。例如：

如果他的觉悟高，那么就能认识自己的错误，

如果他的态度好，那么就能承认自己的错误，

他或者不能认识自己的错误，或者不能承认自己的错误，

所以，他或者觉悟不高，或者态度不好。

这是个复杂破坏式二难推理。它在选言前提中否定了两个假言前提的后件，在结论中否定了两个假言前提的前件，结论是个复合判断。

复杂破坏式二难推理的逻辑形式可以表示为：

如果 p，那么 r

如果 q，那么 s

非 r 或非 s

所以，非 p 或非 q

也可以用符号形式表示为：

$p \rightarrow r$

$q \rightarrow s$

$\neg r \vee \neg s$

$\therefore \neg p \vee \neg q$

三、破斥错误二难推理的方法

一个正确的二难推理必须遵守以下三条规则：

第一，前提中的假言判断必须是真实的充分条件假言判断。

第二，前提中的选言判断必须穷尽选言支。

第三，推理过程必须符合充分条件假言推理和选言推理的规则。

在这三条规则中，前两条是对前提真实性要求的规定，第三条是对形式正确性要求的规定。一个二难推理如果违反了这三条规则，那么这个二难推理就是错误的。

根据二难推理的规则，对错误的二难推理进行破斥常用以下几种方法。

（一）指出推理前提不真实

二难推理的前提不真实有两种情况：一种是前提中的假言前提不是真实的充分条件假言判断，另一种是前提中的选言判断选言支没有穷尽。例如：

①如果你是聪明人，那么就不用学逻辑（因为聪明人不需要），

如果你是笨人，那么也不用学逻辑（因为笨人学不好），

你或者是聪明人，或者是笨人，

总之，你都不用学逻辑。

②如果不读书，那么就会犯经验主义错误，

如果读了书，那么就会犯教条主义错误，

你或者读书，或者不读书，

所以，你或者犯经验主义错误，或者犯教条主义错误。

这两个二难推理都是错误的。例①中，两个假言前提的前件“聪明人”和“笨人”与后件“不用学逻辑”之间不是充分条件关系，肯定前件不能得出后件。例②的选言前提中选言判断的选言支没有穷尽，只说了“不读书”和“死读书”这两种情况，而漏掉了“理论联系实际地读书”的情况。

（二）指出推理形式有错误

推理形式错误，是在进行二难推理时，不遵守充分条件假言推理和选言推理的规则而引起的。例如：

如果在经济上犯罪，那么就要受到法律制裁，
如果在政治上犯罪，那么就要受到法律制裁，
他或者经济上没有犯罪，或者政治上没有犯罪，
———————————————————
所以，他不会受到法律制裁。

这个二难推理是错误的，它违反了充分条件假言推理“否定前件不能否定后件”的规则。

（三）构成一个相反的二难推理

这是一种特殊的反驳二难推理的方式。它是通过构造出一个与原二难推理相反的二难推理，并从其中推出相反的结论，来达到驳斥原二难推理的目的。最典型的例子就是逻辑史上著名的“半费之讼”。

据说，古希腊有个名叫欧提勒士的年轻人，向当时著名的智者普罗达哥拉学法律。两人有合同约定：欧提勒士先付给普罗达哥拉一半学费，另一半学费则等到欧提勒士学成以后，第一次打赢官司时付清。但欧提勒士学成以后并没有从事律师业务，因此普罗达哥拉就拿不到另一半学费。于是，普罗达哥拉将欧提勒士告上了法庭，并认为他肯定能拿到另一半学费。他提出如下一个二难推理：

如果欧提勒士这场官司打赢，那么按照合同，他应该付我另一半学费，
如果欧提勒士这场官司打输，那么按照法庭判决，他也应该付我另一半学费，
这场官司欧提勒士或者打赢或者打输，
———————————————————
总之，他应该付我另一半学费。

针对这样一个二难推理，欧提勒士构造出了一个完全相反的二难推理进行反驳：

如果这场官司我打赢了，那么按照法庭判决，我不用付给普罗达哥拉另一半学费，
如果这场官司我打输了，那么按照合同，我也不用付给普罗达哥拉另一半学费，
这场官司我或者打赢或者打输，
———————————————————
总之，我不用付给普罗达哥拉另一半学费。

这两个二难推理都是错误的。普罗达哥拉提出的二难推理的错误在于，关于该不该付另一半学费的问题，他随心所欲地采取了两个不同的标准，一个是法庭判决，另一个是合同。这两个标准都能得出有利于他自己的结论：他都得付给我另一半学费。而欧提勒士则根据普罗达哥拉的思维方式，构造了一个相反的二难推理进行反驳，以其人之道还治其人之身，成功地驳斥了普罗达哥拉的二难推理。

第九节　模态推理

一、什么是模态推理

模态推理就是以模态判断为前提，并根据模态判断的逻辑性质进行推演的推理形式。例如：

①任何人都必然有优点和缺点，

所以，任何人都不可能没有优点和缺点。

②所有的故意杀人犯都必然有杀人的动机，

他是故意杀人犯，

所以，他必然有杀人的动机。

这两例就是模态推理。例①的前提是个必然肯定模态判断，它是根据必然肯定模态判断等值于可能否定模态判断的负判断而推出结论的。例②有两个前提，一个前提是模态判断，另一个前提是非模态判断，称为模态三段论。它是根据三段论的规则推出结论的。

模态推理根据前提数量的不同，可以分为直接模态推理和间接模态推理。如，例①只有一个模态判断作前提，是直接模态推理；例②有一个模态判断和一个非模态判断共两个前提，是间接模态推理。

模态推理有许多种类，这里我们只介绍对当关系模态推理、模态判断与非模态判断之间的模态推理和模态三段论。

二、对当关系模态推理

对当关系模态推理，就是根据模态判断的对当关系进行推演的直接模态推理。

（一）反对关系模态推理

模态判断的反对关系存在于$\Box p$与$\Box \overline{p}$之间，它们两者不能同真，可以同假。因此，根据反对关系可以由一个判断的真，推出另一个判断的假，即

$\Box p \rightarrow \neg \Box \overline{p}$

例如：

法律专业的学生必然学过逻辑学，

所以，并非法律专业的学生必然没有学过逻辑学。

同样：

$\Box\bar{p}\rightarrow\neg\Box p$

（二）差等关系模态推理

模态判断的差等关系存在于$\Box p$与$\Diamond p$、$\Box\bar{p}$与$\Diamond\bar{p}$之间。它们的真假关系是：当必然判断真时，可能判断必真，当必然判断假时，可能判断真假不定；当可能判断真时，必然判断真假不定，当可能判断假时，必然判断必假。因此，可以由必然判断的真推出可能判断的真，也可以由可能判断的假推出必然判断的假，即

$\Box p\rightarrow\Diamond p$

$\neg\Diamond p\rightarrow\neg\Box p$

例如：

①他肯定是团员，

所以，他可能是团员。

②并非他可能是罪犯，

所以，并非他肯定是罪犯。

同样：

$\Box\bar{p}\rightarrow\Diamond\bar{p}$

$\neg\Diamond\bar{p}\rightarrow\neg\Box\bar{p}$

（三）下反对关系模态推理

模态判断的下反对关系存在于$\Diamond p$与$\Diamond\bar{p}$之间，两者不能同假，可以同真。因此，根据下反对关系，可以由一个判断的假推出另一个判断的真，即

$\neg\Diamond p\rightarrow\Diamond\bar{p}$

例如：

并非小李可能去考研究生，

所以，小李可能不去考研究生。

同样：

$\neg\Diamond\bar{p}\rightarrow\Diamond p$

（四）矛盾关系模态推理

模态判断的矛盾关系存在于$\Box p$与$\Diamond\bar{p}$和$\Box\bar{p}$与$\Diamond p$之间，两者不能同真，也不能同假。因此，根据矛盾关系，可以由一个判断的真，推出另一个判断的假；也可以由一个判断的

假，推出另一个判断的真，即

$\Box p \rightarrow \neg \Diamond \bar{p}$

$\neg \Box p \rightarrow \Diamond \bar{p}$

$\Diamond \bar{p} \rightarrow \neg \Box p$

$\neg \Diamond \bar{p} \rightarrow \Box p$

例如：

①大学生必然要学习专业知识，

所以，大学生不可能不学习专业知识。

②他并非一定有机会，

所以，他可能没有机会。

③他可能不是文秘人员，

所以，他并非一定是文秘人员。

④他不可能没有问题，

所以，他肯定有问题。

同样：

$\Box \bar{p} \rightarrow \neg \Diamond p$

$\neg \Box \bar{p} \rightarrow \Diamond p$

$\Diamond p \rightarrow \neg \Box \bar{p}$

$\neg \Diamond p \rightarrow \Box \bar{p}$

三、模态判断与非模态判断之间的模态推理

根据模态判断和非模态判断之间的关系，可以得出多种推理形式。在此，我们只介绍常用的四种：

第一种，是由必然肯定模态判断的真，推出非模态肯定判断为真，其推理形式为：

$\Box p \rightarrow p$

例如：

犯罪必然要受到法律的惩罚，

所以，犯罪要受到法律的惩罚。

第二种，是由非模态肯定判断的真，推出可能肯定模态判断为真，其推理形式为：

$p \rightarrow \Diamond p$

例如：

他是个检察官，

所以，他可能是个检察官。

第三种，是由必然否定模态判断的真，推出非模态否定判断为真，其推理形式为：

$\Box\overline{p}\rightarrow\overline{p}$

例如：

正当防卫必然不犯法，

所以，正当防卫不犯法。

第四种，是由非模态否定判断的真，推出可能否定模态判断为真，其推理形式为：

$\overline{p}\rightarrow\Diamond\overline{p}$

例如：

他不是我们学校的学生，

所以，他可能不是我们学校的学生。

从这四种形式中，我们可以看到，由必然模态判断的真可以推出非模态判断（性质判断）的真，由非模态判断的真可以推出可能模态判断的真。同理，我们也可以由可能模态判断的假推出非模态判断的假，由非模态判断的假推出必然模态判断的假。

四、模态三段论

模态三段论属于间接模态推理，它是由两个前提推出结论的一种模态推理形式。即在直言三段论中引入模态词而构成的三段论形式。

（一）必然模态三段论

必然模态三段论就是在直言三段论中引入模态词“必然”而构成的三段论形式。例如：

中文系的学生必然学过文学史，

他肯定是中文系的学生，

所以，他肯定学过文学史。

这就是个必然模态三段论。它的两个前提都是必然模态判断，得出的结论也是必然模态判断。

必然模态三段论的逻辑形式可以表示为：

$\Box MAP$

$\Box SAM$

$\therefore\ \Box SAP$

（二）必然判断和可能判断模态三段论

必然判断和可能判断模态三段论，就是由一个必然判断和一个可能判断作为前提而推出结论的模态三段论。例如：

罪犯必然有作案的时间，

他可能是罪犯，

所以，他可能有作案的时间。

其推理的逻辑形式可以表示为：

□MAP

◇SAM

∴ ◇SAP

（三）必然判断和性质判断模态三段论

必然判断和性质判断模态三段论，就是由一个必然判断和一个性质判断作为前提而推出结论的模态三段论。例如：

故意杀人犯必然有杀人的动机，

他是故意杀人犯，

所以，他必然有杀人的动机。

其推理的逻辑形式可以表示为：

□MAP

SAM

∴ □SAP

（四）可能判断和性质判断模态三段论

可能判断和性质判断模态三段论，就是由一个可能判断和一个性质判断作为前提而推出结论的模态三段论。例如：

凡是到过现场的人都可能是凶手，

他是到过现场的人，

所以，他可能是凶手。

其推理的逻辑形式可以表示为：

◇MAP

SAM

∴ ◇SAP

【复习思考题】

1. 什么是推理？推理主要有哪几种类型？

2. 什么是对当关系直接推理？它有哪几种推理形式？

3. 什么是判断变形的直接推理？它的基本形式及规则是什么？
4. 什么是三段论？它由哪几个部分组成？
5. 三段论有哪几条规则？三段论有哪几种格式？
6. 关系推理和联言推理有什么区别？
7. 什么是选言推理？为什么相容选言推理只有一种形式？
8. 什么是假言推理？假言推理有哪几种形式？
9. 什么是二难推理？二难推理有哪几种形式？
10. 什么是模态推理？

第五章

归纳推理

【本章引例】

长期生活在又苦又咸的海水中的鱼，它的肉却不是咸的，这是为什么呢？科学家们考察了一些生活在海水中的鱼，发现它们虽然在体形、大小、种类等方面不同，但它们的鳃片上都有一种能排盐的特殊构造，叫“氯化物分泌细胞”组织。科学家们又考察了一些生活在淡水中的鱼，发现它们虽然在体形、大小、种类等方面也不同，但它们的鳃片都没有这种能排盐的“氯化物分泌细胞”组织。由此可见，具有“氯化物分泌细胞”组织是海鱼在海水中长期生活而肉不具有咸味的原因。

你知道科学家们得出“具有‘氯化物分泌细胞’组织是海鱼在海水中长期生活而肉不具有咸味的原因”这一结论，是用了哪一种逻辑推理方法吗？

第一节　归纳推理概述

一、归纳逻辑的定义及研究对象

归纳逻辑是指以归纳推理、类比推理和归纳方法为基本内容的逻辑系统。

人们对客观事物的认识过程，总是从个别和特殊开始，进而发现事物的普遍规律的。例如，法学家在研究法制史时发现，在人类社会中，奴隶社会的法律是有阶级性的，封建社会的法律是有阶级性的，资本主义社会的法律是有阶级性的，社会主义社会的法律也是有阶级性的，于是他们得出结论：凡人类阶级社会中的法律都是有阶级性的。又如，侦查实践表明，甲犯作案有一定动机，乙犯作案有一定动机，丙犯作案有一定动机……可见，犯罪分子作案都是有一定动机的。

在这类认识的过程中，正确的世界观即辩证唯物主义起着指导性作用，而科学的方法——归纳逻辑也具有极为重要的作用。因为归纳逻辑的基本性质就是从个别去认识一般，从少数现象去概括事物普遍规律的思维过程。具体地说，就是人们对在社会实践中通过观察、实验以及社会调查等方式获得的纷繁的材料，即个别性知识，进行比较、分类、分析和综合，进而达到本质性或规律性认识的全过程。例如：

春秋战国时期，齐国的大将田忌非常喜欢赛马，经常和齐威王进行比赛。他们把各自的马分成上、中、下三等。比赛的时候，田忌每次都用上马对上马，中马对中马，下马对下马。因为齐威王每个等级的马都比田忌的马强得多，所以田忌每次比赛，都输给了齐威王。田忌觉得很扫兴，但他的好朋友孙膑在研究了他们的比赛以后说：我看了你们的比赛，齐威王的马比你的马快不了多少，你只要调整一下就可以取得比赛胜利。孙膑要田忌用自己的下等马对齐威王的上等马，上等马对齐威王的中等马，中等马对齐威王的下等马。结果除了第一局输了，其他两局都赢了。

这类例子可以说明，人的认识过程是一个从感性到理性、从现象到本质的过程，这种思维飞跃是人类独有的。动物心理学家经常根据动物的行为来研究动物，特别是高等动物的思维活动，但即使是大脑高度发达的类人猿的所谓“思维”，也远远不能与人脑思维相提并论。因为，除人类之外的任何智慧动物（比如，与人类最为接近的灵长目动物黑猩猩，脑神经细胞达到了人脑的80%，即120亿个左右，其智力水平当然也相当高，而海豚的脑细胞总数以每立方厘米计算，竟和人脑相同——科学家称之为人类之外地球上智力最高的动物），都不可能达到理性归纳的思维高度。这是一个突变过程。因为这一突变机制是相当复杂的，所以归纳逻辑始终难以像演绎逻辑那样建立起一个纯粹的形式化的系统，也就是说，不像演绎逻辑那样是由一整套公理、定理构成的一个体系，可以利用公式进行环环相扣的数学演算。因而归纳逻辑存在不少有争议的问题，也存在许多有待进一步开发的领域。

归纳逻辑研究的主要内容，是各种归纳推理、类比推理以及观察、实验、假说等归纳方法。推理是逻辑研究的核心，所以各种归纳推理（包括类比推理）也正是归纳逻辑研究的核心内容。归纳推理的特点如前所述，其思维进程是由个别到一般，即由个别性知识为前提，推出一般的规律性的认识为结论。因为这种结论所概括的范围超出了前提所提供的已知的范围，所以结论是或然性的，即当前提为真时，结论不必然真。例如，A盗窃案案发后，案犯某甲的经济状况随即发生变化——不仅还清了久拖未偿还的债务，而且出入高档消费场所；B盗窃案、C盗窃案案发后，犯罪嫌疑人某乙、某丙的经济状况也发生类似的变化。那么，我们是否可以断定：凡盗窃案的作案人，作案后其经济状况就会发生变化，或者说，盗窃案发生后，在经济状况发生明显变化的人员中，就一定可以找到犯罪嫌疑人？这一推论可能真，但不必然真。即使大多数案犯都可能发生的行为，个别案犯也许不然。但是归纳推理的优势也正在于此：其结论是对已有经验知识（前提）的扩展，给予我们的思维以方向性的指导，因而显示出它在探求未知过程中的重要意义——发现规律，拓展新知。归纳派逻辑学家对此深信不疑，甚至认为运用归纳法可以“从有限推出无限”（穆勒语），这正是“归纳派”排斥“演绎派”的一个基本理由。

对于归纳推理的前提来说，它是由许多个别性的知识（经验事实）构成的判断。这些个别的知识是经过观察、实验、比较、分类、分析和综合等归纳方法的加工后，提供给推理的依据。归纳推理和其他所有类型的推理一样，要求这些作为前提的判断必须是真实可靠的。当然，尽管如此，它的结论却不是充分可靠的，除非是完全归纳推理。

二、归纳逻辑的分类及研究方法

归纳推理按传统逻辑观点，可简单划分为完全归纳推理和不完全归纳推理。完全归纳推理是一种特殊的推理，因为它的前提和结论是相等同的关系，前提的总和即是结论，结论没有作任何扩展性的推测，所以大多数学者认为完全归纳推理可以从归纳逻辑体系中剔去。因此，本教材对归纳逻辑的论述以不完全归纳推理为主。随着现代科学研究方法的发展而发展的归纳逻辑，在不完全归纳推理的种类方面已经有了大量的充实。除了传统的“简单枚举法”“典型归纳法”“穆勒五法”等经验归纳推理外，又有初步形式化（或数量化）了的“统计归纳法”“概率归纳法”等现代归纳推理。

归纳逻辑中所指的“归纳方法”这一概念，在许多逻辑著作中的提法都是含糊的。尤其是和“归纳推理”相提并论之时，常使人难以区分。实际上，归纳方法所能包含或可以概括的范围很广，但因为传统逻辑的研究重点并不是科学方法论，所以对于“归纳法”和“归纳推理”确实很难给予严格的区分。因此，如果不是从严格意义上的“归纳法”来探讨某些步骤严明的科学实验问题，“归纳法”是可以与“归纳推理”等同视之的。不过我们应当知道，狭义的归纳法，是指各种定型的归纳推理（简单枚举法、典型归纳法、穆勒五法等）之外的，整个归纳思维过程中形成归纳前提时的一些具体的方法。如通过感官体验，或在人为设置的条件下对思维对象进行研究，等等，这些是人们常用的却又没有固定形式（公式）的思维方法，如观察、实验、比较、分类、分析、综合，等等。如果没有狭义的归纳法，归纳推理就失去了基础。

观察，是指人们有目的、有计划地感知和描述客观事物，获取感性材料的认识事物的基本方法。如医生看病时，就要对病人进行观察，如问病情、看病灶、量体温、测血压等，这些都是出于诊断和治疗的目的而对病人所作的观察。观察天气，把风雨阴晴系统地记录下来，作为研究气象规律的资料，这也叫观察。但普通人看看朋友的面色、看看天上的风云变化不叫观察，只是感知，因为他没有目的性和研究性。

日常生活中的“观察”仅仅理解为看、触、尝、嗅等感官活动；而在科学研究包括侦查实践中，观察的含义还包括大脑对感知信息的处理、筛选活动，具有专业的或职业性的习惯特征。通过感官考察客体为直接观察，利用仪器观察是间接观察。间接观察可以扩大和强化观察的范围和效果。观察要避免主观性，防止片面性。

实验，是人们根据一定的研究目的并利用一定的物质手段（器材设备），在人为控制的条件下，获取事物发展过程或结果的认识的科学方法。实验因为是在人为控制的条件下进行的，所以具有可以排除干扰因素，简化或纯化研究对象，并且可重复的优点。因此实验更便于人们从中得到准确可靠的事实，比观察的方法更能深刻揭示事物的本质。尤其是侦查实践，在犯罪事实已成过去时态的情况下，只有侦查实验和技术检验才可能证明当时的情形。因此，高科技实验室的建设已经成为提高破案率的重要前提。实验和观察经常是结合在一起，作为相互补充应用于实际中的。

比较，是通过确定事物间的共同点与不同点，从而达到认识事物的科学方法。在运用这一方法时，要强调必须就事物的实质方面来进行比较。例如，同样是盗窃行为，盗窃电缆厂仓库里的电缆线与盗窃正用于通信线路上的电缆线，性质就不同，后者的性质要严重得多（破坏通信设备）。同时，根据工作目的，我们可以有不同标准的“实质”：在研究案件性质时，作案动机是实质；在比较作案方法时，作案工具也可以是实质。另外，更具有“比较”的意义或价值的，往往是在相似的对象中比出其“异”，在不相似的对象中比出其“同”，比较的实质是识同和辨异。

分类，是根据事物的共同点与差异点，将事物区分成不同种类的研究方法。例如，我们在立案之后就面临将其归类的工作。可以从大的方面如案件性质或作案结果上分类，包括杀人案、爆炸案、投毒案、放火案、盗窃案、抢劫案、强奸案、诈骗案、走私案、毒品案、绑架人质案、其他特殊案（如计算机犯罪等）等，也可以从具体的“小”的方面，如从作案时间、地点、方法、工具等方面来进行分类。分类又称“归类”，是在比较的基础上进行的。它可以达到整理杂乱无章的表面现象，使零散的事实材料系统化的目标，更便于人们研究和发现事物的规律性。归纳“分类”与演绎“划分”（有时也叫“分类”）是性质不同的逻辑方法：前者从个体研究出发，逐步归纳而达到“类”的认识；后者则是从某一大类中划分出若干具体的类别项目，是由“总”而“分”地细化对象的过程。

分析，是在思想中把作为整体的对象分解成部分、单元、环节、要素等，来进行研究、认识的思维方法。比如一个作为整体的案件，可以把它分解成作案人、作案时间、作案地点、作案工具等若干要素，还可将作案人的情况再分解成作案动机、作案方法等要素，分别给予考察，这就称为“案情分析”。分析是将具体事物抽象化的过程，有助于人们对事物的深入了解，即对事物本质的认识。

综合，是在思想上把关于研究对象的部分、单元、环节、要素等认识联结起来，从而形成关于对象的统一、整体的认识的思维方法。显然，综合是建立于分析的基础之上的，但它并不是分析所得到的要素的简单相加。各要素在整体中的地位作用和在综合过程中是应予以区别的。分析与综合相辅相成，是人的认识实现由此及彼、由表及里、由浅到深、由现象到本质的过程。分析是综合的基础，综合是分析的目的。

我们对“归纳法”和“归纳推理”进行上述区分，只是为了便于研究思维运行的特点；而在归纳逻辑应用于实际的过程中，各种归纳方法和各种归纳推理总是互相交融，很难有明确的分野的，所以在本教材中也不予以严格区分。

归纳逻辑还包括类比推理，这是因为类比推理也具备归纳的基本性质，其推理的思维进程，也是由个别性知识作为前提，推断的结论也是或然性的。只是它的结论不是一般概括性质的，而是有所指向的、特殊的、个别的所谓新发现。古希腊哲学家伊壁鸠鲁在讨论天体学说时，就是把“类比”“观察”“假说”等，与归纳方法相提并论的。

三、归纳逻辑与演绎逻辑的关系

自古希腊亚里士多德起，演绎逻辑已经有两千多年的历史了，经过莱布尼茨、布尔等人的努力，演绎逻辑已成为一个无懈可击的公理系统。但归纳逻辑不同，虽然亚里士多德在研究演绎时已经提及归纳，但归纳法得以形成初步完整和独立的系统，则是迟至 17 世纪以后了。

归纳逻辑和演绎逻辑的区别主要体现在归纳推理和演绎推理的性质差别上。从推理的思维运行过程看，归纳从个别到一般的推理进程决定了它具有“扩张”的性质，演绎从一般到个别的推理进程决定了它是收缩性的，结论绝对局限于前提的范围之内。因此，形成两种推理逻辑性质的根本差别：归纳是或然性推理，演绎是必然性推理。另外还有一些外在的表现形式上的差异，如从推理的前提数量看，归纳推理是相当灵活的，可以有很多个，也可以是一两个，它只注重于“归纳强度”；而演绎推理的前提数量通常是确定的，根据规则不能随意简化而破坏它的完整性，如三段论等典型的演绎推理。

尽管归纳的方法早在古希腊时代就被亚里士多德所提出，但归纳逻辑的创始人，一般认为是英国哲学家弗兰西斯·培根。培根在《新工具》这本著作中批判了亚里士多德的演绎逻辑，首次提出了强调实验的较系统的归纳法——三表法。培根的方法是建立在机械的经验论基础之上的。

培根以后，归纳逻辑的集大成者是 19 世纪英国著名逻辑学家穆勒。穆勒的巨著《逻辑体系》详细阐述了他的逻辑思想，使归纳逻辑更加规则化、系统化，并力图使归纳法达到某种形式化要求。至此，归纳逻辑才开始被人们承认是一个完整、独立的系统。然而随着归纳逻辑的提出，逻辑学界就开始了所谓“演绎派”与“归纳派”的争论。

演绎派学者认为，归纳逻辑的或然性结论的特点，以及它不能像演绎那样建立起一个完整严密的公理系统，不能进行代数式演算，是不能与演绎逻辑同日而语的（甚至不可冠以“逻辑”之名），因而便对归纳逻辑持断然否定的态度。而在归纳派学者看来，只有归纳法才是人类获得新知的途径，就是作为演绎推理大前提的全称判断，也是倚靠归纳所得。例如培根就曾批评亚里士多德的三段论式不能成为科学发现的工具。而培根之后，牛顿的三大力学定律和万有引力定律以及门捷列夫的化学元素周期定律等，却正是应用归纳的方法所创建，于是似乎印证了归纳派的观点。

但是，正如恩格斯所说：“我们用世界上的一切归纳法都永远不能把归纳过程弄清楚。只有对这个过程的分析才能做到这一点。——归纳和演绎，正如分析和综合一样，是必然相互联系着的，不应当牺牲一个而把另一个捧到天上去，应当把每一个都用到该用的地方，而要做到这一点，就只有注意它们的相互联系、它们的相互补充。”①

归纳主义的代表者穆勒在其《逻辑体系》中，构造过这样一个逻辑推理的普遍模式：

S_1 是 P，

S_2 是 P，

…………

S_n 是 P，

所有已观察的 S_1、S_2、…、S_n 是 P，

所有 S 是 P，

a 是 S，

所以，a 是 P。

穆勒企图说明，演绎推理是以归纳推理为基础的。因为有了归纳的前提、归纳所得的全称结论（所有 S 是 P），演绎才得以进行。尽管穆勒是在用“归纳”统摄“演绎”，但他所阐释的二者的联系与结合，却是有意义的。因为在演绎逻辑中，对于作为大前提的全称判断的真假是不加讨论的，实际上也只能把确定这类判断的真值分工给归纳逻辑去讨论。这样，演绎逻辑就成了名副其实的“形式逻辑”，仅限于研讨形式范畴的规则规律等，因而演绎逻辑才有了构造公理系统的条件。

归纳逻辑则不然，归纳与实验科学密切相关；归纳问题不可能脱离所涉及的具体的学科问题。仅就归纳推理而言，由大量的感性材料（前提）出发，推出某个理性假设（或然性结论），其间的突变机制，就是一个复杂的系统问题，这不是单纯靠逻辑所能解决的。“归纳往往是与现实的、感性的、具体的对象相联系的，它与经过科学抽象后的符号、形式与模型是有区别的。通俗说来，归纳不能只研究纯粹的骨架，而要研究有血有肉的骨架，归纳要比演绎复杂得多。因此它不能像演绎一样可以较单纯地运用形式化、数量化、客观化的方法处理。它必须是多学科结合起来进行系统研究才有可能逐步取得进

① 恩格斯. 自然辩证法. 北京：人民出版社，1971：206.

展的。”①

在现实中演绎和归纳的交替运用与相互渗透是无法否认的客观存在。所谓“科学方法”，本来就既包括了以观察、实验、测量为主要方式的经验方法，也包括了以数理演绎、精确验证为主要方式的理性方法。总的看来，科学研究的方法是立足于经验积累，以观察、实验等科学归纳方法为基础，再由演绎的方法进行分析推理，延伸观点——很难截然分离上述多种逻辑方法的综合应用。

总之，归纳逻辑的特性可以概括为：

(1) 前提与结论的联系具有“或然性”性质。归纳推理（包括类比推理）和归纳法所得的结论是或然性的。

(2) 推理结论的“拓展性”特征，或者说，推理的思维进程与演绎逻辑相反，它的思维进程是由个别到一般的。

另外，归纳的应用性、复杂性也有其特点。因为归纳法与现代实验科学的手段是密切相关的，有直接的科学应用意义；归纳逻辑的非形式化特点决定它与各学科结合紧密，往往涉及思维对象的具体内容，不免产生主观性，难以像演绎一样，建立起形式化的公理系统。

第二节　完全归纳推理

完全归纳推理是根据一类事物中所包含的各个对象都具有某种属性，从而推出关于该类事物的一般性结论的推理。例如：

我们班第一小组的同学都是浙江人，

我们班第二小组的同学都是浙江人，

我们班第三小组的同学都是浙江人，

我们班第四小组的同学都是浙江人，

我们班共有第一、第二、第三、第四四个小组，

所以，我们班四个小组的同学都是浙江人。

这就是一个完全归纳推理。它在前提中考察了“我们班”的每一个小组，从而推出“我们班四个小组的同学都是浙江人”的结论。

完全归纳推理的逻辑形式可以表示为：

S_1 是 P，

① 王雨田．归纳逻辑导引．上海：上海人民出版社，1992：12.

S_2 是 P，

S_3 是 P，

…………

S_n 是 P，

S_1、S_2、S_3、…、S_n 是 S 类的全部个体对象，

所以，所有 S 都是 P。

由此可见，完全归纳推理在前提中考察的是 S 类的全部对象，而不是 S 类的部分对象，显然，这类推理的结论断定的范围没有超出前提所断定的范围，是必然性的推理，不具备“或然性”这一归纳逻辑的基本特征。

完全归纳推理的主要作用在于综合。它把有限数量的单称命题综合为一个整体，综合成为具有特定限度的一般性命题，它使人们的认识从个别上升到一般。

例如，德国著名的数学家卡尔·弗里德里希·高斯在计算“1＋2＋3＋4＋…＋100”时，就是应用了完全归纳推理的这种思维方法。高斯发现从 1 到 100 这些数有一个特点：按次序把头尾两数相加刚好等于 101。这个特点他是从“1＋100＝101、2＋99＝101、3＋98＝101…”中归纳出来的，而这样的数正好有 50 对，因此 50×101＝5 050。高斯把一道烦琐的加法计算题变成了一道简单的乘法计算题。

完全归纳推理不仅具有认识作用，人们还经常用它去作论证。比如，为了论证某个一般性的论题，我们可以列举被研究对象出现的一切场合，并对其每一个场合都进行考察，指出该论题在所有的场合中都是能成立的，然后通过完全归纳推理，就可以证明这个一般性论题是真实的。

作为人类积累经验、探索新知的基本方式的传统归纳推理，可以简单地划分为“完全归纳推理”和“不完全归纳推理”两种。完全归纳推理的运用是有局限性的，它不能用于一个分子无穷无尽的类，只适合于对有限数量的单称命题的综合，但并不是对所有的有限数量的单称命题组成的类都适用。下面这则寓言式的小故事可以说明，完全归纳推理有一定的局限性。

有一位师傅想考考两个徒弟谁更聪明。他对两个徒弟说：“给你们俩每人一簸箕花生，看谁能先告诉我这些花生是不是每颗都有粉衣包着。”大徒弟端起簸箕就快步跑回家，急忙一颗颗地剥起来。二徒弟把花生端回家后，拣了几颗饱满的，几颗瘪的，几颗一个仁的，几颗两个仁的，几颗三个仁的，总共不到一把花生。他把这些拣出的花生剥开，发现不论是饱满的还是瘪的，是一个仁的还是两个仁、三个仁的，都有粉衣包着。他就带着结论早早到师傅那里去了。大徒弟直到傍晚才把花生剥完，跑去向师傅报告。哪知师弟早已在那里了。师傅问徒弟们得出了什么结论，两个徒弟都说：“这簸箕花生每颗都有粉衣包着。”师傅又问二徒弟：为什么很快就得出了结论？二徒弟讲了自己的方法。大徒弟只能自叹不如了。

这个例子中，大徒弟就用了完全归纳推理的方法，结论当然是正确的。但和二徒弟的

方法相比，就显得太笨拙了。另外，完全归纳推理结论所提供的知识，并不大于前提已知的知识范围，不具备归纳逻辑推理结论“或然性”的特征，因此，完全归纳推理不是归纳逻辑着重研究的课题。

第三节　不完全归纳推理

不完全归纳推理是根据一类事物中的部分对象具有（或不具有）某种属性，从而得出该类事物对象都具有（或不具有）某种属性的推理。不完全归纳推理结论断定的范围超出了前提所断定的范围，是一种或然性的推理。其主要形式有简单枚举归纳推理和科学归纳推理。

一、简单枚举归纳推理

简单枚举归纳推理也称简单枚举法，它是归纳推理中最基本的推理形式，所以也称为“归纳推理的古典形式”。

简单枚举法是以经验的认识作为主要依据，根据某类事物中的部分对象具有某种属性，并且没有遇到相反的情况，从而推出该类对象都具有某种属性的推理形式。例如：

硫酸中含有氧元素，
硝酸中含有氧元素，
碳酸中含有氧元素，
…………
硫酸、硝酸、碳酸等都是酸，
———————————————
所以，凡酸都含有氧元素。

这是200多年前法国化学家拉瓦锡的推理结论，是个简单枚举归纳推理。但是，这个简单枚举归纳推理的结论不是必然性的；以后人们就发现盐酸（HCl）、氢氟酸（HF）等就不含氧元素。

简单枚举归纳推理可以用公式表示为：

S_1 是 P，
S_2 是 P，
S_3 是 P，
…………
S_n 是 P，
S_1、S_2、S_3、…、S_n 是 S 类中的部分对象，观察中没有遇到相反情况，
———————————————

所以，所有S都是P。

由于简单枚举法的结论是或然性的，因此，培根认为这种归纳推理“是很幼稚的；其结论是不稳定的，大有从相反事例遭到攻袭的危险”。他指出：“对于发现和论证科学方术真能得用的归纳法，必须以正当的排拒法和排除法来分析自然，有了足够数量的反面事例，然后再得出根据正面事例的结论。”① 经培根批判之后，人们已经注意到，简单枚举法在其实际应用时，是否行之有效，往往取决于推理前提的数量积累和考察范围。例如“鱼是用鳃呼吸的”，这是人们在长期大量观察后所得出的归纳结论；但是后来有人在南美洲发现了一种所谓“肺鱼”，平时用鳃呼吸，在干涸的环境中却可以用鳔来呼吸。于是就推翻了“鱼是用鳃呼吸的”这一结论。所以前提的数量和范围对于简单枚举法有相当重要的意义，因而这一传统归纳推理被定义为：“在广泛的考察范围内有相当的推理前提的数量的积累，且无反例。”这样，就使这种推理在纯经验推理性质中注入了理性因素，摆脱了低级的初始阶段。

简单枚举法的可靠性不大，但人们日常生活中有许多普遍性的结论都是应用简单枚举法得来的。例如，我国古医书《内经·针刺篇》中记载了这样一个故事：

有一个患头痛病的樵夫，有一次上山打柴，不小心碰破了脚趾，出了点血，他感到头不痛了，当时他并不在意。后来，他头痛病复发时，偶然他又碰破了原来碰破过的脚趾，头又不痛了。这引起了他的注意，以后凡头痛时，他就有意地去刺破那个脚趾，结果都有减轻或消除头痛的效应。

这里樵夫就是用简单枚举法得出“只要碰破这个脚趾就能减轻或消除头痛”这个结论的。当然，他这个结论并不可靠，他只是没有遇到相反的情况（即“碰破了这个脚趾，没有减轻或消除头痛”）而得出的。后来人们研究发现，樵夫碰破的地方是人体穴位中的“大敦穴”。

另外，像“月亮圆时潮水最大”“瑞雪兆丰年”等谚语也是运用简单枚举法得到的。简单枚举法仅仅是根据考察过程中没有遇到相反的情况就得出结论，因此，要想提高它的结论可靠性，就必须增加它的考察对象，扩大它的考察范围，尽量防止出现“以偏概全”的逻辑错误。

从事物表面现象的联系中，去探索其本质，即发现事物间的因果联系，正是简单枚举法“经验材料的收集与整理”的基本性质，这种性质决定了简单枚举法在科学研究与社会实践中的重要地位。经验材料的收集，主要有观察、实验和调查等方式。对观察、实验和调查所得的经验材料进行整理的方法，有“定性整理”和“定量整理”两种。

所谓定性整理，就是用分析和综合的方法，来确定某一事物的现象与本质之间，是否具有一种内在的必然的联系，即发现该事物属性的逻辑方法。

① 培根．新工具．北京：商务印书馆，2005：89.

所谓定量整理，则是在对所占有材料进行比较和分类的基础上，确定将其列为归纳前提，有多少相对可靠程度（量值）的逻辑方法。

简单枚举法运用的特点，就是通过观察或实验，对现象进行相对简单的概括和研究，把一些未见反例的经验积累，就推定是规律性的东西，从而确定对策。尽管此时所获结论只是或然的，但在大胆探索、建立假说、深入探究事物本质的工作中，是很有意义的。

二、科学归纳推理

科学归纳推理也称为科学归纳法。它是以科学理论的分析为指导，从探索一类事物与某种属性之间的内在联系，从探索现象之间的因果联系，而概括出一般性结论的推理形式。科学归纳法和简单枚举法的推理形式与程式一样，但前者在总结 S 与 P 的关系时，是建立在关于对象的本质属性的认识基础之上的。例如：

2015 年高校开学期间诈骗案件高发，
2016 年高校开学期间诈骗案件高发，
2017 年高校开学期间诈骗案件高发，
2018 年高校开学期间诈骗案件高发，
…………
2015 年、2016 年、2017 年、2018 年……都是高校开学期间诈骗案件高发，
因为这些诈骗犯都想利用大学新生社会经验不足和防范意识薄弱大捞一把，
从而导致了高校开学期间诈骗案件高发，

所以，每年的高校开学期间诈骗案件高发。

科学归纳法虽然和简单枚举法一样，前提只是考察了事物的部分对象，结论所断定的范围都超出了前提所断定的范围，但科学归纳法的结论要比简单枚举法的结论可靠程度高。因为科学归纳法不是像简单枚举法那样，在没有遇到相反的情况就推出结论，而是进一步分析现象之间的因果联系，然后才得出结论的。

科学归纳法可以用公式表示为：

S_1 是 P，
S_2 是 P，
S_3 是 P，
…………
S_n 是 P，
S_1、S_2、S_3、…、S_n 是 S 类中的部分对象，且 S 与 P 有某种必然性的联系，

所以，所有 S 都是 P。

于是许多逻辑学家指出：科学归纳法不是依据经验的认识，而是从对前提的科学分析而获得的结论，科学归纳法结论的可靠程度并不是由前提的多少来决定的，而是由是否真正抓住了事物之间的因果联系来决定的。

科学归纳推理是真正比较可靠的不完全归纳推理。但是它与简单枚举法归纳推理并没有什么明确的界线划分。如果在归纳过程中，能考虑上文提及的“定性整理”和“定量整理”等方法，归纳推理也就由“简单”而上升为“科学”了。

第四节　典型归纳推理

随着人类社会的发展和生产方式的变化，人类思维方式也在不断进步。在社会实践中人们已经认识到，归纳问题所探究的，毕竟是事物间的因果关系。即使是运用简单枚举法，人类也无须像其他高等动物那样，要经过经验前提的大量积累后才下结论。事实上，作为人类思维基本工具的简单归纳推理，是以科学观察为基础的，这不是其他高等动物所能达到的。首先，科学观察是一种以获取经验性知识为目的的感性认识活动，是通过人的感觉器官（视觉、听觉、味觉、嗅觉、触觉）进行的，其结果是获得反映事物外部特征的经验性知识。其次，科学观察是有目的有计划的认识活动，这一点尤为重要，它体现出人类思维活动的主动性特点。所以，人类为了追求归纳推理的质量，而特别重视对“归纳强度”的研究。

所谓“归纳强度”，按照德国逻辑学家卡尔纳普的观点，是用概率的形式来反映不完全归纳推理的有效性，也被称为“确证度”（P），通常可表示为$0\leqslant P\leqslant 1$。相继出现的现象S与结果P之间因果联系的确证度，决定于它们间的本质联系，而其获得或对各种联系的“确证”，则在于判断者的细致观察与科学分析。根据事物联系的本质特点，来判断推理的归纳强度（P）的值差，并不在乎作为前提的S出现次数的多少。其实，早在古希腊时代亚里士多德就提出过这种归纳方法，他把这种方法称作“直觉归纳法”。直觉归纳法不同于简单枚举法的地方，在于它并不注重归纳前提（事例）的数量，而在于人的“理智的直觉”，所谓人心的洞察力。凭借这种能力，人们只需少量的观察事实，便可大步跨越而获得普遍结论。① 这样，归纳前提在数量上的重要意义，被人们对其质量方面的要求而冲淡了。

典型归纳推理又称典型归纳法，乃是人们基于以上原因，对传统经验归纳进行的改革和提炼，其要点是避免了前提的累赘烦琐，从众多的前提中选择或提炼一个典型的前提，

① 陈晓平. 归纳逻辑与归纳悖论. 武汉：武汉大学出版社，1994：1.

直接推出结论。正如毛泽东所说："要从个别中看出普遍性。不要把所有的麻雀统统捉来解剖，然后才证明'麻雀虽小，肝胆俱全'。从来科学家都不是这么干的。"①

典型归纳推理的基本形式为：

S_1 是 P，

S_1 是 S 类的代表性个体，

所以，所有 S 是 P。

对法律工作中的归纳法应用来说，前提就是证据。证据固然是越多越好，但限于工作时空条件的限制，强调前提或证据的数量，也是相对而言的。所以，典型归纳法在特定的情况下，有其应用的优势。

例如，在侦查工作实践中，以典型归纳法的观点，把每一现场遗留物都作为关于本案的典型归纳推理的前提，进行案情分析，这种思维方式在给犯罪嫌疑人"画像"时，就可以起到极大的作用，据此可以推断犯罪嫌疑人的职业、性别、居所，甚至体貌特征、性格爱好。蛛丝马迹，可为契机。物证线索是否"典型"，全在于工作人员是否具有敏锐的嗅觉。所以，不同于简单枚举法，证据（前提）不在于多，如果具有典型意义，能充作典型归纳的前提，那么一个前提也就具备了极大的推理价值。许多富有经验的执法人员，无论是现场微量痕迹，还是证人的片言只语，在他看来都具有典型归纳推理的价值，从中推出的结论，正是下一步工作的方向。

以现代归纳逻辑的观点看，"典型"只是一个样本，其基础是一个"样本群"（"分子"与其"类"的关系）；而至于所谓"样本"和"样本群"之间的联系，是本质的抑或非本质的，或者说，所选择用来作为典型的事物，是否堪为"典型"，这就要取决于本体（推理者）的背景知识了。因为只有建立在丰富的背景知识，或者说是建立在职业经验积累基础之上的推理，方能显示出典型归纳的准确率和有效性。否则，也只能落入归纳通病——以偏概全而已。

典型归纳推理是一种效率很高的推理。职业的敏感性和丰富的专业知识，是保证推理有效的前提条件。但是从典型归纳的本质看，它仍然是一种经验归纳。

第五节　回溯归纳推理

回溯归纳推理又称回溯法，是一种由果求因的归纳推理。从推理的形式看，回溯归纳法是演绎推理的非有效式——充分条件假言推理肯定后件式——的应用。它的形式可以表

① 毛泽东．毛泽东文集：第 6 卷．北京：人民出版社，1999：478.

示如下：

已知事实Q；

如果P则Q，

所以，造成Q的原因可能是P。

但这是对回溯推理的简单概括。因为现象之间因果关系的复杂性客观存在，一果多因的现象并不少见，所以回溯推理的复杂形式可表示如下：

已知事实Q；

如果 P_1 则Q，

如果 P_2 则Q，

如果 P_3 则Q，

…………

所以，造成Q的原因可能是 P_1 或 P_2 或 P_3……

回溯推理就是对既成事实的形成原因所进行的假设性推测。

回溯法在侦查工作中应用广泛，这个道理非常简单，因为对于任何案子，首先面临的是事件的结果，大量的工作是由果溯因，探求后果的成因。可以说，任何案子的侦查过程都不过如此而已。关于回溯推理，还可以用福尔摩斯这个侦探文学中的典型人物的话来解释："有少数人，如果你把结果告诉了他们，他们就能通过他们内在的意识，推断出所以产生出这种结果的各个步骤是什么。这就是'回溯法推理'。"但是这种提法有些故弄玄虚，实际上"由果溯因"乃是人类正常思维的一种基本功能，诸如从户外地湿推断前夜有雨，从现场财物丢失推断案件性质是盗窃，等等。

从案发之后的蛛丝马迹中分析案发时的情景，寻找作案人，所运用的回溯推理公式，也可以用反例论证的形式来表示：

已知事实Q；

无P则Q不成立，

所以，造成Q的原因可能是P。

推断罪犯的作案过程及一系列有关细节的假定性推理，都是依照回溯推理的一般形式进行的。破案工作的思路，就是在这种方式下取得进展的。例如：

1999年7—9月间，位于温州郊区的104国道仰义—双屿路段，连续发生汽车挡风玻璃被击碎事件。短短几个月时间，上百辆过往车辆遭遇不法之徒的袭击，有相同遭遇的驾驶员们怨声载道，联名给有关部门写信，新闻媒体纷纷报道，一时造成极大影响。

温州市鹿城区公安分局为此成立了专案组，对案件多发地段进行了秘密监控。在调查摸排工作中，侦查人员发现了如下情况：在仰义—双屿长仅7.6公里的路段沿线，就有四家汽车玻璃修配店，其中三家都是一个名叫刘××的人所开。

于是本案即按回溯法推理的一般形式，进行下述案情分析与推断：

已知事实Q——汽车玻璃店以为汽车修配玻璃而牟利；

如果P则Q——如果人为破坏则可以迫使汽车上门修理；

所以，造成Q的原因可能是P——此路段汽车被袭击案件，可能与经营这类生意的店主有关。

此后的案情发展进一步证实了侦查员们的推断。专案组在秘密守候控制期间发现，每当刘××外出后不久，就有汽车被袭击案件发生，就有汽车去他的店请求换装玻璃。据此线索，10月21日下午侦查员拘捕了刘××，并当场从刘××及其同伙诸××的身上搜出了作案工具——弹弓和钢珠。

经审查，刘××和诸××在外地打工时曾见别人用此办法赚了钱，于是二人来到温州在国道线旁开了汽车玻璃修配店。由一人携带作案工具搭乘仰义至双屿的中巴车，躲在后排座上，途中用弹弓将迎面驶来的汽车的挡风玻璃击碎，另一人则在店中稳坐，等待受害人上门。案犯终于在细心的侦查员的准确推断和严密控制下，落入了法网。

广义地讲，侦查工作中的一切案情分析，都是回溯法理论的应用过程。这里只是从具体的作案结果出发，利用回溯法来推断案犯作案的具体的过程（诸如作案方法及作案工具等），因此这里关于“回溯法”的定义，是一种狭义的提法。

第六节　探求因果联系的逻辑方法

探求因果联系的逻辑方法，又称“穆勒五法”“排除法归纳推理”，是由英国逻辑学家约翰·穆勒根据培根的“三表法”发展而来的。如果说，归纳逻辑属于科学方法范畴，那么穆勒五法堪称典型。因为它的结论是从有计划、有目的、刻意安排的观察和实验等科学方法中得到的，有较大的归纳强度。

和所有科学实验的方法一样，运用穆勒五法探求事物成因的优势是，可以人为地排除一切无关因素，使事物（研究对象）单纯化，因而能明朗事物现象之间的因果关系。需注意的是，在运用穆勒五法时不能轻率排除，否则就会产生错误结论。因为现象之间的因果关系是复杂的——一种原因可能只产生一种结果，也可能产生多种结果；一种结果可能仅仅是一种原因引起的，也可能是多种原因引起的。所以，探求事物之间的因果关系，无论是从理论上还是实践上来说，都是一个相当复杂的工作，除了归纳逻辑的理论之外，还必然涉及有关思维对象的专门的科学知识。

一、求同法

求同法又称契合法，是寻求被研究的事物现象出现在若干不同场合，是否具有某种共同原因的归纳方法。

在犯罪侦查学历史上，求同法广泛地应用于对犯罪分子的同一认定工作。从 19 世纪的“贝蒂隆人体测量法”① 到现代指纹法的应用，“求同法”通常就是同一认定的工作原理。

与体貌特征同一认定的不确定（稳定）性相比较，指纹的同一认定作为可靠证据的权威性，已得到人们的公认。而随着现代科学技术的不断发展，高科技手段越来越多地应用于同一认定技侦工作。除了指纹识别技术外，利用人的遗传基因，分析罪犯的 DNA（脱氧核糖核酸）排序，就能够迅速准确地指认罪犯，实现同一认定。在识别累犯的工作中，DNA 数据库发挥了很大的作用。

求同法的逻辑形式可用公式表示为：

场合	相关情况	被研究现象
1	A、B、C	a
2	A、D、E	a
3	A、F、G	a
……	……	……

所以，A 与 a 之间有因果联系。

也可以表示为：

ABCD 伴随着 abcd 而出现，

AEFG 伴随着 aefg 而出现；

所以，A 是 a 的原因或结果（有因果联系）。

在司法工作实践中，一般是通过类比与经验归纳后，对 a 的成因已有 A 设想，才综合其他条件因素进行实验；在保留 A 而变动其他条件之后，仍有 a 事实，于是验证了 a 与 A 之间的因果联系。

求同法在侦查实践中有最为广泛的应用，例如，下面的“诈骗商人大案”，侦查员就是应用求同法来进行侦破的：

犯罪嫌疑人某甲，与某商人在南京一家宾馆会谈。会谈告一段落，商人将 24 万美元放入室内保险箱中，其后两人到楼下餐厅用餐。用餐期间某甲借口上楼取物向商人索得房

① 该法是法国著名犯罪侦查学专家阿尔封斯·贝蒂隆创立的，即把入狱罪犯的正、侧面像拍成照片，对罪犯头部、躯干、四肢、手臂等 11 个部位进行测量，然后记录数据、建立档案卡片的方法。

间钥匙，而后一去不返。商人用餐完毕上楼后才发现保险箱中现金全部被窃。这成为一起惊动省厅的盗窃大案。

调查中发现，嫌疑人所开设的公司纯属皮包公司；注册使用的是本市一个下岗工人的身份证，公司成员皆是来自劳务市场的农民。宾馆开房人、手机号码机主等，经查用的皆是假身份。即便是“公司职工”，也无人知此“老板”底细。

侦查员们的分析是：此嫌疑人智商不低，居然将久经商海的老板骗得带了现金“自投罗网”，而且作案不留蛛丝马迹，可见非等闲之辈。那么从何处去寻找线索呢？

据受害商人叙说，他们一共接触过四次，每一次的会谈都是在不同的星级宾馆进行的。侦查员于是有了一个思路：此嫌疑人行骗方式说明，他不会是一个没见过世面的普通的工人或农民，必是一个有“层次”的人；他行踪不定，忽来忽往，所以他每次必然是从外地直接飞来南京（背景知识——经验归纳法），因此用下面方法可以找到他的行踪：

（1）算时间差。从嫌犯落脚过的各个宾馆，坐出租车前往机场，记录所用时间；再以其与商人每次会谈约定时间为准，加上这段去机场的时间，来确定这四个航班。只有乘坐这四个航班的人，才可能具备作案时间（假说演绎法）。因为商人能够提供会谈地点和时间，所以此项工作并不难做。

（2）乘客求同。查找乘坐过这四个特定航班者；再从这四张乘客名单中查找重复乘坐者；在这四个特定日期的数十个航班中，某人恰恰坐了这四个航班，恐怕不是“偶然的”可以解释得了的（求同法）。

结果是：在特定日期重复乘坐这四个航班者共有6人。经细致排查，剔除5人，最后远在吉林的嫌犯终于落入法网。这个在武汉等地已经三次得手，合计诈取七八十万美元的犯罪分子，在哀叹灭亡之余最想知道的是，南京的侦查员究竟是用什么方法抓住他的“狐狸尾巴”的……

求同法的特点是“异中求同”。因此，它要求在各个场合中除了一个情况以外，其他情况都不相同。如果应用时出现了几种共同的情况，那么，必须在这几种共同的情况之间寻找它们的相同因素。

二、差异法

差异法又称“求异法”，是将被研究的事物现象置于两个矛盾的场合下进行比较考察，从而确定某一现象是否与某一结果之间存在因果联系的归纳方法。

差异法运用的原理与求同法的原理在本质上是相同的，就是为了了解单个的现象，我们就必须把它们从普遍的联系中抽出来，孤立地考察它们，而且在这里不断更替的运动就显现出来，一个为原因，另一个为结果。不过在具体操作中，差异法的着眼点却是相反的。其推理公式如下：

场合	相关情况	被研究现象
1	A、B、C	a
2	-、B、C	-

所以，A与a之间有因果联系。

或者表示为：

ABCD伴随着abcd而出现，

BCD伴随着bcd而出现；

所以，A是a的原因或结果（有因果联系）。

从上述推理公式可以看出，有条件A时，就出现现象a；无条件A时，现象a也不出现。于是推断两者有因果关系。此法与求同法的不同之处在于，实验是通过反事例进行的。从有A即有a、无A即无a的实验过程看，A与a之间的因果联系显得更为突出。例如：

咖啡的发现就是差异法运用的结果。据说在埃塞俄比亚有一个小镇叫凯夫，镇上一个牧羊人某一天把羊赶到一块新发现的草地放牧，到了晚上羊却一反常态不肯入睡。第二天牧羊人为了搞清楚原因又把羊放到那里并仔细观察，发现那里除了一般的草之外，还长有一种开白花、结浆果的灌木，羊吃了那种灌木的叶子后，当天晚上表现得异常兴奋。第三天，牧羊人避开了那片有白花灌木的草地放羊，晚上羊群就恢复了平静。牧人发现了这一秘密后，他尝了这些苦而爽口的叶子和浆果，果然夜里兴奋得无法入眠。从此凯夫镇上的人开始采集这种果实，制成粉末冲水喝，用以提神。后来这种饮料流传到世界各地，并以“凯夫”为名，谐音为“咖啡”。

与契合法相比，差异法具有一定的优越性，因为它是一种比较积极的方法，人们可以在实验或实践活动中，人为地改变先行条件，降低其结论的或然性程度。例如：

淡水湖泊富营养化，其表现特征是“蓝藻水华”的出现。蓝藻水华出现时，水面被一层厚厚的蓝绿色水华所覆盖，蓝藻群体大量滋生又大量死亡，死亡蓝藻在分解过程散发恶臭消耗氧气，又造成大批鱼类死亡。因此，如何消除湖泊水华现象，一直是有待攻破的环保课题。1985年夏，污染武汉东湖多年的蓝藻水华突然神秘消失。1989年、1990年、1992年和2000年，中科院水生生物研究所博士谢平，在东湖进行了四年的“原位围隔”“生物操纵法”试验，即采用放养鲢、鳙鱼的方法，观察其与水华现象之间的关系。试验结果证明，在养鱼的围隔里，蓝藻的数量减少很多；而在不养鱼的围隔里，蓝藻水华则生长很好。在引进鲢鱼或鳙鱼后10～20天，已经出现的微囊藻水华即全部消失。试验结果还表明，每立方米水中投放46～50尾鲢、鳙鱼苗控制水华的效果为最好；放养草鱼则完全不能控制水华。谢平因此获得国际湖泊生态学大奖——第九届日本琵琶湖生态学奖。目前这一方法已在昆明滇池为改善水质而投入应用。

上述科研实例所采用的具体实验方法就是差异法。

由运用差异法而造成失误的情况也是常见的。一是因为认识狭隘，错认因果。如某学生每到上课便头痛，而不上课头就不疼了，因此他认为自己头痛的原因就是上课。然而事实却是因为他配的眼镜不合适，一戴眼镜头就痛，而不上课时他是不戴眼镜的。所以这位学生由差异法得出的结论是错误的。二是因为对事物现象“一果多因”存在的普遍性和复杂性估计不足，满足于观察或实验的初步结果，于是造成归纳错误。例如，“氧气供给”与“燃点温度”都是燃烧的原因，如果只着眼于“燃点温度”进行差异法实验，在得到结果后就认定“燃点温度”是燃烧的唯一原因而放弃进一步研究，就会得出不符合科学的结论。侦查工作同理。例如某案，作案人已经自首，其供述也与调查结果及案发现场的勘察报告相符，但办案人在案情构成中却发现了矛盾：自首人不可能有移尸第二现场的力气。通过进一步调查研究，得到的侦查结论却是：自首人的行为不是被害致死的唯一原因，甚至不是直接原因（死者体内癌症病变及其自杀性行为是致死的主要原因）。此类案例值得引起办案人员的重视。

三、契合差异并用法

契合差异并用法也称“求同求异并用法”，简称“并用法”“契差法”，它是根据被研究的事物现象，在一些场合出现、一些场合不出现的情况，经分析比较后，发现其因果联系的归纳方法。

我国唐朝名医孙思邈在行医看病时发现，许多患脚气病的人都是富贵的人，而穷人很少有患脚气病的。他经过分析发现，富人和穷人其他一些情况大都相同，最大的不同点就是富人吃的是荤腥细粮，穷人吃的是素食粗粮，孙思邈认为，吃荤腥细粮就是富人得脚气病的原因，他就是利用求同求异法找出脚气病的病因的。现代科学医学证明，脚气病是由于身体中缺少维生素 B_1 引起的，而素食粗粮里面含有较多的维生素 B_1。

已知在被考察现象 a 出现的一个“正事例组”中，有一个共同原因 A；而在 a 不出现的一个“反事例组”中却没有这个 A，则可认为 A 与 a 有因果联系。要注意的是，并用法不等于求同法与求异法的简单相加；而且，与其说它是求同求异法的交替使用，不如说它体现的正是求同法的实质。

契合差异并用法的逻辑公式如下：

场合	相关情况	被研究现象	
1	A、B、C、F	a	正事例组
2	A、D、E、G	a	
3	A、F、G、C	a	
……	……	……	

1′	–、B、C、G	–	负事例组
2′	–、D、E、F	–	
3′	–、F、G、D	–	
……	……	……	

所以，A与a有因果联系。

应当承认，在条件允许的情况下，侦查实验采取"并用法"所获得的结论，较之"求同""求异"两种方法所获得的结论，将更为稳妥可靠，因为这里运用了正反两组事例，对于探求A与a的因果联系，有更强的确证度。

例如，我们在研究有犯罪嫌疑而被留置盘问者的心理时，对两组样本进行比较分析：一组样本的文化程度、性格（仅作"内向""外向"之别）、年龄和性别都不相同，但都有多次犯罪记录，我们发现这一组样本都没有道德感、内疚感，缺乏正常的同情心和怜悯心；另一组样本的文化程度、性格、年龄和性别也都不相同，但都是初犯，接触中发现这一组样本可以从不同角度唤醒其良知。于是我们归纳出一条结论：惯犯和累犯不具有正常的社会情感。

又如，在总结挽救失足青年的经验时发现，许多改造好的失足青年，除了政府的教育以外，都受到家庭和社会各界的热情关怀和耐心帮助；而一些重新失足犯罪的青年，则大多没有得到家庭和社会的帮助和关怀。因而人们得出一个结论：对失足青年热情关怀和耐心帮助是失足青年改造好的重要原因。这也是运用契合差异并用法思维形式得出的结论，它对我们如何帮助改造好的刑满释放的人员开始新的生活、减少重新犯罪提出了一条全新的思路。

四、共变法

共变法是指在观察被研究对象发生变化的若干场合中，如果其中的某一个因素发生变化会相应地引起另一个因素发生变化，那么就确定其具有因果联系的归纳方法。共变法公式可以表示如下：

场合	相关情况	被研究现象
1	A_1、B、C	a_1
2	A_2、B、C	a_2
3	A_3、B、C	a_3
……	……	……

所以，A与a有因果联系。

共变法的逻辑形式也可以表示为：

ABC——abc，

A^+BC——a^+bc；

A^-BC——a^-bc；

所以，A是a的原因或结果（有因果联系）。

这种随条件A变化而造成结果a变化（递增或递减），从中求得规律性因果联系的实验方法，就称为共变法。这一实验方法的前提，一般说来是已经确认了A与a之间的联系后，在实验对象有关因素的数量上进行增减变化，以此求得两者的消长规律，来证实和解释两者间的因果联系。

例如，人们将一盆植物幼苗放在一个密封的匣子里，在匣子的东侧开一个洞，过些时候就可以发现盆内幼苗的尖端弯向东侧透光的洞口；然后封住此洞口，在匣子的西侧开一个洞，会发现同样的情况发生。这说明植物生长方向的变化和阳光的变化是共变的，这就是植物学上的“向光性运动”。

共变法也是工作实验中经常应用的方法，它可以在事过境迁之后，重设当时条件，推断当时的情景，求得事物“相待而变”的结果，从而获得科学的证据。

五、剩余法

剩余法是指如果已知某一复合现象是另一复合现象的原因，同时又知道前一复合现象中的某一部分是后一复合现象中的某一部分的原因，那么，前一复合现象的其余部分与后一复合现象的其余部分有因果联系的归纳方法。

剩余法可用公式表示如下：

事例	先行事项	现象
1	ABC	abc
2	B	b
3	C	c

所以，A与a有因果联系。

或者表示为：

ABC——abc，

已知B是b的原因，

C是c的原因；

所以，A是a的原因（有因果联系）。

当年居里夫妇发现镭的过程，就是剩余法的应用实例。居里夫妇在实验中，发现沥青铀矿样品的放射性比纯铀的放射性还要强，他们根据剩余法原理做了筛选排除工作后，推断这类矿物质里面还含有其他放射性元素。在经过了54个月的艰苦劳动后，终于找到了放射性比铀要强200多万倍的镭。

剩余法在侦查工作中也经常用到。例如，当勘查一个已被破坏的现场时，想要找到犯罪嫌疑人遗留的痕迹，即可按以上公式进行甄别工作，将后期到过现场的人员与遗留痕迹一一对应认同后排除，余下的痕迹就可初步确定是犯罪嫌疑人留下的。例如：

1998年8月23日，浙江桐乡市某村突然发生大面积夏蚕死亡事件。经查证，蚕是吃了早晨采摘的沾上了剧毒农药的桑叶而死的。那么，是谁、因为什么对该村的几十亩桑林喷洒了农药呢？办案人员通过对该村30亩桑园的实地勘查和技术鉴定后发现，在这一大片桑园中，偏偏蚕农朱某的那块桑林未受药害，所以除了朱某外，其他各养蚕户皆未逃脱死蚕厄运。于是干警的侦查目标一下子就集中到了朱某身上。在搜集证据之后传讯了朱某，朱某不得不承认，因嫉妒邻里，又受妻子挑唆，竟投毒作案，最终是害人害己，落入法网。

显而易见，这一民事案的排查过程，运用的正是剩余法。

第七节　统计归纳推理与概率归纳推理

一、统计归纳推理

统计归纳推理又称“统计归纳法”，简称“统计归纳”。它是指由“样本”具有某属性的单位频率，进而推断“总体”具有某属性的概率的推理。统计归纳就是运用统计学原理和方法，整理与计算出一系列数据材料，再以这些来自样本的数据材料为前提，去推断总体的某些性质情况。其特点一是建立前提时大量应用观察、实验、分类、比较、综合等归纳方法；二是从样本推断总体概率的这个结论是或然性的。统计归纳推理的形式如下：

对从S类中抽取的样本进行考察，有百分之n具有属性P，

所以，全部S类具有P属性者达百分之n。

与传统归纳法相比较，统计归纳对推理结论的处理显得比较合理，它已超越了传统的经验归纳，不是用简单划一的全称肯定或全称否定判断来表达结论，而是以数学概率概念来体现推论的确证度，通常具有数理统计意义，故名统计归纳推理。

20世纪80年代中期，复旦大学的李贤平教授受国外用数理统计方法研究社会科学的经验的启发，曾运用电子计算机来研究《红楼梦》，从而提出了否定“曹著高续”的假说。李贤平认为，由于各人的思维方式不同，词汇的运用规律也各不相同，就如同各人的指纹绝不相同一样。他采取的方法是，统计与情节无关的虚字的使用习惯和出现频率（计47个虚字：之、其、或、亦、呀、吗、咧、罢、的、着、是、在、可、便、就、但、

儿……），以此刻画作者的写作风格。他在大量的数据分析的基础上，提出了《红楼梦》成书的新见解：曹雪芹在年轻时写作了《风月宝鉴》，后将其书分散插入他人所作的《石头记》，并给予丰富增色，名之《红楼梦》；曹雪芹去世后，其亲属收集整理成一百二十回，又由程伟元、高鹗加工完成。李贤平以一个数学教授的身份提出了“红学”新说，试图推翻垄断“红学”60 年的“曹著高续”说，这也堪称“定量分析”研究方法广泛应用的典型例子。

但是统计归纳推理并不等同于统计法，否则，统计归纳就仅仅成了数理统计的勉强移植、逻辑术语化而已，就谈不上是具有创新意义的现代逻辑的思维方法了。概率统计的方法，只是统计归纳推理借助的工具，其真正的意义在于获得具有课题研究性质的结论。例如，美国社会犯罪学家路易斯·谢利在研究当代犯罪现象过程中，收集了大量的全球性的资料进行比较研究，写作了引起社会学家和法学家注意的《犯罪与现代化》一书。谢利的成就不在于给出了数据材料，而在于她通过对这些资料的整理和比较，提出了具有思考价值的推论。如，她比较了日本、瑞士和其他发达国家的犯罪率后，认为前者不像后者那样，犯罪率随着现代化进程的推进而日益增长，其原因是：社会保持着亲密的家庭结构，以及有全体公民参加的反犯罪活动等。又如，对几乎在所有国家都随着社会发展进程而有所增长的妇女犯罪问题，谢利也作了研究。第二次世界大战以来妇女犯罪率的成倍增长令人瞩目。国际警察组织提供的 1960—1972 年的犯罪资料表明，欧洲有资料的 8 个国家中有 7 个国家（奥地利是例外）的妇女犯罪总数都在增长，例如，法国在 12 年间妇女的犯罪率增长了 155%，而同一时期男子的犯罪率只增长了 51%。谢利对此现象的研究结论是：妇女参与犯罪活动的扩大与妇女在商业和一般经济事务中所起的作用成正相关，与她们比以前更加活跃的社会作用有直接关系。妇女犯罪是妇女参加社会活动的范围和卷入社会活动的程度的晴雨表。妇女犯罪行为的多样化以及参加犯罪活动的增多与她们的社会作用扩大直接相关。①

也就是说，在资料统计的基础上，这位社会犯罪学学者发挥了思维的主观能动性，赋予数据以思想，于是才形成了一家之见，同时也启发了人们，数理统计与逻辑推理的有机结合，才是统计归纳推理的精髓。

就司法实践来说，统计归纳适用于对以往案例的总结与归类，可以从中获得一些规律性的经验知识，对于工作实践有一定的宏观性指导意义。例如根据统计归纳发现，每一时期（阶段）的盗窃案件都有一些独具的特点，如果对某一时期的盗窃案例的作案特点进行统计归纳，就可以找出一些规律，将它公布出来教育群众，可以收到很好的反扒防盗的宣传效果。

统计归纳是数学方法的具体应用。实际上，各类学科的相互渗透与应用，正是一种现

① 路易斯·谢利. 犯罪与现代化. 何秉松，译. 北京：群众出版社，1986：91，101.

代科学风貌的展现。尽管有些数学统计的具体方法相当复杂，但其基本原理，应当说还是易于理解和掌握的。

采用“抽样调查”方式进行统计归纳时，必须遵照统计学原理，注意样本的代表性，即注意样本选取须有范围的确定和层次的区分（如表 5－1 所示），这可以防止以偏概全的错误发生。

表 5－1　样本层次

层次	每层个体总数	每层抽样数

另外还需要学习一些数理统计的基本知识，如“数据求和”的方法（$\sum$）、“绝对值”和“区间”的计算方法等。编制软件程序作统计归纳能更好地提高工作效率。

二、概率归纳推理

概率归纳推理又称“概率归纳法”，简称“概率推理”。要定义概率归纳法，首先要从概率论的两个基本概念即随机事件和概率谈起。

一个事物现象在一定的条件下必然会出现或必然不出现的，就称做“必然事件”或“不可能事件”；可能会出现或可能不出现的，就称做“随机事件”。例如，我们一般认为，通缉犯潜逃期间回家探视，就是一个随机事件。但是从概率论的观点来看问题，随机事件的发生是有一定的规律性的，其可能性是可以度量的。

对于一个随机事件出现的可能性程度或可能性的大小给出数量的估计，就称为该事件出现的“概率”。

将归纳推理数量化，用数学概率的判断来反映归纳的结论，就称做“概率归纳法”；一个判断的真实性程度可以用概率来表示，概率值越大，判断的真实性程度就越高。例如，用 P 表示概率，则“必然事件”即 $P=1$，“不可能事件”即 $P=0$。就具体的推理过程而言，也可以表述为：根据某类事物部分对象所具有某种属性的概率，进而推出该类事物的全体都具有这种属性的归纳推理，称为“概率归纳法”。其逻辑形式可用如下公式表示：

S_1 是 P

S_2 是 P

S_3 不是 P

…………

S_n 是 P

S_1、S_2、S_3、…、S_n 是 S 类中的部分对象，而 n 个 S 中有 m 个是 P

所以，在 S 类中，S 是 P 的概率为 m/n。

上述形式主要用于表达概率的“频率定义”：随机事件 A，其出现的概率为 $P(\mathrm{A})$；$P(\mathrm{A})$等于 A 在若干次试验（n）中出现次数（m）的频率，即

$$P(\mathrm{A})=m/n$$

但是关于“概率”的定义还有一种特别的理解，它不是从思维的形式出发，而是从思维的主体来定义概率归纳，于是就有了“概率的主观置信度”之说。它是思维主体对某一假说的置信程度的量化的体现方式，或称“主观概率”。

概率归纳法的一个显著特点，就是具有通过定量分析进行科学预测的功能。在司法实践中，我们既可以运用概率归纳对未知事物作出相对准确的数据化的推断，实现调查取证的科学性；也可以用这种推理来预测尚未发生的事件出现的概率，以利于侦控工作，增强工作的主动性。

因为统计归纳和概率归纳在数学方法的应用上有着相同的起点（数理统计），所以在一些逻辑论著中，这两种推理经常是合为一谈的。但这两种推理在实际应用中有时还是有些区别的。统计归纳和概率归纳的主要区别在于它们的结论表达形式不同。

统计归纳多用于对已然事件的归纳整理，以百分比形式表达结论；概率归纳则可以是通过归纳对未然事件发生的可能性进行推测（具有“主观置信度”的实质含义），以概率小数（0～1：0 为不可能发生事件，1 为必然发生事件，0 到 1 之间的小数增大表示事件发生可能性的递增）的形式来表达结论。所以，“已然的归类”与“未然的推测”，常常是二者的区别性标志。

概率归纳法是人们在工作中应用较多的一种推理方法，尤其在刑事侦查等执法工作中具有广泛的应用。例如，法国著名犯罪侦查学专家贝蒂隆的“人体测量法”提出的依据，就是由概率归纳推理而得到的。

成人骨骼的各部位尺寸是不相同而且是不变的，比利时天文学和统计学家阿道夫·凯特勒指出：世界上没有身体各部位尺寸完全相同的两个人。统计发现，某一个部位尺寸相同的人的概率是 1/4。于是贝蒂隆据此推断：如果测量人体的两个项目（如全身长度和上身长度），则人体特征的重复概率是 1/16。根据这一规律，在测定 11 个项目以后，人体特征重复率将减少到数百万分之一，在测定 14 个项目以后，重复概率将减至数千万分之一，根据小概率原理，则可以忽略不计了。

运用高科技手段破案，概率归纳推理也是常用的原理依据。以对油漆化验为例，因为各种油漆的基本成分都是相同的，但是每一批量的油漆中所含微量元素与杂质却各有不同。根据概率论计算，某一批量油漆中所含某一种特定的微量元素或杂质，其或然率是 1/10；假如在这一批量油漆中发现了 10 种特定的微量元素或杂质，那么在其他任一种批量油漆中，同时发现这 10 种特定物质的概率，将是百亿分之一！这一概率甚至小于指纹重合率。所以，采取机动车肇事现场的微量油漆，是调查这类案件取证的重要手段。通过检验黏附于被害人身上或其他相关物体上的微量油漆，缩小和确定侦查范围。这是取证工

作中概率归纳原理的应用。

概率“预测法”是一种常用的执法工作逻辑方法。在案情分析时所进行的“预后推测”，就能够体现这种概率“预测法”的应用价值。如，在作案结果既成事实的情况下，预测案犯下一步采取某种行动的可能性（抢劫后销赃、受伤后就诊、连续作案、逃亡去向等），以及其可能性有多大等。有时只能作“毛估”的预测——以50%为界，判定其可能性“很大”或可能性“不大”；有时甚至可以进行量化计算。

概率“预测法”就其本质而言，已经超越了经验归纳，根据已有资料进行量化计算是其特征。例如，大至对犯罪总趋势或分项犯罪比例（如青少年犯罪率、妇女犯罪率、高科技作案比率等）的预测，小至对某一具体案件案情发展的推测。

概率归纳法与简单枚举归纳法的运用具有实质的相同，使用时需注意以下两点：

第一，从“频率概率”的角度看，概率归纳推理的原则是：观察的次数越多，考察的范围越广，结论的确信度就越高。在信息量不足的情况下，不宜对事物（案情发展）作轻易推断。

第二，从“主观概率”应用的角度看，要求在使用概率归纳法时，必须根据客观事物的发展变化而不断更新观念，防止囿于经验的思维僵化。例如，在若干年前因准确的预测而破获某案的经验，就未必适用于目前一案，因为比较一下就会发现，推理的前提条件（背景）一定已发生了某种变化——没有哪两个案件会雷同，正如没有哪两个人的指纹会相同一样。

【复习思考题】

1. 什么是“归纳逻辑”？它包含了哪些内容？
2. 归纳逻辑与演绎逻辑这两个逻辑系统的性质有何不同？
3. 为什么人们把“完全归纳推理”单列出来，认为它具有演绎逻辑的性质？
4. 什么是简单枚举归纳推理？什么是科学归纳推理？它们的性质及推理形式有何不同？
5. 探求因果联系有哪五种逻辑方法？
6. 什么是回溯推理？如何提高这种推理结论的可靠性？
7. 什么是统计归纳推理和概率归纳推理？这两种推理的形式有何区别？

第六章

类比推理与假说

【本章引例】

1995年的绿洲珠宝行特大持枪抢劫杀人案件，案犯持着自制的手枪，攀爬进入宁波市中山东路绿洲珠宝行，抢劫了当时价值160万元的黄铂金饰品，打死保安后逃走。该案犯还在随后的十年里分别在绍兴、诸暨的珠宝行作案。以下是有关该案犯三起抢劫珠宝行案的记录：

〈记录一〉

地点：宁波绿洲珠宝行

时间：1995年12月6日凌晨

疑犯蒙住了脸潜入当时绿洲珠宝行所在的宁波市中山东路一幢建筑物的六楼，他用自带的军用背包绳顺电梯井道下滑至一楼位置，再进入一层营业大厅；控制了保安后，他开始对大厅里的四个保险箱进行破坏，窃取了价值160万元的黄铂金饰品，重量在11千克左右。逃离前还用手枪打死了两名保安。

〈记录二〉

地点：绍兴县供销大厦

时间：1998年4月7日凌晨1时50分

疑犯从绍兴县（现绍兴市柯桥区）供销大厦后墙爬上三楼窗户，从商场三楼文体部下至二楼。在二楼珠宝柜台附近，疑犯遇到值勤的保安，在向保安开枪后，他立即窜至三楼文体部，按照事先准备的逃跑路线逃跑了。

〈记录三〉

地点：诸暨第一百货大楼

时间：2004 年 1 月 22 日凌晨 2 时 30 分

疑犯从诸暨第一百货大楼后面围墙处沿电线爬墙进入三楼营业厅。在三楼将值班的保安击伤，后沿原线路撤离现场。

罪犯是谁呢？你能提出合适的假说吗？

第一节　类比推理

类比推理又称类比法，它和模拟法因其推理的基本性质（个别性和或然性）而划入归纳逻辑。所以，广义的归纳推理也可以包括类比法等。

一、类比推理的特征

类比推理就是根据所观察到的两个或两类事物有若干相同属性，推断出它们还可能有其他属性相同的一种逻辑方法。

人们在观察甲、乙两个或两类事物时，发现它们有许多相同或相似的性质特点，于是又由已经熟知的甲事物的某一属性，去推断乙事物也应具备这一属性。其逻辑表达形式为：

已知 A 事物有属性 a、b、c，

B 事物也有属性 a、b、c，

A 事物还有属性 d，

———————————————

所以，B 事物也有属性 d。

人们进行类比推理的根据是，客观事物的种种属性并不是孤立存在的，是相互联系和制约的。所以当 A 对象的 a、b、c 属性与 d 属性之间有着某种内在联系时，而且与 A 对象相似的 B 对象也一样具有 a、b、c 属性时，则 B 对象就很有可能也具有 d 属性。当然，由于事物间属性联系的复杂性（有必然的，也有偶然的；有本质的，也有非本质的），两类事物有一系列相同的属性，并不必然可以推断其他属性也相同。20 世纪 50 年代，科学家们根据火星与地球一系列的相似之处（自转、公转、极冠、大气层等），推断火星有生物存在的可能。但是航天器的探索最终推翻了这一假说。显然，这种推理的确证度（归纳强度）是不可靠的。但是它所具备的对于未知事物的推测意义却很有价值。事实证明，许多富于开创性的科学发现，都是借助类比的思维方法实现的。例如阿基米德由浴盆的溢水，来类比物体的排水量。国王怀疑工匠在制作王冠的纯金原料里偷偷掺进了白银，急令阿基米德查证此事，这使他伤透了脑筋。尽管阿基米德知道白银比黄金的密度小，掺进了白银，王冠的体积就会比纯金制作的要大些；但是由于王冠的不规则性无法测量它的体积。阿基米德从浴缸溢水过程突然悟到，用水可以测量不规则的王冠的体积，终于证实了王冠确实掺进了白银，并由此提出了著名的浮力定律。牛顿从苹果落地的运动，来类比天体运动，于是提出了“万有引力”说；门捷列夫又以牛顿力学的原理，来类比化学科学，于是提出建立化学的类似定律的设想，等等。

类比推理的两个对象可以是两个不同的个体事物，例如火星与地球；也可以是两个不同的事物类，例如“苹果落地”与“天体运动”；还可以是一个事物的类与另一个事物类的个体，例如以某只海豚做实验并与人类类比。

类比推理的结论是或然性的，因为，它仅仅是把某对象具有的属性 d 推广到与之相似的另一对象上去，从而结论所断定的范围超出了前提所断定的范围。在客观世界中，对象的许多属性之间存在着相互联系，但这种联系非常复杂，有些是必然的，有些是或然的。而类比推理只是根据简单的比较就推演出结论，并不分析属性之间联系的性质，因此，不能完全正确地把握属性之间的关系，所以其结论只能是或然性的。

类比推理不同于演绎推理。演绎推理的思维形式是从一般到个别，它的结论没有超出前提所断定的范围，其结论是必然性的；而类比推理的思维形式是从个别到个别，结论所断定的范围超出了前提所断定的范围，其结论只是或然性的。另外，类比推理虽然属于归纳逻辑的推理形式，它和归纳推理的结论也都具有或然性的性质，但类比推理不同于归纳推理。归纳推理的思维形式是从个别到一般，而类比推理的思维形式则是由个别到个别。

二、提高类比推理结论可靠性的方法

类比的实现，与机制复杂的直觉思维有关。人们常用“触类旁通”来形容类比的特点，可以说这只是指出了类比思维的外在特征；就其内在机制而言，则是一个相当复杂的高级心理活动过程。有人把这种思维能力称为“右脑的直觉预感能力”，认为这是一种“神秘的智慧现象”。有学者认为，类比的基础是“经验思维”和“想象思维”，因而较大地受到形象思维的影响，常常具备一种介于抽象与形象思维方式之间的特性。这种思维方式对“直觉”的产生起到至关重要的“催化”作用。“类比思维”的本质，是刺激（信息）沿大脑神经系统发散式传播的过程，其生电反应带来了“灵感思维”的活动。所以说，类比推理只是外在地、简单地表现了思维形式，深入领悟和把握这种推理的内在含义，需要在思维素质上有大的提高。例如，达尔文在阅读马尔萨斯的《人口论》时，先是简单类比，推出“只有最适合生存的生物才能活下来”的结论，然后激活了灵感，系统地提出了“自然选择”的重大理论学说。

从思维学角度，我们可以把类比推理的过程表示如下：

提出问题→直觉或想象→比较推断→得出结论

由此获得的结论只是初步的。要想得到有价值的结论，除了需要对类比推理的反复修正完善以外，同时在进行类比推理时还必须做到要尽量增多进行比较的两个对象的相同属性。因为事物之间的属性比较得越多，则属性之间的互相制约情况就越清楚，类比的结论也越可靠。例如，地球与火星的比较，如果不单停留在它们的自转、公转、极冠、大气层等属性上，而是作进一步分析比较（如氧气等），就容易得出火星上是否有生物存在的正确结论。另外，要尽量寻找出与推出属性联系密切的属性进行类比。类比推理不能简单地满足于事物现象间的比较研究，还应对事物内在的规律性作深入的探索，发现其内部的因果联系，实现质的飞跃。因为类比结论的可靠性，有赖于在作类比时，是否把握或基本把握了比较对象的本质属性；或者说，被研究现象的相似点和区别点分析得越详细，类比结论的可靠性就越大。

所以说，类比的精要在于两个或两类对象之间的本质属性的联系。如果是表面的或偶然的联系，那么结论的可靠性就会大大降低。

三、类比推理的作用

类比推理的结论虽然只是或然性的，但它在人们的认识中具有重要的意义。

类比推理具有启发认识和指导创造发明的作用。科学上的许多理论，最初都是通过类比推理启发提出的，许多重大的发现也是通过类比推理取得的认识成果。如，鲁班通过茅草划伤手得到启发，类推出用铁来做锯子；英国医生詹纳受挤奶女工感染了牛痘而不患天花的启发，发现“种牛痘”可以预防天花等，都是通过类比推理的思维形式得到的。现代科学中的仿生学，实际上就是一门类推学。

类比推理在刑事侦查工作中有着不可忽视的作用，主要体现在它对侦查思路的开拓上。因为类比推理是一种开放型的思维形态，在理性不贯通、事实不充分、对思维对象的认识尚处于朦胧阶段之际，类比是启发思路、寻求线索的极好的逻辑方法。

宋代郑克编著的专门记述疑案、冤案的《折狱龟鉴》中，讲述了一个运用类比推理进行侦查实验的小故事：

张举，吴人也，为句章令。有妻杀夫，因放火烧舍，称火烧夫死。夫家疑之，诉于官，妻不服。举乃取猪二口，一杀之，一活之，而积薪焚之。活者口中有灰，死者口中无灰。因验尸，口果无灰也。鞫之服罪。

谋杀丈夫的女人想制造假象，不料张举用活猪与死猪被火烧的实验证明：丈夫是被杀死后才受大火烧灼的，不是因“火灾”而死的。

在侦查实践中，常常会将案件串并进行侦查，这是侦查工作的一项重要对策，通常用来对付一些连续进行犯罪活动的惯犯。这类案犯经常采取相同手段，在同一地区连续作案，或者利用现代交通工具跨地区流窜作案。但是同一个或同一伙犯罪分子所作的案件，都会从不同侧面反映出相同或相似的特征，而这些特征的内在联系与规律，就是并案侦查的依据。犯罪心理学的研究成果也告诉我们，罪犯一旦作案得逞，其犯罪意识就会得到强化，并随着一再得手形成其作案手法等方面的习惯。例如，在作案手段或方法、作案时空和目标选择等方面，会出现“多案一法”的特点，这是因为作案人由于多次得手以为是“成功”经验，或积以成习不易改换的“思维定式”使然。这种“多案一法”的特点为侦查人员提供了并案侦查的重要依据。其他如“作案时间”“作案地点”的相同或相似，“犯罪侵害目标”的相同或相似，也都是并案侦查的客观依据。

在考虑并案侦查时，除了技术鉴定之外，类比推理便是理论依据。此时，根据前述原理，类比推理的公式可表示如下：

已知 A 案具有特点 a、b、c、d，

B 案也具有特点 a、b、c、d，

已知 A 案作案人是 P，

所以，B 案也可能是 P 所为。

因此，可实行 A、B 两案并案侦查（这里，a、b、c、d 等可作“作案方法”“作案工具”“作案时间”“作案地点”等理解），从其中的一案为某犯所作，于是推出另一案也为该犯所作。

当年，公安人员就是根据绿洲珠宝行抢劫杀人案、绍兴县供销大厦珠宝抢劫案、诸暨第一百货商店珠宝抢劫案这三起案件都具有犯罪嫌疑人作案手段凶残、手法相似、目的明确、工具自制等相同要素推出应是同一人作案而合并来进行侦破的。2017 年 3 月，这名案犯终于在 22 年之后落网了。

四、模拟法

模拟法是将类比原理应用于科学技术的实验方法。如计算机的发明，就是模拟人脑功能的成功典范（计算机与人脑功能的比较见表 6－1）。

表 6－1　计算机与人脑功能的比较

计算机	人脑功能
输入设备	人脑感觉功能（感觉器官）
存储器	人脑记忆功能
运算器	人脑分析功能
输出设备	人脑指挥功能（工作器官）

为了研究某事物或现象（原型）的性质特征，先建立一个模仿原型的模型，通过对模型的研究实验来推断发现原型的规律性知识，这就是模拟法的现实价值。通常是以较简单

的过程来模拟较复杂的过程，以规模较小的实验来模拟规模较大的现象。其优点是，可以简化事物发展的复杂过程，从中发现研究对象的规律。模拟法的思维过程如图 6－1 所示。

图 6－1　模拟法的思维过程

模拟法的具体步骤是：首先根据“原型”建立“模型”；然后对“模型”进行分析研究；最后根据研究成果推断“原型”，以获得关于“原型”的未知内容。

模拟法的应用意义在于：可以克服时空限制，以再现历史或预测未来的方式，来探索问题和论证观点；可以纯化实验，便于观察；可以节省资金，安全可靠。

例如，我国著名地质学家李四光为了论证他的地壳山字形构造体系学说，曾做过这样一个实验模型：给一个空心大铅球均匀敷上纸浆，旋转铅球后发现，铅球“两极”间的纸浆都开始向中间“赤道”移动，相互挤压错位，形成了“山”字形结构。于是李四光在短时期内就探索出了地球漫长的地质演变过程。又如，早在长江三峡大坝动工之前，科学家们便建造了模型，开始研究大江截流工程。

侦查模拟的基本方法就是建立“侦查模型”。所谓侦查模型，即根据已收集到的有关侦查对象的信息，建立一个可以进行类比研究的物质系统，从中获得关于侦查对象的尚属未知的信息。

模拟法也可以是理论性的。在侦查勘查工作中，现场实验因条件限制不可能进行而需要通过模拟现场进行实验时，模拟法也成为一种非常实用的侦查手段。

模型可以分为“物质模型”和“观念模型”两种，较多使用的是“观念模型”，即各种示意图、平面图、方框图及其他图表等。

第二节　假　说

一、假说的特征

假说就是人们根据已有的事实材料和科学原理，对未知的事物或规律性所提出的一个假定性的、系列的解释。

假说并不是一种单纯的归纳推理，把它列入归纳逻辑，是因为它作为一种逻辑思维的方法，包容了多种归纳（包括类比）法。或者说，假说从形成到确证真伪（假说的形成与假说的检验）的全过程，就是一个各种归纳方法的运用过程。

人们提出假说，目的在于探求事物或现象的本质和规律，以及社会实践中尚属未知的问题答案。以水银气压表的发明为例，伽利略的学生托里拆利见到抽水机抽水始终不能超过一定的高度，便设想“包围地球的大气有重量，被空气覆盖的物体承受着它的压力”。这一假说是否成立，托里拆利做了以下实验进行验证：将一根一端密封并抽去空气的管子，以开口一端插入水中，水即沿管子上升，一直升至高于水平面 34 英尺（约 10.4 米）处。由此可见，大气确实有压力。

托里拆利于是进一步预言：如果大气有压力而且可以进行测量的话，那么水银试管的测试高度应当是 30 英寸（约 0.76 米）（水银比重约是水的 14 倍）。其后的实验果然证明了他的预言。

这一科学实验形象地说明了假说从提出、论证到证实的全过程，点明了“假说”这一逻辑方法的几个基本要素：

第一，假说具有科学性。假说不同于迷信，也不是神话和妄说，它是以一定的事实材料和科学原理为依据的。

第二，假说具有推测性。假说不同于已经证明了的那些科学定律，它只是用来推测性地解释说明相关的事物现象，对未发现或未发生的事物现象作出预言性的说明。

第三，假说是认识、接近客观真理的方式。

科学就是在假说的运用中发展的。数学中的费尔马猜想、哥德巴赫猜想，物理学中的普朗克量子假说，化学中的门捷列夫元素周期假说，天文学中哥白尼的日心假说，地质学中的大陆漂移与板块构造假说，以及生物学中的生物进化与中性突变假说，等等，这些今日已是基础的科学系统的理论，当初无不是从一个一个具体的假说发展而来的。只要自然科学在思维着，它的发展形式就是假说。一个新的事实被观察到了，它使得过去用来说明和它同类的事实的方式不中用了。从这一瞬间起，就需要新的说明方式了——它最初仅仅以有限数量的事实和观察为基础。进一步观察的材料会使这些假说纯化，取消一些，修正一些，直到最后纯粹地构成定律。

二、假说的形成

从假说的定义和它的三个基本要素衡量，我们可以认为，假说的提出是一个创造性思维过程。因为一个假说要对未知情况进行推测的话，就要求它既要以观察、实验与事实材料为依据，又要求它能超越经验和事实，进行突破性的探索；如果不能达到这种飞跃，假说就失去了它的基本意义。一个假说是在经过反复推敲酝酿、运用多种逻辑方法（归纳和演绎）后完成的。为了便于研究，我们可以把一个假说的建立分为三个阶段来说明：“假说的提出——初始阶段”、“假说的形成——论证阶段”和“假说的完成——检验阶段”。假说在经历这三个阶段后，再不断经过修改、充实和完善，就可以上升为科学理论了。

初始阶段是搜集材料和理论分析阶段，是一个尝试性的提出并不断伴有补充修改过程的提出假说的阶段；经过具有论证性质的“演绎解释”的过程，方才形成具有相对稳定思想的假说；当假说的基本形式形成以后，就进入理论和实践检验阶段，在多方证明其符合客观规律后，假说就可能已升华为“科学结论”了。如图 6-2 所示。

初始阶段　　形成阶段

类比、归纳　　演绎解释

补充、修正　　论证、实验

假说形成

（检验）

科学理论

图 6-2　假说的形成过程

“假说的提出”这一阶段，是最能体现创造性思维的一段过程。从逻辑思维活动的特征看，归纳方法和类比推理是此时的基本工具。也就是说，在大量占有第一手资料、充分调动经验思维并以科学理论为指导的前提下，开始提出外围性的初始假说（一般是围绕一个主题展开，尝试性提出不止一个判断，经过筛选或综合后初步确认其中一个）。此时只是一个“准”假说，要经得起“演绎解释”关的考验，才可能使假说基本成立。当年牛顿提出“万有引力”假说时，先确定了这样一个标准：

$$F=Gm_1m_2/r^2$$

即两物体间存在的引力的大小，与两物体质量的乘积成正比，与它们之间距离的平方成反比。

而后，这个假说就要进入“演绎解释”阶段，经受逻辑推论的考验。如，根据这一假说（公式）进行演绎推理，行星绕太阳运行的轨道应当是椭圆的，且太阳应在这个椭圆的焦点上。以后，这个推论开始陆续得到物理学和天文学等科学实践的证实——牛顿的学说也就开始从“假说”而向成为著名的科学定律过渡了。

在形成假说过程中，应当注意以下几点：

第一，假说的提出必须以事实为根据，但是，不必等待事实材料完全系统地积累起来之后才作出假说。一方面，假说的提出必须以事实为根据，客观事实是形成假说的基础和出发点。脱离事实的假说，就成了无源之水、无本之木。如“本案性质是财杀”，是以“被害人身上现金、首饰等物都被搜去”等事实为依据的。另一方面，事实材料的搜集是个过程，受到技术条件和办案人实践经验的限制，不可能一下子全部地、系统地搜索完毕。假说的生命在于探索。

第二，假说的提出既要以已有的科学知识作指导，又必须有突破某些传统旧观念的勇气。一方面，科学技术知识是前人科学实践活动的总结，是被人们以往的实践所检验过的，对人类认识的进一步发展具有指导意义。因而，人们提出的初步假定不应该违背已被实践所反复证明了的科学原理。另一方面，在形成假说的过程中又不能受旧观念的束缚。

既然某些事实是现有的理论所无法解释的，就意味着必须对原有理论有所突破。

第三，提出的假说不仅要能圆满地解释已知的事实，而且还要尽可能预见未知的新事实。假说不仅应当对各种有关的事实作出科学的解释，而且应能预见未知的新事实。例如，门捷列夫在 1869 年提出的元素周期表假设，不仅对当时已经发现的 63 种元素作出了正确的解释，还预言了一些当时未被人们发现的新元素。

第四，假说的结构必须简明。假说的核心是研究者所设想的基本观念，假说内容的复杂程度如何，应根据研究对象的性质而定。研究者在形成假说的过程中，往往会搜集很多的资料，其中有些是和假说相关的东西，但也会有和假说无关的东西。因此，应当注意精简内容，力求结构简明、严整。

三、假说的验证

假说的验证，就是以假说为出发点，结合背景知识引申出必然性的推断。换句话说，就是以假说作前件，有逻辑地推导出与之有必然联系的后件，形成一个充分条件假言判断。

假说的验证过程，纯属逻辑思维活动过程。若以“p”表示假说，“q”表示引申出的推断，其思维过程可以表述为：如果 p 则 q；现已然 p，所以 q。用公式可以表示为：

$$(p\rightarrow q)\land p\rightarrow q$$

由 p 推出 q 的解释推演过程，其实就是以假说为根据，推断或预言未知的事实或现象，并求得其后在实践中验证。同时，由假说引申出的推断，通常是多项而不是单一的。比如对一起凶杀案，经过尸检和初步分析认定为仇杀，并确认某甲有重大嫌疑，形成了“某甲是本案犯罪嫌疑人”的假说。由此就可以引申出一系列推断：

①如果某甲是本案犯罪嫌疑人，则某甲在发案时间内去向不明；

②如果某甲是本案犯罪嫌疑人，则某甲衣服上黏附的血迹，其血型应与死者的血型相同；

③如果某甲是本案犯罪嫌疑人，则与死者生前应当有过尖锐的矛盾冲突；

…………

假说引出的推断越多，就越能为该假说预言未知事实和现象开辟思维空间，也为下一步验证奠定了较为广泛的基础。

因此，“演绎解释”这个环节也很重要。这是一个突破外围（初始阶段的假说）确立基本成形的假说的逻辑论证过程与实验过程。以侦查逻辑为例，“演绎解释”就是欲使侦查假说初步成立的推理阶段。第一步工作是利用“初步设想”（或“初始假说”）来解释事实。如，在假定犯罪嫌疑人是某甲的基础上，我们可以比较合理地说明某案形成的各个要素，表述为“如果某甲是作案人，那么就会出现如此这般的情形（具备作案动机、有作案时间、到过案发地点、有作案工具、在现场留有痕迹等各项条件）”；假如我们不能假定某甲作案，就无法来充分证实后者（作案条件）。从逻辑上看，这是一个充分条件假言推理的“肯定前件式”，是一个演绎推理，所以人们把这个假说论证步骤称为“演绎解释”。

“演绎解释”的第二步工作“预测未知”（预测未知的犯罪原因、预测尚未觉察的犯罪结果，以及预测犯罪嫌疑人下一步的可能动向）是一个非常重要的环节。这个“预测未知”采用的仍是“充分条件假言推理肯定前件式”。例如，“如果本案第一现场是在某地点，那么在彼处必然可以找到某物件或某痕迹；现我们已推断彼处为第一现场，所以我们应当能够找到当初没被勘察人员发现的该物件或痕迹”，“如果犯罪嫌疑人是某甲，那么一周后他一定会出现在某地进行销赃活动；现我们已认为某甲是作案人，所以他下周必定会前往某地”，等等。这一“演绎解释”将假说从初始阶段推进为形成阶段起到了关键性作用。假定的推理在建立最初假说的基础上又进一步，开始作“未知预告”，它一方面为下一步侦查工作指出方向；另一方面通过对这个“预测”的验证，也决定了初始的那个假说是否令人信服，是否可以作为一个正式的假说而成立。有时，关于某个众说不一的疑案的定论，正是决定于“未知预告”的证实或证否。

从以上的假说中，我们很轻易地就能发现推理的重要作用，特别是归纳和类比推理，在建立假说的过程中（“假说的形成”阶段）它属于基本工具。

四、侦查假说

（一）侦查假说的特点

侦查工作展开之初的案情分析，及其以后随侦查的不断深入而进行的推理分析工作，实际上也就是一个个假说的提出和论证过程。我们把这个范畴内的假说定性为“侦查假说”。侦查假说，是办案人员以通过现场勘查、调查访问和技术鉴定等方式所获得的各种材料信息为依据，根据侦查学原理和其他科学知识，对案件各要素所作的假定性推测。例如，面对一个情节复杂的凶杀案件，大家凭借自己的经验和掌握的材料各有所见，甲认为是一起仇杀案，乙认为是一起财杀案，丙认为是一起情杀案，这样就形成了关于该案“作案动机”的三个假说。侦查假说与通常意义的科学假说有所不同，它的目的只是查明一个具体案件的真相，溯源作案过程，认识和把握作案条件，进而在此基础上刻画罪犯的特征，以便寻找罪犯。因此，侦查假说同医学的临床诊断假说相似，其目的是开展并完成某项具体的工作。假说被证实之日，也就是工作完成之时，该假说的使命也随之终结。所以，人们把这样的假说称为“作业假说”，而把一般的科学假说称为“定律假说”。后者往往规模来得更大，甚至需要经过一个历史时期才能最后完成。

假说是各种归纳法（包括类比）的综合运用过程。一个完整严密的侦查假说从提出到形成侦查工作方案，直至案件破获后的事实验证，其实就是一个归纳方法运用的过程；归纳法是假说构成的基本工具。

侦查假说的基本内容包括关于案件性质的假说、关于作案人的假说、关于作案时间和场所的假说、关于作案方法和工具的假说，等等。其中，关于案件性质与作案人的假说最为重要。为便于研究，我们可以把一个假说的演化过程分为两个阶段、一个过程来说明。

例如：在守候某甲时，预期未果，于是提出假说（阶段一）：

①某甲忘记自己制订好的计划；

②某甲临时改变了原定方案，调整了出行计划；

③发生了意外事件，某甲的行动不得不变化；

…………

然后开始演绎论证（阶段二）：

①某甲为人认真仔细，不会忘记已经制订好的计划；

②某甲为人固执，且刚愎自用，下了决心通常不会改变；

…………

经过排除，推断可能是发生了意外事件，某甲才不得不改变行动计划。根据某甲贪杯的习性，可以推测其遭遇了交通事故（预测未知）。后进行调查，事实果然如此（一个过程：检验过程）。

（二）侦查假说的结构

根据假说演化的两个阶段，我们可以认为侦查假说的完整构成如图 6－3 所示。

形成假说

初始阶段　　完成阶段（演绎论证）

［提出假说若干→正向演绎和逆向演绎论证→预测未知］→检验假说

图 6－3　侦查假说的完整构成

侦查假说的形成分为两个阶段：“假说的提出——初始阶段”“假说的演绎论证——完成阶段”。

侦破工作的展开是从建立侦查假说开始的。因为案件发生在前，侦破工作在后。案情的发生发展，是罪犯在隐蔽中操作的，这就给侦查员认识案件的本质造成了各种困难，于是侦查人员只能从已掌握的材料（现场勘查结果和调查访问所获得的材料）出发，依据已有的侦查知识或工作经验，运用各种形式的推理，对案件发生的原因、过程等作出各种推测性解释，即建立侦查假说。然后以侦查假说为指导，拟订侦破方案和步骤并付诸实施。因此，侦查假说是开展侦破工作不可缺少的手段。

假说的推演过程，纯属逻辑思维活动过程。因此，“演绎论证”（“演绎解释”）这个环节也很重要。侦查逻辑中，“演绎解释”就是欲使侦查假说初步成立的推理阶段。第一步工作是利用“初步设想”（或“初始假说”）来解释事实。如，在假定犯罪嫌疑人是某甲的基础上，要能比较合理地说明某案形成的各个要素，是一个演绎推理，所以人们把这个假说论证步骤称为“演绎论证”或“演绎解释”。

“演绎论证”有一个非常重要的环节——预测未知（如预测未知的犯罪原因、预测尚未觉察的犯罪结果，以及预测犯罪嫌疑人下一步的可能动向）。这一过程将假说从“初始阶段”推进到“完成阶段”起到了关键性作用。

案情的分析过程实质上就是一个“侦查假说”的建立过程，而接下来的侦破工作，就是假说的验证过程。“侦查假说”的价值，体现于与现实的吻合程度及其对于未然事件的准确预测得到了事实的证明，就充分说明当初建立假说的科学性和可靠性。所以说，预测未知，是判定侦查假说成立的决定性因素。

如本章引例中提到的三起抢劫珠宝行案，警方根据案犯作案的特点和现场留下的作案工具，对谁是犯罪嫌疑人作出了如下的假说：

①男性，年龄为 30～42 岁，身高 1.69 米左右，有可能接触过电工、架线工、车工、钳工等工作。

②有明显的暴富迹象，1996 年、1997 年尤为明显。

③对黄金知识有一定的了解，并有黄金倒卖、销售渠道。

④可能会驾驶机动车。

⑤2004 年 1 月 21 日（除夕），他不在家。

⑥他的居住地点肯定是在浙江省范围内，应该在宁波、绍兴或者两地的某县市区。

⑦体重较轻，有超强攀爬能力。

⑧平时可能是个“老好人”。

这里警方对犯罪嫌疑人从八个方面提出的假说，不是凭空杜撰的，而是根据犯罪特征和犯罪现场留下的作案工具来提出的；从这八个方面提出的假说明显具有推测性，必须由实践来验证；但这个假说的提出为侦破案件、抓住罪犯提供了明确的方向。

在侦查工作中，每个案件的侦破，无不是从一个一个具体的假说开始的。有时，对同一事件需要提出多种假说，以供选择。比如，在一条河里发现一具女尸，侦查员就会作出是失足落水还是投水自杀，是被人推下水淹死还是被抛尸等多种假说。

假说的推演论证是一个反复的演绎论证过程，首先通过正向的、逆向的演绎论证，对最初提出的若干假说进行筛选，或对某一个假说加以修正完善；然后是使实践中“假说”一一兑现，“预测”成为现实的检验过程。

侦查假说无论有多么奇特，都不过是从侦查学基本原理出发，围绕以下问题来提出的：

何事——关于案件性质的假说分析；

何时、何处——关于作案时间、地点的假说分析；

何人——关于作案人的假说分析；

何因——关于作案动机的假说分析；

何法——关于作案方式、方法和工具的假说分析；

…………

一旦侦查范围确定，就成了有具体针对性的假说，也就是我们通常提出的几个问题：

（1）如果某甲是本案作案人，则必有其作案动机和目的。

（2）如果某甲是本案作案人，则必有其作案时间；案发时必到过现场（在大多数类型的案件中）。

（3）如果某甲是本案作案人，则其体貌特征应当与目击证人所描述的相符。

（4）如果某甲是本案作案人，则现场所查获的物证（痕迹）应当为其所遗留。

…………

因为假说的实质在于推求原因，所以“穆勒五法”在其建立过程中也起着重要作用，即以侦查实验的结果来支持假说，因而是假说常用到的具体方法。

（三）侦查假说的应用

侦查假说的根据往往是有限的事实材料，因而它的猜测性质——推理的或然性特点更为突出。侦查实践证明，仅根据作案现场就准确无误地必然推出其原因或结果，实际上很难办到。客观世界的丰富性和多样性，以及人的认识的相对局限性告诉我们，侦查经验再丰富、推理分析再缜密，也未必能够对客观世界的复杂性有稍许完备的概括。何况，一些城府甚深的斗争对手擅长反侦查伎俩，又为发觉案情真相增加了难度。

另外，侦查人员囿于经验或个人信念的原因，在建立侦查假说时，易于失之于主观臆断而造成判断失误。此类案例屡见不鲜。造成这一认识误区的原因，多是由于仅仅凭借以往经验和少量证据——甚至这些证据也有主观色彩——就建立起自以为是的唯一的逻辑联系，用以解释犯罪现实（后果）。于是往往就忽视了考虑“一果多因”地解释事物现象，不能对现象进行多视角扫描、全方位解释。

客观事物的发生、发展和变化，大多不是简单的“一因一果”，事实上诸如“一果多因”“一因多果”的现象更为普遍。所以，针对某一事实情况发生的原因或结果所作的假说，往往不止一个，其中任何一个假说是否和案件真相相符，理论上依赖的固然是逻辑推理，而最终还是得看破案结果——实践是验证假说的客观标准。

从逻辑推理的形式看，采取“充分条件假言推理肯定后件式”作为调查思路，我们把这种推断方式称为“回溯推理”。侦查假说的论证，通常就是合乎情理地建立一个回溯推理。而这个所谓“论证”有两个过程：一个是建立理论；另一个更为重要，就是调查访问，即侦查实践工作，而且在实践过程中，还要根据所获得的真实情况，不断修改和充实假说，力争使假说和真实情况相吻合。

第三节　常见的归纳谬误

一、归纳谬误的特征

归纳逻辑属于科学方法论，与科学哲学密切相关，这就决定了它不同于形式化了的演绎逻辑，而带有与生俱来的复杂性。虽经近代学者的努力，但归纳逻辑终究未能建立起公理系统，正因为如此，它不能像演绎逻辑那样完全摆脱哲学，所以，至今也无法有针对性地将归纳推理中的形式谬误作一个具体明确的分类，总是笼统地用“以偏概全”（或轻率概括）和“机械类比”来统称归纳谬误。

例如，欧洲人在发现澳洲大陆前，观察到千千万万的天鹅都是白色的，他们应用简单枚举法作出结论“所有天鹅都是白色的”。后来欧洲人在澳洲发现了黑天鹅，原来应用简单枚举法得出的结论就被推翻了。这就是轻率概括。只要有一个反例，就可以确定归纳推理的这个谬误。

又如：

地球是太阳的行星，有自转、公转，有极冠，有昼夜之分，有大气层；火星也是太阳的行星，有自转、公转，有极冠，有昼夜之分，有大气层；地球还有生物，所以火星也有生物。

这个推理已被科学证明是错误的，称机械类比，也划入归纳谬误。

事实上，由于归纳逻辑的发展，推理种类的繁衍，归纳谬误的种类也渐见细致与不同。固然，轻率概括是“归纳的基本谬误”①，但仅仅以这一二术语囊括所有归纳逻辑的谬误，是不够科学的。比如在排除归纳法应用中，会出现这样的问题：

通用汽车公司黑海汽车制造厂总裁收到一封关于汽车的抱怨信，信中写道：“最近我买了一辆新的黑海牌车，从此以后，去商店就出现了一个问题。你知道，每次我从商店买完香子兰冰激凌，汽车就启动不了。但我买其他种类的冰激凌，车启动得很好。无论这个问题有多愚蠢，但我还是想让你知道我对这个问题非常关注：是什么使得我买香子兰冰激凌时，汽车启动不了，而买其他冰激凌，车就容易启动?”黑海厂总裁对这封信感到迷惑不解，但还是派了一个工程师去查看。工程师绝不相信这部车对香子兰冰激凌过敏。于是他每次都做记录、写下各种数据，像日期、所用的汽油类型、汽车往返的时间等。在几天的调查中，他终于发现了一点线索：车主买香子兰冰激凌所花的时间比

① 末木刚博．逻辑学——知识的基础．孙中原，译．北京：中国人民大学出版社，1984：109.

买其他冰激凌所花时间短。由于香子兰冰激凌很受欢迎，故分箱放在货架前面，很容易取到，而其他的冰激凌都摆在货架后面的分格里，需要花较长的时间去找。因而问题变成了：为什么车停很短的时间就启动不了？后来工程师找到了答案，即不是汽车对香子兰冰激凌过敏，而是因为车主买其他冰激凌能有一段额外时间可使汽车引擎充分冷却以便启动，而车主买完香子兰冰激凌时，引擎还热，所产生的蒸汽锁耗散不掉，因而汽车启动不了。

上例中车主在寻求“汽车启动不了”的原因的过程中，错误地推出结论是“汽车对香子兰冰激凌过敏”，而把这个谬误称为“以偏概全”或“轻率概括”终有不尽如人意之处；现实是车主被表面现象所迷惑，“错认因果”才是其本质。

所以说，每一种归纳或类比，由于其推理内容（前提和结论的内在关系）的不相同，推理中出现的谬误也各不相同，有的甚至是大相径庭，因而不予分类终是不当。而各类逻辑教科书都没能处理好这一问题，往往将归纳问题与种种形式的逻辑谬误混为一谈，统称为“逻辑谬误”。这使本来就复杂的归纳谬误更加头绪纷杂了。

二、归纳谬误的种类

（一）错认因果、因果倒置

这是在“穆勒五法”应用中的常见谬误。如前所述，从“三表法”到“穆勒五法”标志着归纳法的成熟。尽管较之传统的简单枚举法，“求因果五法”是带有实验科学性质的更为严密的归纳推理，它仍不免于发生谬误。

例如，两个哲学家，想要运用科学的、统计的办法发现“醉”的原因，于是他们一起去小酒馆喝酒。第一天晚上喝的是威士忌和水，第二天晚上喝的是白兰地和水，第三天晚上喝的是伏特加和水，这三天晚上他俩都喝得酩酊大醉。最后他们使用统计的办法，作出如下的论证：喝的东西是威士忌和水、白兰地和水、伏特加和水，而醉的程度三天晚上都相同，所以“醉”的原因是水。①

这可以说是典型的穆勒“求同法”推理，推理的过程合乎程序，而推理的结论却十分荒谬。问题的关键在于“哲学家”对事物认识的肤浅，而不在于推理的形式，这种谬误可以称作“错认因果”。“错认因果”者的推理依据，通常是对两个事物（因果）出现的表面现象盲目建立联系，或被两个事物出现的表面现象所迷惑。“错认因果”的推理只注意事物现象的表面相同，而忽视了事物现象的不同表面中隐藏着另一种共同情况，而这种共同情况恰好是被研究对象的真正原因。

又如，有陈腐观念称“足癣（脚气）不能治，治好了足癣要生内病”。这是人们经过

① 末木刚博．逻辑学——知识的基础．孙中原，译．北京：中国人民大学出版社，1984：117.

反复观察和比较归纳出的结论（差异法）——生内病的人大多不生脚气。那么到底是治好了脚气造成了内病，还是生了内病才治愈了脚气？医学家告诉我们，足癣病人在生了内病时，由于内外条件的变化——如病人发热或卧床，不穿鞋袜，使局部通风良好，这些情况都对霉菌生长不利，足癣因此大有好转，甚至痊愈，因而是内病影响了足癣，而不能反过来解释。

这种推理失误的原因与前述“以先后为因果”错误不同，恰好是颠倒了先后顺序；由于“因”与“果”联系的紧密性和时序的不明显性，不究内里似乎颠倒过来解释也很容易为人们所接受。这种归纳谬误，通常被人们称作“因果倒置”。吴家国主编的《普通逻辑》一书中也引有一例：有人观察到健康人身上有虱子，生病发烧的人身上没虱子，便认为：虱子能使人身体健康。事实是当一个人发烧时，虱子就觉得不舒服，于是就会离开病人。因此应该说，身体不健康是虱子离开的原因。上述说法就属因果倒置的谬误。

无论是“错认因果”还是“因果倒置”，都是把事物的表面现象（如时间上的先后关系）认为是直接的因果关系，以此来解释事物的内在联系，不免流于对事物的观察和研究不深入的弊病，是人们在认识事物过程中最易陷入的误区，所以把它们称为归纳运用中的“基本谬误”。

（二）轻取典型

这是在典型归纳法应用中的常见谬误。典型归纳推理的要点，在于“典型”的选取标准。典型的选取要根据研究的需要、推理的目的来确定标准。比如要比较家鸽与原鸽的差异，就不应在最优良品种中选；要研究犯罪的一般心理，就不能从心理变态者中选，而且不宜从累犯中选，因为这类犯罪属于特例，不能概括一般罪犯的心理特征。典型归纳推理是最纯粹的“从个别推一般”的过程，对于“典型”的要求是，必须排除所有超常现象地选取一类中的标准个体，以之为典型，才有该种推理的正确前提。

但在实践过程中，人们常常会轻率地就近取材，不经意就确定了研究对象（典型），而后将研究结论推及一般。然而这类推理要求的，是精心选取具有标准意义的“典型”，而不是随机地任取样本，否则极易造成思维上的偏差，进而有可能成为狭隘的经验主义者。

（三）以量代质类比，排除过多类比

这是在类比推理应用中常见的谬误。类比推理思维进程的特点，确实不同于一般的归纳推理，但从其结论的逻辑性质与其一般功用看，类比和归纳终是殊途同归、本质相同。尤其在穆勒的归纳体系中，正是利用了类比才统摄了演绎，形成其归纳主义理论。所以现代逻辑不把“类比”单列，而将其合入“归纳逻辑”之中。

类比结论的可靠性，取决于类比项目（前提）的“质”的相似，而不在于类比项目的

“量”的多少。运用类比推理时，最重要的是鉴别两个类比事物质的异同。人与猿作类比，其“质”是社会性，生理特征属于“量”。地球与火星类比，太阳的行星、有自转公转、有昼夜、有极冠等，都是“量”的范畴，生态环境才是“质”。根据研究需要，区分“质”“量”进行类比，才有可能避免“以量代质类比”的逻辑错误。

例如在犯罪侦查学中，“并案侦查”就是典型的类比推理应用。两个以上的案件，符合以下类比条件：作案时间相同或相似，作案地点相同或相近，作案方法相同或相似，作案工具相同或相似等，是否可以为了提高工作效率而适用并案侦查？答案是“不一定”。因为以上各项都属于类比的“量”的范畴，其类比之“质”是“案件性质”。只有在作案性质相同的条件下，并案侦查才有意义。这就足以说明：只有“质”的类比，才是类比推理的精髓所在。

“排除过多类比”是针对“模拟法”而提的。模拟法是类比原理推广应用于科学技术的一种实验方法，是通过在实验室中模拟自然现象来进行研究的方法。其基本特点是：把复杂的现象或过程化为相对简单的现象或过程来进行观察和分析。从逻辑学意义上说，模拟法仍属于类比推理的范畴。实践中，因为要尽量排除无关的或非本质的相关因素以便于实验，就易于“排除过多”而造成失败。尤其是生物学实验、人工智能实验等，因其机制的复杂性，模拟时无法保证在排除简化过程中不落入“排除过多类比”的失误。所以在模拟法应用中，简化自然的过程是一个严密的机制原理的推理过程，最忌“排除过多类比”的错误。

（四）滥用频率

这是在概率归纳推理应用中常见的谬误。概率归纳推理中，比较简单而常用的是“古典概率归纳”和“频率（统计）概率归纳”。后者即以频率统计来代替概率的。但频率代替概率是有条件的，它要求：第一，相同条件的重复试验；第二，试验次数 n 要充分大（$n \to \infty$），这是因为随着 n 的增大，频率 k 就会趋向于一个常数。但在上述条件未能满足而以频率取代概率时，则会犯“滥用频率”的错误。

例如，抛一枚硬币，欲求正面出现的概率。在试验 5 次时，正面出现了 4 次，于是推断：抛硬币正面出现的概率是 0.8。在这种试验次数可以是无限大的情况下，一般可以用频率代概率，但试验的数量必须是“充分大”而不仅仅是有限的几次。事实上有人做过这个试验：抛硬币24 000次，正面出现12 012次，概率约是 0.5。所以，人们在处理一个样本空间趋于无限大的问题时，总是以频率代替概率，但也常常因试验求证过少而错误地归纳出结论。

（五）抽样过少，错误抽样

这是在统计归纳推理应用中常见的谬误。应用统计学原理和方法进行归纳推理，其结论是或然性的，因为抽样误差是统计法经常遇到的问题。由于抽样单位的多少与抽样误差的大小成反比，因而要求统计归纳中尽可能加大样本数量，并注意到样本在总体各层次中的均匀分布。

例如，为论证“犯罪率与社区人口密度成正比例关系”这一假说，自然需要调查统计。在抽取样本时，职业、性别、年龄、文化程度、政治面貌、经济地位，甚至健康状况，必要时都是所谓“层次”划分的依据，统计时就要考虑均匀分布。

另一种典型情况是错误抽样。在进行统计归纳时，总体的差异程度与抽样误差的大小是成正比例关系的。不顾总体的客观存在的较大差异，而仅限于某一层面抽样，却又以此结论去断定总体的其他层次——这种轻率概括可谓“错误抽样”。

例如，19 世纪末美西战争期间，在美国曾经有人认为，战时在海军中服役的人比一般居民还安全。这一说法引用了下列统计数据：在这一期间，海军士兵每千人死亡 9 人，而在纽约市居民中每千人死亡了 16 人。但稍加分析就可以看出这种说法的谬误。因为在一般居民中包括了老年人、婴儿和病人，而海军士兵都是青年人并且入伍时经过体格检查，已证明都是健康的。大家都知道，老年人、婴儿和病人的死亡率较高。因此上面这一说法中所作的比较是错误的。

1937 年在美国有极大社会影响的《读者文摘》停刊事件，也是一个十分典型的“错误抽样”例子。

1936 年美国大选中，《读者文摘》杂志对罗斯福与兰登之间的竞选举行了一次民意测验。他们根据电话号码簿，向全国各地寄出了1 000万张样品选票，对其中 200 万张寄回的选票进行统计分析。结果表明，兰登占明显优势。然而选举结果却与《读者文摘》的宣告完全相反，罗斯福以 60％的选票获胜。事后人们分析《读者文摘》预测错误的原因是：1936 年的美国正处于经济大萧条时期，拥有电话的人一般都属于社会上层，占少数，而更多的是收入较低的人和失业者，他们都是罗斯福的支持者，但家中多无电话。根据电话号码簿抽样的偏差，最终导致了《读者文摘》的预测错误。

以上两例是典型的“错误抽样”。从其不分层次盲目推断的特点看，“错误抽样”和“抽样过少”的错误性质是一样的，只是前者在选样时有意无意地抹杀了样本“质”的差异，而后者则过于忽视了样本数量的统计学意义。

能用一些简单的术语概括出常见的若干典型的归纳谬误，对于指导人们正确地运用归纳法来说，有其现实的意义。当然也得承认，因为归纳逻辑未能建立起一个形式化的公理系统，所以全部的“归纳谬误”都属于涉及思维对象具体内容的“非形式谬误”。因此，归纳谬误往往超出逻辑的范围，变成了认识论的讨论内容了。以“经验”为基础的归纳思维，有时就因此而使人陷入尴尬。

【复习思考题】

1. 什么是类比推理？类比推理的结论为什么是或然的？
2. 为什么假说属于归纳逻辑范畴？
3. 在假说形成的初始阶段，主要应用的是哪些推理形式？
4. 常见的归纳推理谬误有哪些？

第七章

普通逻辑的基本规律

【本章引例】

某校正在举办一个别具一格的舞会，会场门口有五只盒子。其中有一只盒子里放着进场的舞票，每只盒子上面都写有一句话：

第一只盒子上写着：舞票如果不在第一只盒里，那么就是在第二只盒里。

第二只盒子上写着：舞票或者是在第三只盒里，或者是在第四只盒里。

第三只盒子上写着：舞票肯定不在第五只盒里。

第四只盒子上写着：舞票肯定不在第四只盒里，也不在第三只盒里。

第五只盒子上写着：舞票既不在第二只盒里，也不在第一只盒里。

旁边的礼仪小姐告诉大家，其中两只盒子上的话是正确的。你知道应该到哪只盒里去取入场舞票吗？

第一节　普通逻辑的基本规律概述

思维是客观现实在人们头脑中的反映，人们头脑中的思维活动和它所反映的客观世界一样，也是有规律性的，即按普通逻辑的基本规律进行的。

一、普通逻辑基本规律的特征

任何一门学科都是有许多的规则和规律的，这些规则和规律有的只涉及学科的某一部分，有的涉及学科的几个部分，有的涉及学科的全部。涉及学科全部的并且各个部分都必须遵守的规律，称为这一门学科的基本规律。

普通逻辑这门学科，也有许多规则和规律。如定义、三段论、二难推理等都有自己的特殊规则，这些特殊规则的作用都不同，它们涉及的范围也只是学科的某一部分。但是我们在思维过程中，除了要遵守这些特殊规则以外，还必须遵守一些基本的、广泛适用的逻辑规律，这就是同一律、矛盾律、排中律和充足理由律。它们不但适用于普通逻辑这门学科的全部内容，而且也是普通逻辑这门学科各个部分都必须首先遵守的规律，所以，它们是普通逻辑的基本规律。

普通逻辑基本规律也称思维规律。普通逻辑基本规律之所以是基本的，是因为它们普遍适用于一切思维形式，贯穿于全部思维过程之中，是普通逻辑其他规律的基础。各种逻辑形式的具体规则是由基本规律产生出来的，是基本规律在各种逻辑形式中的具体体现。

二、普通逻辑基本规律的作用

同一律、矛盾律、排中律和充足理由律，这四条普通逻辑的基本规律是思维具有确定性、不矛盾性、明确性和论证性的保证。遵守这些逻辑规律，就可以使人们的思维首尾一贯，可以保持思维的同一性和确定性。从而做到概念明确，判断恰当，推理有逻辑性，论证有说服力。如果违反了这些规律的要求，人们的思维和论证就会出现混乱不清、自相矛盾、模棱两可和无论证性的逻辑错误。这样，人们就不能正确地表达思想，不能进行正常的思想交流和正确地认识事物。

普通逻辑的基本规律是思维规律，思维虽然是客观事物在人脑中的反映，但思维规律不是客观事物本身的规律，而是人们思维中的规律。思维规律的形成离不开客观事物，但它不等同于客观事物，客观事物本身并不存在是否遵守同一律、矛盾律、排中律和充足理由律的问题。思维规律只存在于人的主观意识之中，只在思维领域里发生作用，所以，不能把普通逻辑的基本规律混同于客观事物的基本规律。

第二节　同一律

一、同一律的基本内容和要求

同一律的基本内容是：在同一思维过程中，每一个思想和其自身是同一的。即任何一个思想，如果反映某事物，那么它就反映该事物。

同一律的基本内容可以用公式表示为：

A 是 A

或

A ＝ A

公式中的“A”可以表示一个概念，也可以表示一个判断。“A 是 A”，表示在同一思维过程中每一概念或判断都与其自身保持同一性，即保持概念、判断在同一思维过程中的确定性。

同一律的要求表现在两方面：

第一，在使用概念时，它要求人们在同一时间、同一关系下反映同一对象时，必须保持概念内涵和外延的同一，不能任意变换。例如，在“文秘人员都是勤奋努力的，我是文秘人员，所以，我也是勤奋努力的”这个推理中的“文秘人员”，前后就没有保持同一。前一个“文秘人员”是个集合概念，而后一个“文秘人员”则是个非集合概念，违反了同一律的要求，所以，这个推理是错误的。

第二，在判断方面，它要求人们在运用判断进行推理、论证的过程中，必须保持判断的同一性，不能随便改变。即要求人们所作的判断必须有确定的同一的含义。例如，“小李是我们班的学生”这个判断，在运用过程中必须保持它的同一性，即“小李”必须是判断中所指的那个小李，而不能是另一个小李，“我们班”必须是判断中所指的这个班，而不能是其他的班。保持判断的同一性，还要求人们在论述和表达思想时，要有确定的对象，要始终围绕中心，以保持思维论证的同一性。

二、违反同一律的逻辑错误

同一律要求在同一思维过程中，每一个概念、判断都必须保持自身的确定性，不能随意改变，否则就会犯逻辑错误。违反同一律的要求，在概念方面，就要犯“混淆概念”或“偷换概念”的逻辑错误；在判断方面，就要犯“转移论题”或“偷换论题”的逻辑错误。

（一）偷换概念或混淆概念

偷换概念或混淆概念，是指把两个本来不同的概念相互混同，并且在思维过程中，用其中的一个概念去替换已被使用的另一个概念。偷换概念和混淆概念的逻辑错误，经常在以下情况下发生：

第一，利用语词歧义。利用语词歧义，就是把同一语词所表达的不同概念混为一谈。例如，相声《歪批三国》中，有这样几句对话：

甲：周瑜外婆家姓什么？诸葛亮外婆家姓什么？

乙：不知道。

甲：周瑜外婆家姓纪。诸葛亮外婆家姓何。

乙：有什么根据？

甲：周瑜临死前不是说过吗？“既（纪）生瑜，何（何）生亮。”

这段相声中，就是利用“既”与“纪”的音同字不同，“何”与“何”的字同义不同，故意把“既”换成“纪”，把“何必”的“何”换成姓“何”的“何”。这里，作者故意利用语词歧义偷换概念，来达到相声中的抖出一个“大包袱”，引大家发笑的效果。

第二，混淆不同的概念。混淆不同的概念，就是把不同语词所表达的不同概念混为一谈。例如，有个嫌疑人因强奸妇女而被起诉犯了强奸罪，但他认为他没有犯强奸罪，应该是通奸。因为这个妇女和其他人发生性关系是通奸，那么，他和她发生性关系也是通奸，而不是强奸。这里嫌疑人混淆了通奸与强奸这两个不同的概念。强奸，是指违背妇女意志，使用暴力、胁迫或者其他手段，强行与妇女发生性关系的行为。通奸，是指双方或一方有配偶的男女，自愿发生性关系的行为。虽然这两个概念有相同的一面（与妇女发生性关系），但它们的内涵却是不相同的（一个是违背妇女意志，强行发生性关系的，一个是自愿发生性关系的）。犯罪分子就是利用两个概念的某一点相同来进行偷换，为自己的罪行进行辩护。

汉语词义的多义性和近义性，在客观上给利用混淆概念或偷换概念进行诡辩的人提供了可乘之机，因此，我们无论是口头表达还是书面表达，都必须使表达的概念清楚准确，不能使用容易引起误解的语词。

（二）偷换论题或转移论题

偷换论题或转移论题，就是在论证过程中，把所议论的主题加以改换，用一个与原论证无关的判断来替代原来在论证的主题，即没有保持判断的同一性。

例如，在一场关于“安乐死是否应合法化”的辩论中，正反两方辩手的发言如下：

正方：反方辩友反对“安乐死合法化”的根据主要是在什么条件下方可实施安乐死的标准不易掌握，这可能会给医疗事故甚至谋杀造成机会。诚然，这样的风险是存在的。但是我们怎么能设想干任何事都排除所有的风险呢。让我提一个问题，我们为什么不把法定的汽车时速限制为不超过自行车的时速，这样汽车交通死亡事故发生率不是几乎可以下降到零了吗？

反方：对方辩友把安乐死和交通死亡事故做以上比较是毫无意义的。因为不会有人作这样的交通立法。设想一下，如果汽车行驶得和自行车一样慢，那还要汽车干什么？对方辩友，你愿意我们的社会再回到没有汽车的时代吗？

以下是对反方议论的评价，哪一项最确切呢？

A. 他的发言实际上支持了正方的论证。

B. 他的发言有力地反驳了正方的论证。

C. 他的发言有力地支持了反安乐死的立场。

D. 他的发言完全离开了正方阐述的论题。

E. 他的发言是对正方的人身攻击而不是对正方论证的评价。

很显然答案是D。因为正方的论题是：实行安乐死是有风险的，但并不因为有风险我们就去放弃。而反方的发言完全离开了正方阐述的论题，犯了转移论题的逻辑错误。

人们在思维过程中，偷换或转移论题的错误常常表现为有意或无意地改换证明或反驳过程中的判断，出现离题、跑题和走题的思维错误。例如下面这段对话：

甲：你收受了多少金额的贿赂？

乙：200万元人民币。

甲：你知道这是一种犯罪吗？

乙：人家也在收受。

乙最后一句话转移了论题。甲问乙的是“贿赂是不是一种犯罪？”乙应该回答“是”或“不是”，但乙没有回答，而是用“人家也在收受”这个判断去转移甲的论题。即使证明了“人家也在收受”这个判断是真实的，也不能证明乙的受贿不是一种犯罪，因为这是完全不同的两个判断。

三、同一律的作用

同一律的主要作用是保证思维具有确定性。思维具有确定性，人们才能进行正常的思想交流，才能正确地反映世界。在思维过程中，如果违反同一律的逻辑要求，所使用的概念、判断不保持同一，人们的思想就会混乱。例如：

在我们社会主义国家里，不劳动者不得食，劳动是最光荣的。无论当工人，当农民，当教师，当作家，都是为人民服务。每个人应该在自己的生产岗位上努力劳动，提前完成计划，为国家创造更多的物质财富。

此例中三次出现了“劳动”这个概念，前两次概念的外延宽，指体力和脑力劳动；而后一次概念的外延窄，单指体力劳动。前后概念之间没有保持确定性，造成人们的思想混乱，使文章失去了严密的科学的论证性。

在法律工作中，遵守同一律的规则尤为重要。为了保证法律规定的自身同一，执法人员在执法过程中，必须以事实为根据，以法律为准绳，不容许偏离法律和事实，更不容许按照个人的理解解释法律和按照自己对法律的体会来办案。做到思维确定，前后一致，是准确执法的必要条件，否则便是违反同一律。例如，某婚姻登记机关工作人员在接待前来办理结婚登记的一对青年时说：“今天结婚证已经用完了，你们可以先回去结婚，以后再来登记。”法律规定，只有进行结婚登记，取得结婚证才是合法的婚姻。该工作人员却把“结婚”与“登记”分割开来，破坏了法律规定的自身同一。

另外，法律文书中所用的罪名与法律条文中的概念必须一致；书写笔录必须忠实于原话原意；书写案件的事由、时间、地点及有关当事人必须前后同一，符合同一律的规则。否则，轻则使工作造成失误，重则会造成冤、假、错案。

同一律不是世界观，也不是方法论，同一律只是要求人们在思维论证过程中，使用的概念、判断必须具有确定性，它并不是把所反映的客观事物看成是一成不变的，所以不能把同一律混同于形而上学。形而上学把“A＝A”看成是事物自身的规律，这就把事物本身看成是僵死的、不变的。但同一律并不包含断定事物绝对与自身同一、永久不变的内容。作为逻辑规律的同一律只是要求人们在同一思维过程中，保持概念、判断的同一性，不得随意改变。同一律要求思想保持确定性，但它并不否认思想的发展变化。同一律的作用是有条件的。

第三节 矛盾律

一、矛盾律的基本内容和要求

矛盾律的基本内容是：在同一思维过程中，两个互相否定的思想不能同真，即不能既肯定它是什么，又否定它是什么。矛盾律的基本内容可以用公式表示为：

不能 A 并且非 A

或

$\neg(A \wedge \overline{A})$

公式中的“A”表示某一个判断或概念，“非 A”表示与之相矛盾的判断或概念。矛盾律认为事物在同一时间、同一关系下，不可能既具有某种属性又具有与此不相容的另一种属性，不可能既属于某类事物又不属于某类事物。矛盾律认为两个相反的概念、判断不能同时成立，它反映了正确的思维必须具有的不矛盾性，所以，有些教材称为不矛盾律。

根据矛盾律的基本内容，矛盾律的要求主要有以下两点：

第一，在概念方面，矛盾律要求在同一思维过程中，不能用表示“A”和“非 A”两种思想的概念来指称同一个对象。例如：

①晨风拂过田野，掀起金色的麦浪。

②月若明来星也亮，月若暗来星也昏。

例①中的“拂过”和“掀起”，就是表示了“A”与“非 A”两种思想的概念。“拂过”是用来表示微弱的风，而能“掀起”麦浪的风则必须有一定的强度。在同一时刻的风，既然是“拂过”，那就不可能存在“掀起”，否则的话就是自相矛盾。例②中，“月明”

与“星亮”和“月暗”与“星昏”，也是表示“A”与“非A”两种思想的概念。“月明”与“星亮”不可能同时存在，“月暗”与“星昏”也不可能同时存在。

第二，在判断方面，矛盾律要求在同一思维过程中，不能用表示“A”和“非A”两种思想的判断来断定同一个事物的属性。即不能同时肯定两个互相矛盾或互相反对的判断都是真的，必须确认其中至少有一个是假的。例如：

①“小王是李总经理的秘书”和“小王不是李总经理的秘书”。

②“我们班的同学都是北京人”和“我们班的同学都不是北京人”。

③“所有的犯罪分子都要受到法律的制裁”和“有些犯罪分子不要受到法律的制裁”。

以上三例中的每组判断都不可能同时为真，至少有一个是假的。如果断定它们同时为真，那么思维就会出现自相矛盾的逻辑错误。如契诃夫的小说《变色龙》中警官奥楚蔑洛夫，他在对待咬人的小狗的态度上，就是犯了自相矛盾的逻辑错误。当有人说这条狗是将军家的时，他说“这是条名贵的狗”；当有人说这条狗不是将军家的时，他说“这是条野狗”。契诃夫通过对警官奥楚蔑洛夫在同一时间对同一条狗的矛盾态度的描写，深刻揭示了小市民的奴性心理。

矛盾律的基本内容和要求表明，包含有逻辑矛盾的思想必然有一个是假的，因此，正确的思维、严密的论证和科学的理论，都必须是无矛盾性的。

二、违反矛盾律的逻辑错误

矛盾律要求在同一思维过程中，两个互相反对或互相矛盾的思想，不能承认其同时为真。如果同时承认两个互为反对或互为矛盾的命题，那么就会犯“自相矛盾”的逻辑错误。如，《韩非子·难一》中讲到的一则寓言故事：

楚人有鬻盾与矛者，誉之曰：“吾盾之坚，物莫能陷也。”又誉其矛曰：“吾矛之利，于物无不陷也。”或曰：“以子之矛，陷子之盾，何如?”其人弗能应也。夫不可陷之盾与无不陷之矛，不可同世而立。

这则寓言中，楚人所吹嘘的“吾盾之坚，物莫能陷也”与“吾矛之利，于物无不陷也”是两个互相矛盾的判断。即“我的矛能扎透我的盾”和“我的矛不能扎透我的盾”这样一对矛盾的判断，这两个判断必有一个是假的。所以，有人问他“以子之矛，陷子之盾，何如?”时，楚人不能回答，陷入了自相矛盾的尴尬境地。因为，事实只有两种情况：要么矛扎透盾，要么矛扎不透盾。正如韩非子所说的“夫不可陷之盾，与无不陷之矛，不可同世而立”。

人们在说话、写文章的过程中，如果出现了逻辑矛盾，就会失去论证性和说服力。如某报刊上的一篇侦查通讯的开头这样写道：

1986 年 10 月 3 日黄昏，浙江省金华火车站入口处熙熙攘攘。这时，只见一个 20 多岁、肤色黝黑的男青年随着进站的人流，踏上了南去的 375 次列车。上车后，他熟练地到服务台补了一张软席卧铺票，进入 10 号车厢一号包房。

列车从金华站开始启动，沿着杭嘉湖平原奔驰，窗外的村庄、树木、田野、山脉一晃而过……

该例中，作者犯了一个常识性错误。因为金华在杭嘉湖平原以南，从金华站出发的“南去的 375 次列车”，怎么会通过杭嘉湖平原呢？这里“南去的列车”和“沿着杭嘉湖平原奔驰”是互相矛盾的，不能同时成立。作者可能是由于疏忽或粗心违反了矛盾律，但这样会使人怀疑文章的真实性。所以，我们在思维过程中必须严格遵守矛盾律的要求，避免出现自相矛盾的逻辑错误。

三、矛盾律的作用

矛盾律的主要作用是保持思维的一致性。任何正确的思想、言论、科学理论都应当具有一致性，不矛盾性。这就必须遵守矛盾律，要求人们的思维做到首尾一贯，避免自相矛盾。

任何一门科学的理论体系都应该具有不矛盾性，即它的原理体系中，不能存在逻辑矛盾，如果存在逻辑矛盾，人们就会对它的真实性产生怀疑，说明该理论体系是不完善的，甚至是有谬误的。掌握了逻辑工具，就能发现和排除逻辑矛盾，科学常常是在发现逻辑矛盾，并且逐步排除逻辑矛盾的过程中发展的。

比如，著名的物理学家伽利略提出的“自由落体定律”，就是在发现原有的落体理论（物体从高空落下时，它下落的速度和物体的重量成正比，即物体越重下落速度越快）的逻辑矛盾后，经过反复实验创立的，从而推翻了旧的落体理论，得出了“下落速度同物体的重量没有关系，在空气阻力相同的情况下，或者在真空中，不同重量的物体下落的速度是相同的”这样一个正确的结论。

人们在说话、写作时应该遵守矛盾律，保持思维的一致性，避免出现自相矛盾。科学史上曾经有这样一个传说：

一个年轻人找到大发明家爱迪生，他想借爱迪生的实验室发明一种可以溶解一切物品的万能溶液。爱迪生听罢，惊奇地问他：“那么你想用什么器皿来放置这种万能溶液呢？它不是可以溶解一切物品吗？”年轻人哑口无言。

这个年轻人之所以被爱迪生问得哑口无言，是因为他提出的“发明一种可以溶解一切物品的万能溶液”这个想法是违反矛盾律的。他一方面要承认“可以溶解一切物品的万能溶液”；另一方面，“万能溶液”作为一种液体，必须有器皿进行盛放，即至少有一种器皿不为这种溶液所溶解，也就是承认了“有的物品是万能溶液所不能溶解的”，而这和他提出的“万能溶液可以溶解一切物品”的判断自相矛盾，两者不可能同时为真。所以，当爱迪生指出了这一逻辑矛盾以后，这位年轻人就哑口无言了。另外，在写作时由于粗心大意或用词不当，也会违反矛盾律，出现自相矛盾的逻辑错误。例如：

①我们班所有的同学考试都及格了，就是小王没有及格。

②大会上，李主任表扬了张秘书的优点和弱点。

③离出发还有三分钟，同志们就基本上全部到齐了。

以上几例都是由于粗心大意和用词不当造成的自相矛盾的判断。例①中，既说“所有的同学考试都及格了”，又说“小王（某个同学）没有及格”，造成了自相矛盾。例②中，“表扬优点”可以，“表扬弱点”说不通，因为“优点”和“弱点”是互相矛盾的，不能同时用“表扬”这个词。例③中，“基本上”与“全部”是矛盾的，不能同时成立，应该删去其中的一个。

矛盾律在法律工作中也有重要作用。在立法方面必须符合矛盾律的要求，法律与法律之间、条文与条文之间，都不应有逻辑矛盾，否则就会使人们无所适从，甚至还会被违法分子钻空子。如《中华人民共和国刑法》第四条规定“对任何人犯罪，在适用法律上一律平等。不允许任何人有超越法律的特权”。这对一个依法治国的国家来说，充分体现了在法律面前人人平等的原则。我们所说的“王子犯法与庶民同罪”就是这个道理，如果“王子”犯法不与“庶民”同罪的话，那么这条“对任何人犯罪，在适用法律上一律平等”的规定就为假了，违反了矛盾律。

在刑事侦查过程中矛盾律的作用也非常重要。如在侦查初期，侦查人员往往根据已经掌握的为数不多的犯罪事实和线索作出种种推测性的论断，即假设。当假设和侦查过程中确认的事实相矛盾时，那就得遵守矛盾律的规则，修正或提出新的假设。否则，就会出现冤、假、错案。如2005年3月28日，曾被政法部门认定11年前被丈夫佘××杀害的湖北省京山县雁门口镇居民张××的突然归来，表明已被京山县人民法院于1998年6月15日以故意杀人罪判处佘××有期徒刑15年的佘××案成为错案。

当时的办案人员给佘××定罪的证据主要有两条：一是邻近吕冲村发现了一具高度腐烂的无名女尸；二是佘××在张××患精神病后，对其产生厌弃之情，有传言他开始与女青年陈某勾搭成奸，佘××为达到两人苟合的目的，杀害了张××。

事实上，第一条证据和当时天门市石河镇姚岭村村民倪××、聂××和肖××等人出具的证明内容是互相矛盾的。证明内容如下：

农历九月十六早晨八点多钟，我村聂××、吴××、肖××等人去割谷，在路旁见一妇女睡在地下，于是他们就把她喊到村里。在倪××家，他们问她叫什么，是哪里人，她不作声。于是，他们又说，如果她说话，他们就给她饭吃，她才开口。她说是雁门（口）人。倪××等人又问她有没有小孩，她说有一女孩，五六岁，跟公婆在一起过，他们又问，家里种了田没有，她说种了3亩多田。他们又问她是怎么出来的。她说到妹妹家去，出去后就不认识路了。问完后，吴××给她饭吃。吃完饭，倪××安排她过了一夜。第二天吃完饭后，倪××等人就割谷去了。她在下午五点多钟就走了。

而在另一张盖有“中共天门市石河镇姚岭村支部委员会”印章的证明上，写着：

我村八组村民倪××、李××、聂××等人于10月中旬在本组发现一精神病妇女，年龄30岁左右，京山口音，身高1.5米左右，皮肤较黑，她本人说她姓张，家里有一6岁女孩，因走亲戚而迷失方向，其精神状况与杨××反映的基本一样，并在该组倪××家中停住两天一夜，尔后去向不明，特此证明，请查证。

这份证明是由天门市石河镇姚岭村党支部副书记倪×平于1994年12月30日出具的，其时离张××走失已经一年。当时佘××的母亲杨××寻找儿媳，找到了姚岭村，了解到这些情况后，请村里出了这个证明。

办案人员认为“1994年4月11日，吕冲村发现了一具高度腐烂的无名女尸是张××”，而这份证明却说明“1994年10月，张××出现在天门市石河镇姚岭村”，这是两个相互矛盾的判断，根据矛盾律至少有一个判断是假的，可惜办案人员没有去调查确认，排除矛盾，而是和昆剧《十五贯》中的无锡知县过于执一样，不理会群众提供的情况证明，判处佘××犯了故意杀人罪。

在律师工作中，矛盾律的作用更是不可忽视。它既可以帮助律师制订严密的辩护计划，又可以帮助律师揭穿对方编造的谎言。

四、正确理解和运用矛盾律

矛盾律的作用是非常重要的，但它不是万能的，它的运用是受一定的条件限制的。要充分发挥矛盾律的作用，还必须注意以下几个问题：

第一，矛盾律只是在同一思维的过程中才起作用。矛盾律要求在同一时间、同一方面，对同一对象不能作出两个相反的判断。如果人们对同一对象在不同的时间或不同的方面作出相反的判断，并不违反矛盾律的要求。如断定“小王学的是文秘专业”和“小王学的不是文秘专业”这两个判断同时为真，只有当“小王”是指同一个人，并且在同一时间内，才是违反矛盾律要求的。如果两个判断中的“小王”不是指同一个人，或者是指同一个人但不是在同一时间内，那么，这两个判断并不违反矛盾律。

第二，矛盾律在告诉人们两个互相矛盾的思想不可能同时为真，必有一假时，并不能断定究竟哪一个为假。如“甲是盗窃犯”和“甲不是盗窃犯”这两个判断，根据矛盾律其中必有一个为假，究竟谁为假，矛盾律本身无法确定，只有通过实践才能确定。但当知道其中有一个为真时，根据矛盾律可以确定另一个为假。即当我们已确定“甲是盗窃犯”为真时，根据矛盾律我们可以确定“甲不是盗窃犯”为假。

第三，矛盾律的作用在于保证思维具有不矛盾性，它只排除思维过程中的逻辑矛盾，而不否认客观事物本身存在着的内在矛盾。唯物辩证法告诉我们，任何事物内部都包含着矛盾，任何事物都是一个矛盾的统一整体。事物内在矛盾是客观的，是不以人们的意志为转移的。如，“真理是绝对的，又是相对的”“反动派既是纸老虎又是真老虎”这两个判断，都是客观事物本身的内在矛盾，不能认为是逻辑矛盾，对它们进行同时肯定，不违反矛盾律。矛盾律承认客观事物的矛盾，但排除和反对思维中的逻辑矛盾。

第四节　排中律

一、排中律的基本内容和要求

排中律的基本内容是：在同一思维过程中，两个互相否定的思想不能同时都是假的，必有一个是真的。排中律的基本内容可以用公式表示为：

A 或者非 A

或

$A \vee \overline{A}$

排中律中的“A”表示任何一个思想，“非 A”表示与“A”相矛盾的思想，它可以表示概念，也可以表示判断。这个公式说明，“A”和“非 A”这两种互相矛盾的思想不可能同时都是假的，必有一个是真的，或者“A”真，或者“非 A”真，两者必居其一。

根据排中律的基本内容，排中律的要求主要有以下两方面：

第一，在概念方面，它要求对任一对象，或者用 A 概念去反映它，或者用非 A 概念去反映它。例如，对某一个物质而言，它不是金属，就是非金属。对某一个学生而言，他不是文秘专业的学生，就是非文秘专业的学生。二者必居其一。

第二，在判断方面，它要求人们对于同一对象所作出的两个互相矛盾或具有下反对关系的断定，必须肯定其中有一个是真的，而不能同时承认两个判断都是假的。例如：

①“小王是文秘专业的学生”与“小王不是文秘专业的学生”。

②“有些花是红色的”与“有些花不是红色的”。

③“所有的法律都是有阶级性的”与“有些法律不是有阶级性的”。

根据排中律，在以上三例的每组判断中至少有一个是真的。如果认为以上三例具有矛盾关系或下反对关系的判断都是假的，那么就违反了排中律的要求。

二、违反排中律的逻辑错误

排中律要求人们在两个互相矛盾的判断中，必须承认其中必有一个是真的。如果在同一思维过程中，对两个互相矛盾的思想，既不承认这个，又不承认那个，那就违反了排中律的要求，就会含糊其词、骑墙居中，犯“模棱两可”的逻辑错误。例如，在寓言《蝙蝠》中，蝙蝠的言论就犯了模棱两可的逻辑错误。

有一次，鸟类与兽类发生了争吵，蝙蝠躲在一边偷看，当它看到鸟类大胜时，便跑到鸟王凤凰跟前去讨好鸟类，说兽类如何如何不好，并认为自己与凤凰是同类。后来，鸟与兽又进行了一次较量，结果兽类大胜，这时，蝙蝠便跑到兽王狮子跟前去讨好兽类，说鸟类如何如何不好，并认为自己与狮子是同类。后来鸟兽双方和好，蝙蝠这种脚踏两只船的两面派行为遭到了鸟兽共同的斥责，因而被定为是不伦不类的动物，从鸟兽中加以驱逐。蝙蝠自知惭愧，便藏在石壁墙缝中，昼伏夜出。

蝙蝠趋炎附势，谁胜就讨好谁，时而说自己不是兽，时而说自己不是鸟，是一种投机取巧的两面派行为。蝙蝠的这种言论，从逻辑上来讲，等于是说：“我蝙蝠既不是兽，也不是非兽。”显然违反了排中律，犯了模棱两可的逻辑错误，使其成为不伦不类的动物。

所谓模棱两可，并不是说对互不相容的思想都肯定，认为两者兼可，而是对这样的两种思想“模棱以持两端”，骑墙居中、似是而非，既否定A，又否定非A，在A和非A之间游移不定。如蝙蝠既否定自己是兽（鸟胜时），又否定自己是非兽（兽胜时），在兽和非兽之间游移不定，含糊其词，实际上是模棱两不可。

三、排中律的作用

排中律的主要作用在于保证思维的明确性。人们的思维只有具有明确性，才能正确地反映客观事物，才能进行正常的思想交流。像“蝙蝠”那样在A和非A之间游移不定的人，是不可能正确地反映客观事物的，也是不可能与他人进行正常的思想交流的。

排中律是人们进一步认识现实、发现真理的一个必要手段。排中律要求人们在真理面前不得含糊其词，摇摆不定，当一个思想最后归结为A和非A时，必须承认两者必有一个是真的。当然，排中律的作用只在于提出两个互相矛盾的思想必有一个是真的，但并不能指明两个思想究竟谁是真的。排中律无法确定某一个具体判断的真假，判断的真假要靠实践来解决。

排中律在司法工作中作用也很大。确定某个案件是否应当立案侦查，某人的行为是否构成犯罪，应不应该起诉和审判等，都应遵守排中律的规则和要求，不能用一些似是而非、含糊不清的语句来表达。

另外，在运用排中律时，必须注意一种“复杂问语”。复杂问语就是一种隐含着某种逻辑错误假定的问语，它在形式上是正问句，似乎不表达判断，而实际上却暗含着一个判断。例如，“学文秘专业有意思吗？”这就是一个复杂问语，它暗含着“你在学文秘专业”

这样一个判断。因此，无论你回答"有"还是"没有"，都意味着你承认了隐含的那个判断是真的，而实际上你可能根本就没有学文秘专业。所以，对复杂问语不能简单地回答"是"或"不是"。

复杂问语是一种不正当的问语，它隐含着对方没有承认或根本不能接受的假设。因此，不要把"复杂问语"当作互相矛盾的判断来回答，这不违反排中律。

在正常的司法工作中，严格禁止用复杂问语来套取口供。也有人认为在一些特定的情况下，使用复杂问语进行审讯会给侦破工作带来新的线索，会使犯罪嫌疑人编造的谎言出现矛盾，给他一个措手不及的打击。但必须区别"套取口供"与"预审战术"运用之间的关系。审讯人员能够抓住犯罪嫌疑人的心理活动规律，在足够的事实材料的基础上，把握最佳时机，恰当地运用复杂问语，可以突破犯罪嫌疑人的心理防线，打破审讯僵局，但严格禁止把复杂问语用来作为诱供的工具。如《偷马者露馅》的故事中，聪明的华盛顿就是用复杂问语来破案的。

有一天夜里，邻居偷了华盛顿家的一匹马。第二天一早，华盛顿同一位警官一起到邻居家索讨。但是，不管华盛顿如何说明情况，他的邻居就是死不认账，口口声声称自己农场里的马都是自己辛辛苦苦喂大的。这时，专门来处理此事的警官问华盛顿："先生，请问您的马有什么特殊的地方？比如马的身体上有什么记号，等等。"华盛顿没有回答，他在邻居家的农场里转了一圈，很快找到了自己家的马，他走到马的前面，迅速用双手捂住了马的双眼，问邻居："这匹马确实是你养大的吗？""当然，这绝对没有错。"邻居语气十分坚决。"好，那么请你告诉我，这匹马的哪一只眼睛是瞎的？"华盛顿说。"是右眼。"邻居支支吾吾地回答。华盛顿放开蒙住右眼的手，马的右眼并不瞎。"啊呀，我记错了，真不好意思，"邻居的脑筋非常灵活，连忙改口说，"马的左眼才是瞎的。"华盛顿十分从容地放开蒙住左眼的手，结果一看，马的左眼也不瞎。"我又错了……"邻居还想找理由狡辩。这时，站在一旁多时的警官说话了："是的，先生，您错了。事实已经证明这匹马不是您的，您必须把这匹马交还给华盛顿先生。"这位华盛顿先生就是后来成为美国第一任总统的乔治·华盛顿。

华盛顿非常聪明，他的一句话就使偷马的邻居露了馅。"这匹马的哪一只眼睛是瞎的？"这是一句复杂问语，在这个问语中，隐含着这样一个命题：这匹马有一只眼睛是瞎的。偷马者是半夜偷马，并不知道这匹马的眼睛瞎不瞎，当他听了华盛顿的问话后，马上从话中意识到"这匹马有一只眼睛是瞎的"，因此胡乱说"右眼是瞎的"。他认为有百分之五十的概率答对，而且即使错了也不要紧，可以说是记错了。殊不知马的眼睛都不瞎，他中了华盛顿的圈套。警官马上作出了判断：自己养大的马，难道连马的眼睛瞎不瞎都不知道？这匹马肯定不是他的，而是华盛顿的。最后，偷马者只好乖乖地把马还给华盛顿了。①

① 徐德清. 趣味逻辑. 上海：上海古籍出版社，2002：151.

四、排中律与矛盾律的区别

作为逻辑基本规律之一的排中律同其他逻辑规律之间有着必然的内在联系，尤其是和矛盾律的联系更直接、更紧密。矛盾律指出两个互相矛盾的思想不能同真，必有一假，不允许思维有逻辑矛盾；排中律则进一步指出两个互相矛盾的思想不能同假，必有一真。应该说，排中律是矛盾律的进一步扩展。

（一）排中律和矛盾律的适用范围不同

排中律认为互相矛盾的两个思想不可能同时为假，所以，它适用于互相矛盾或具有下反对关系的思想；而矛盾律则认为两个互相矛盾的思想不可能同时为真，所以，它适用于互相矛盾或具有反对关系的思想。

（二）违反排中律和矛盾律所犯的逻辑错误不同

如果对 A 和非 A 两个互相矛盾的思想同时进行肯定，则违反了矛盾律的要求，犯“自相矛盾”的逻辑错误；如果对 A 和非 A 两个互相矛盾的思想同时进行否定，则违反了排中律的要求，犯“模棱两可”的逻辑错误。

（三）排中律和矛盾律的作用不同

矛盾律的作用是排除思维中的逻辑矛盾，它认为两个互相矛盾的思想必有一个是假的，因此，当已知具有矛盾关系或反对关系的判断中有一个为真时，根据矛盾律可以推出另一个判断为假。排中律的作用是排除思维的含糊不清，它认为两个互相矛盾的思想必有一个是真的，因此，当已知具有矛盾关系或下反对关系的判断中有一个为假时，根据排中律可以推出另一判断为真。

第五节　充足理由律

一、充足理由律的内容和要求

充足理由律的内容是：在同一思维和论证过程中，一个思想被确定为真，总是有充足的理由的。例如：

民主是要为经济基础服务的，因为民主属于上层建筑，而上层建筑是为经济基础服务的。

“民主是要为经济基础服务的”就是这个论证中要被确定为真的判断，而后面两个判断是用来确定它为真的理由。

充足理由律可以用公式表示如下：

p真，因为q真，并且由q能推出p

也可以用符号表示为：

$q \land (q \rightarrow p) \rightarrow p$

“p”表示真实性需要加以确定的判断，称为推断。“q”表示用来确定p真的判断，称为理由，q可以是一个判断，也可以是一组判断。

充足理由律的逻辑要求主要有两条：

第一，理由必须真实。理由是证明某种思想或推断为真的根据，如果理由不真实，靠它支持的推断就会失去基础。

第二，理由与推断之间要有逻辑联系。有些推断，虽然理由是真实的，但理由与推断之间没有必然的逻辑联系，或是理由不充分，那么，同样不能证明推断的真实性。

二、违反充足理由律的逻辑错误

根据充足理由律的要求，违反充足理由律的逻辑错误主要有“理由虚假”和“推不出”两种。

（一）理由虚假

所谓理由虚假，就是用作证明某个推断的理由不符合客观实际，或者是主观臆造的，或者与已被证明的科学原理相悖，即引用不真实的判断作为“理由”而发生的逻辑错误。例如：

某单位李某控告其邻居夏某在他值班时，半夜进入他家中，强奸了他12岁的小女儿，他的大女儿亲眼看见了夏某的所为。但夏某矢口否认，并认为这是李某对他的诬告陷害。经调查，李某控告夏某的那天夜里，阴雨连绵，通夜停电，在这样漆黑的夜里，李某的大女儿根本无法“亲眼看见”所谓的作案人夏某。于是办案人员断定，李某大女儿的陈述是不真实的，经过教育，李某的大女儿终于承认了所指控的事实是捏造的。

这个案例中李某对夏某犯了强奸幼女罪的指控是不能成立的，因为他的证据是虚假的。

（二）推不出

“推不出”的逻辑错误，是指作为理由的判断虽然是真实的，但是与推断之间没有必然联系，或者理由不充分，从理由推不出推断。例如：

①其父善游，其子亦善游。

②张三是凶手，因为张三到过现场。

③她一定是个文秘人员，你看她办事有条不紊的。

例①中“其子善游”与“其父善游”缺少必然的逻辑联系，因为父亲“善游”，儿子不一定“善游”。例②中“到过现场”只是“凶手”的必要条件，不是充分条件，仅凭“张三到过现场”是不能必然推出“张三是凶手”这个结论的。例③中“办事有条不紊”与“文秘人员”之间也缺乏必然联系，因为其他人员也有“办事有条不紊”的。

“推不出”的逻辑错误的特点就是，即使理由是真实的，也不能得出推断是真实的。论辩中的“蛮不讲理”“强词夺理”等错误，大都属于这类逻辑错误。例如，“人家也在犯错误，你为什么不批评他?”“我是中国人，何必学外语”，等等，都是犯了推不出的逻辑错误。

三、充足理由律的作用

充足理由律的主要作用就是保证思维的论证性。人们说话、写文章、著书立说，只有具有论证性才有说服力，才能“言之有理，持之有据”。如果违反了充足理由律，一个观点、学说、理论，没有充足的理由支持，那就会缺乏论证性，就会没有说服力，因而也就不能成立。如，“张老师没有来上课，肯定是生病了。因为他上次没有来上课是生病了。”这个推断就不能成立，因为“他上次没有来上课是生病了”，并不能推出“这次没有来上课，肯定是生病了”的结论，这两者之间没有必然的逻辑联系。

充足理由律在司法工作中有着更为重要的作用。因为无论是分析案情、处理案件，还是侦查起诉、定罪判刑，都必须有充分的证据，没有充分的证据，所作的结论就不能成立。可以说司法工作离不开充足理由律，如果离开了充足理由律，那么就会造成冤、假、错案。

司法工作中作为定罪判刑的充足理由，就是人们常说的“证据”。由于司法工作的特殊性，它对证据有两个要求：一是必须齐全；二是必须有证明力。这两点说明定罪判刑的证据必须包括犯罪全过程的证据，同时，这些证据必须和罪犯作案有逻辑联系，否则，就不能定罪判刑。

例如，在昆剧《十五贯》中，苏州知府况钟在重新勘查尤葫芦被杀现场时，发现了一副用于赌博行骗的灌了铅的骰子。无锡知县过于执一口认定是尤葫芦的，他认为：“尤葫芦既喜吃酒，定爱赌博，这骰子一定是他的了。”他把“喜吃酒”作为“爱赌博”的理由，推出“这骰子一定是他的了”。事实上，“喜吃酒”和“爱赌博”之间是没有必然逻辑联系的，犯了“推不出”的逻辑错误。但过于执就是用这样的逻辑来办案的，他甚至把苏戌娟的年轻貌美都作为破案定罪的重要证据，所以造成了一起冤案。

【复习思考题】

1. 什么是普通逻辑的基本规律?
2. 同一律的内容和要求是什么?违反同一律会产生什么样的逻辑错误?
3. 矛盾律的要求和作用是什么?
4. 什么是排中律?排中律与矛盾律有何区别?
5. 什么是充足理由律?充足理由律有什么作用?

第八章

论　证

【本章引例】

有两个15岁的中学生找到他们的希腊文教师，问究竟什么叫“诡辩”。

这位既精通希腊文又精通希腊哲学的老师并没有直接回答这个问题。他稍稍地考虑了一下，然后才说：“有两个人到我这里来做客，一个人很干净，另一个很脏，我请这两个人去洗澡。你们想想，他们两个人中谁会去洗呢?”

学生：“那还用说，当然是那个脏人。”

老师：“不对，是干净人。因为他养成了洗澡的习惯，脏人认为没什么好洗的。再想想看，是谁洗澡了呢?”

学生：“干净人。”

老师：“不对，是脏人。因为他需要洗澡，而干净人身上干干净净的，不需要洗澡。如此看来，我的客人中谁洗澡了呢?”

学生：“脏人。”

老师：“又错了，当然是两个人都洗了。干净人有洗澡的习惯，而脏人需要洗澡。怎么样？他们两人后来到底谁洗澡了呢?”

学生：“看来，两个人都洗了。”

老师：“不对。两个人谁都没洗。因为脏人没有洗的习惯，干净人不需要洗澡。”

学生：“有道理。但是我们究竟该怎样理解呢？您每次讲的都不一样，而又总是对的!”

老师：“正是如此。你们看，这就是诡辩。”

第一节 论证概述

一、论证的特征

人们在现实生活中，无论是与他人交流思想，还是独立地思考问题，经常需要证明什么或反驳什么。其中的证明与反驳就是论证。

论证就是用某个或某些真实的判断确定另一个判断的真实性的思维形式。例如：

①作为秘书，处理好人际关系是至关重要的。因为对秘书而言，人际关系越融洽和谐，工作就会越顺利。如果人际关系紧张，那工作就很难开展。

②张三不用承担刑事责任，因为张三属于正当防卫，而《刑法》规定属于正当防卫的不用承担刑事责任。

以上两例都是论证。例①用“对秘书而言，人际关系越融洽和谐，工作就会越顺利。如果人际关系紧张，那工作就很难开展”来证明“作为秘书，处理好人际关系是至关重要的”这一判断的真实性。例②用“张三属于正当防卫，而《刑法》规定属于正当防卫的不用承担刑事责任”来证明“张三不用承担刑事责任”这一判断的真实性。

二、论证的组成

任何一个论证，都是由论题、论据和论证方式三个要素构成的。

（一）论题

论题是通过论证要确定其真实性的那个判断。如例①中的“作为秘书，处理好人际关系是至关重要的”这个判断，例②中的“张三不用承担刑事责任”这个判断。

论题可以是科学上已经被证明为真的判断，如，“只有社会主义才能救中国”“科学技术是生产力”等。对这类论题进行论证的主要目的是宣传真理，使人们对真理不但知其然，而且知其所以然，更加确信其真实性。另外，论题也可以是科学上尚待于证明的判断，例如某些猜想等。对这类论题的论证，主要在于确定某种观点、某种设想的真实性、可行性，其目的是探求真理。

（二）论据

论据是被引用来作为论题真实性根据的判断。如例①中的“对秘书而言，人际关系越融洽和谐，工作就会越顺利。如果人际关系紧张，那工作就很难开展”这些判断；例②中的“张三属于正当防卫，而《刑法》规定属于正当防卫的不用承担刑事责任”这两个判断。

一个论证过程中，论题只有一个，论据则没有明确的规定，可以是一个，也可以是一组，根据需要而定。因为论据是论题真实性的根据，所以论据必须是真实的判断，人们一般用科学理论中的公理以及由此而引申出来的定理和法律规范等判断来担任。

（三）论证方式

论证方式就是把论题和论据联系起来的一种形式。

有了论题、论据，不等于就作了论证。好像写论文，有了观点（论题）、材料（论据）并不等于就能写好文章，还有一个怎样写的问题。即哪些材料应该先用，哪些后用；哪些材料详写，哪些略写，甚至不写。这样文章才会有重点，才会有说服力。作为论证来说，就是一个从论据推出论题的推理过程。如果论证只包含一个推理形式，那么论证的方式也就是这个推理的形式；如果论证包含一系列的推理形式，那么论证方式就是这一系列的推理形式。所以，有人认为论证方式就是论证过程中的推理形式的总和。

论证方式像写文章一样没现成的形式，常常需要通过不断的思索和实践才能得到。经常有这样的情况，有些学生虽然知道证明某个几何定律所需要的全部定义和公理，甚至背得滚瓜烂熟，但却不能作出这个定律的证明。这说明他们不善于探求论证的方式，缺乏推理能力。

逻辑学对论证的研究，主要就是关于论证方式的研究，其目的是要使人们掌握基本的论证手段，了解论证必须遵守的逻辑规律，以便能从不自觉的逻辑论证提高为自觉的逻辑论证。

三、论证与推理的关系

论证与推理之间既互相区别又密切联系。推理是论证的工具，论证是推理的应用。任何论证都要运用推理，但并非所有推理都是论证。

论证必须借助于推理来进行，论证离不开推理，推理为论证服务。在论证与推理的关系中，论题相当于推理的结论，论证方式相当于推理形式，论据相当于推理的前提。论证和推理的结构关系如图 8－1 所示。

论证与推理又有区别：第一，认识过程不同。推理是从前提到结论；而论证是先有论题，然后引用论据对论题加以证明。第二，逻辑结构不同。论证往往是由一系列推理组成的，没有规定的形式；而推理有一定的形式，结构比较简单。第三，目的要求不同。论证的着重点放在论题与论据的真实性上，特别强调论据的真实性；而推理只强调前提与结论之间的逻辑关系，并不要求前提与结论的真实性。

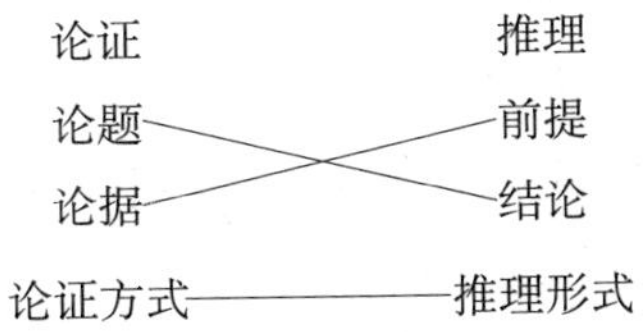

图 8－1　论证和推理的结构关系

四、逻辑论证与实践检验的关系

论证能够用真实的判断确定另一个判断的真实性，但是，这绝不意味着论证可以代替实践成为检验真理的标准。

实践检验是逻辑论证的基础。任何逻辑论证都是以实践为基础的，论证只是对实践中获得的认识的一种表达和反映。论证的论据必须是经过实践检验为真的判断；论证必须运用正确的推理形式，而正确的推理形式只能来自实践。所以说，逻辑论证离不开实践。

另外，逻辑论证具有认识作用，人们通过论证可以获得新的知识。如数学中的猜想通过论证变成定理；已经证实的判断，有时仍需要对它进行论证，以使人们更加确信其真实性；在实践检验真理的过程中也离不开逻辑论证。论证是各种论断具有科学性和说服力的必要条件。

第二节　论证的种类

按照论证中所运用的不同的推理形式和不同的论证方法，可以对论证进行分类。根据论证中所运用的推理形式，可以把论证分为演绎论证和归纳论证；根据论证中所运用的论证方法，可以把论证分为直接论证和间接论证。

一、演绎论证和归纳论证

（一）演绎论证

演绎论证就是引用科学原理、定律、定理或其他一般性的真实判断，并通过演绎推理推导出论题真实性的论证方式。例如：

“民主这个东西，有时看来似乎是目的，实际上，只是一种手段。马克思主义告诉我们，民主属于上层建筑，属于政治这个范畴。这就是说，归根结蒂，它是为经济基础服务的。”①

这段话的论题是“民主是为经济基础服务的”。毛泽东同志引用了早已为人们所熟悉的马克思主义的基本原理，通过三段论这种演绎推理的形式，来论证“民主是为经济基础服务的”这个论题。具体的推理过程可以写为：

民主是属于上层建筑的，

上层建筑是为经济基础服务的，

所以，民主是为经济基础服务的。

又如：

我们必须大力提高司法干部队伍的素质，因为，我们要建设现代文明的法制社会，而建设现代文明的法治社会，就必须大力提高司法干部队伍的素质。

这段话的论题是“我们必须大力提高司法干部队伍的素质”，它是通过一个充分条件假言推理（肯定前件式）的形式来进行论证的。具体推理过程可写为：

如果要建设现代文明的法治社会，就必须大力提高司法干部队伍的素质，

我们要建设现代文明的法治社会，

所以，我们必须大力提高司法干部队伍的素质。

（二）归纳论证

归纳论证就是引用一系列事例性的或较为特殊的判断，并通过归纳推理推导出论题的真实性的论证方式。

例如，地震前动物会出现反常现象。如猫儿离家、狗跑乱吠、老鼠出洞、鸡飞鸭叫、牛羊乱窜等。这是什么原因呢？有的科学家经过研究认为，动物对于空气中的带电粒子的感受比人更敏感，地震发生前，空气中会产生大量的带电粒子，而这些带电粒子会造成动物血清素含量的增高，血清素含量增高可以使动物行为失常。因此，地震前动物会出现反常现象。

这是一个运用科学归纳推理论证“地震前动物会出现反常现象”真实性的不完全归纳论证。其结构形式为：

论题：地震前动物会出现反常现象。

论据：地震前猫儿离家，

地震前狗跑乱吠，

地震前老鼠出洞，

地震前鸡飞鸭叫，

① 毛泽东. 毛泽东文集：第7卷. 北京：人民出版社，1999：208-209.

地震前牛羊乱窜，

地震前猫儿离家、狗跑乱吠、老鼠出洞、鸡飞鸭叫、牛羊乱窜，是因为地震前，动物对于空气中产生的带电粒子的感受比人更敏感，而这些带电粒子会造成动物血清素含量的增高，血清素含量增高可以使动物行为失常。

也可以用公式表示为：

论题：S是P。

论据：S_1 是 P，

S_2 是 P，

S_3 是 P，

S_4 是 P，

S_5 是 P，

S_1、S_2、S_3、S_4、S_5 是 S 的一部分，并且 S_1、S_2、S_3、S_4、S_5 与 P 之间具有必然的联系。

论证方式：不完全归纳（科学归纳）论证。

又如，我们在证明三段论第 6 条规则“两个特称的前提不能得出结论”时，运用的是完全归纳论证。在证明这一论题时，我们列举的论据是：

①当两个前提都是否定判断（OO）时，不能得出结论；

②当两个前提都是肯定判断（II）时，不能得出结论；

③当两个前提一个为肯定判断、一个为否定判断（IO）时，不能得出结论。

而OO、II、IO是两个前提都为特称判断的全部情况，既然在这些情况下“不能得出结论”是真的，那么通过归纳推理，便可以推导出论题也是真的。

在刑事司法和数学证明等一些严格的论证中，一般都采用完全归纳论证，不完全归纳论证一般是不能应用的。但在一些实际思维中，也大量地运用不完全归纳论证。我们在应用归纳论证时，既要很好地应用完全归纳论证，也要恰当地运用不完全归纳论证。

二、直接论证和间接论证

（一）直接论证

直接论证就是从论据的真实性中直接推出论题的真实性的论证方法。直接论证可以采用各种推理形式来进行。例如，要论证“每年的春节前入室盗劫案件高发”，可以通过列举2001年、2002年、2003年、2004年……春节前入室盗劫案件都是高发的来进行；要论证“张三被判处七年有期徒刑”，则可以通过演绎推理中的三段论，“张三犯了故意伤害罪致人重伤，《刑法》规定故意伤害他人身体致人重伤的处三年以上十年以下有期徒刑，所以，张三要被判处七年有期徒刑”来进行。

直接论证的特点是：从论题出发，为论题的真实性提供正面理由。直接论证中的论据直接与论题发生关系，不通过中间环节便可由论据直接推导出论题。检察院的起诉和法院的审判等司法工作中使用的论证基本上是直接论证，以被告人的犯罪事实和国家的法律法规作为证据，直接推出被告人是否有罪，应该判处什么样的刑罚等结论。

（二）间接论证

间接论证就是通过论证另一个与原论题相矛盾的判断的虚假，从而论证该论题真实的一种论证方法。间接论证可分为反证法和选言证法。

反证法是通过确定与原论题相矛盾的判断（反论题）的虚假，然后根据排中律确定原论题真的一种论证方法。

反证法的论证过程是：首先设立一个与论题构成矛盾关系的判断作为反论题；然后论证反论题为假，这个论证过程通常由充分条件假言推理否定后件式来进行；最后，根据排中律两个互相矛盾的判断不能同假，必有一真的要求，由反论题假得出原论题为真。

反证法的论证过程可用公式表示为：

求证：p 为真

设：非 p

证明：如果非 p，则 q

　　　非 q

　　　所以，非 p 为假

根据排中律：所以，p 为真

例如，毛泽东在《论人民民主专政》一文中，在论述我们必须实行人民民主专政时，就运用了反证法：

“对人民内部的民主方面和对反动派的专政方面，互相结合起来，就是人民民主专政。”

“为什么理由要这样做？大家很清楚。不这样，革命就要失败，人民就要遭殃，国家就要灭亡。”①

这里的论题是“我们必须实行人民民主专政”（p），反论题是“我们不实行人民民主专政”（非 p），由反论题推出的结果是“革命就要失败，人民就要遭殃，国家就要灭亡”（q），但中国不允许这种结果出现，即否定了 q。根据充分条件假言推理否定后件就要否定前件的规则，得出非 p 为假，即 p 为真。所以，“我们必须实行人民民主专政”。

我们在证明三段论第 6 条规则“两个特称的前提不能得出结论”时，也采用了反证法。我们先设反论题“两个特称的前提能得出结论”，论证的结果是反论题是错误的，从

① 毛泽东. 毛泽东选集：第 4 卷. 2 版. 北京：人民出版社，1991：1475.

而证明“两个特称的前提不能得出结论”是真的。

选言证法是通过选言推理的否定肯定式，确定除论题之外的其他可能性的论断虚假，然后推出论题真实性的一种间接论证方法。选言证法又称淘汰法或穷举法。其论证过程可以表示为：

求证：p 为真

设：或 p，或 q，或 r

证明：非 q 并且非 r

根据选言推理否定肯定式：所以，p 为真

选言证法在司法工作中应用较多，尤其是在分析案情、确定案件性质时所作的论证，很多时候都要用到选言证法。因为选言证法运用了选言推理的否定肯定式，所以，运用选言证法时，必须遵守选言推理的有关规则。

反证法和选言证法都属于间接论证的方法，它们的共同点是论据和论题都不直接发生关系，而是通过引用论据确定其他判断的虚假来确定论题的真实性的。但反证法是通过确定与原论题相矛盾的反论题的虚假，来推导出论题为真的；选言证法则是逐一确定论题之外的各个判断的虚假，进而推出论题为真的。

直接论证与间接论证和演绎论证与归纳论证一样，并不是互不相干、独立使用的，而常常是结合运用的。对同一论题，既可以运用演绎论证的方式进行论证，也可以运用归纳论证的方式进行论证；同样，既可以采用直接论证的方法，从正面确定论题的真实性，又可以采用间接论证的方法，从反面确定论题的真实性。这样，可以使论证显得更生动，更具有说服力。

第三节　论证的规则

学习论证，目的是使人们从不自觉的逻辑论证提高为自觉的逻辑论证。自觉的逻辑论证除了要掌握论题、论据和论证方式三要素以外，还必须自觉地按照论证规则进行论证，即论证时必须遵守以下五条论证规则。

一、论题必须清楚明确

论证的实质就是说明论题的正确性，因此，在论证过程中，论题所表达的含义必须清楚明确。只有论题清楚确切，才能做到有的放矢，进行有效的论证。违反这条规则就会犯“论题不清”的逻辑错误。例如：

①吸烟是有害的。

②吸烟多有害！

以上两个判断中，例①作为论题是清楚明确的。而例②作为论题就不清楚明确了，它要表达的究竟是“吸烟吸多了是有害的”还是“吸烟是非常有害的”呢？含糊不清，难以理解。

我们在进行论证时，首先在思想上必须把论题弄清楚、弄确切。即究竟要论证什么判断为真，思想上必须清清楚楚，明明白白。如果论证中没有明确的思想观点，对所要论证的论题含糊不清，那么论证时就会东拉西扯。如例②本来是论证“吸烟是非常有害的”，而如果把它理解为“吸烟吸多了是有害的”进行论证，那么就会下笔千言，离题万里。其次，在论证时必须把论题清楚确切地表达出来。论题一般都用比较突出的形式（如开头、结尾）把它表示出来，必要时可以对论题中的一些关键概念作出定义，准确地揭示或规定它们的内涵和外延。文学作品的主题讲究隐晦，不能直露，让人看了开头就知道结果的作品，是没有生命力的。而论证则相反，必须把论题清楚确切地表达出来，使人们看了能一目了然。如果一篇论文，人们看了几遍还不知道它的论题是什么，那么这篇论文就是失败的。

例如，某中级人民法院在审理林××盗窃案时，被告的律师在法庭上作了近一个小时的辩护，他从被告从小勤奋好学、尊敬师长，讲到被告长大以后如何热爱劳动、孝敬父母；从被告怎样由看不惯村子里的人从铁路线上盗窃国家财物，讲到被告因父母病重无钱医治也参加了盗窃；从铁路上的管理混乱，讲到乡村干部贪污受贿；等等。真可谓口若悬河、滔滔不绝，听者也听得津津有味。但是，他为被告作了什么样的辩护呢？即律师在这里要论证的是一个什么样的论题？被告是有罪，还是无罪？谁都不清楚。从逻辑上讲，这样的论证就是犯了“论题不清”的逻辑错误。

二、论题必须保持同一

在一个论证中，论题只有一个，并且在论证过程中保持不变。论题必须保持同一，也就是说在论题确定以后，就应该始终围绕该论题引用论据进行论证，使得实际证明的论题与原先确立的论题保持一致，即遵守同一律的要求。如果违反这条规则，就会犯“转移论题”或“偷换论题”的逻辑错误。

例如本章引例中，希腊文教师在回答两个 15 岁的中学生提出的“究竟什么叫诡辩”的问题时，对“应当洗澡”与“需要洗澡”这两个判断进行了偷换，没有保持确定性，犯了“偷换论题”的逻辑错误。

在一般的论证中，犯“偷换论题”的逻辑错误常常有两种表现：“证明过多”和“证明过少”。

“证明过多”是指，在论证过程中，不去论证原论题，而去论证某个比原论题断定较多的判断。即原论题为 p，实际论证的论题是 q，而 q 的内容比 p 要广（q=p+1）。例如，p 为“文字秘书具有较高的理论政策水平、分析综合及文字表达能力”；q 为“秘书人员具有较高的理论政策水平、分析综合及文字表达能力”。q 比 p 断定的内容要多，实际上是改变了原来的论题，不能达到原来论证的目的，违反了论题必须同一的规则，犯了证明过多的逻辑错误。

“证明过少”是指在论证过程中，不去论证原论题，而去论证比原论题断定较少的判断。即原论题为 p，实际论证的论题是 q，而 q 的内容比 p 要少（q=p−1）。例如：

中药治病的疗效很好。因为中药治慢性肺炎的疗效很好，治慢性肝炎的疗效很好，治慢性胆囊炎的疗效很好，治慢性气管炎的疗效也很好，所以，中药治病的疗效很好。

在上述论证中，原论题 p 为“中药治病的疗效很好”，但在实际论证中的论题 q 是“中药治慢性病的疗效很好”。显然 q 的外延比 p 的外延要少得多，因此，即使通过论证确定了 q 的真实性，也并不能推出 p 的真实性。

三、论据必须是真实的判断

论据是论证论题为真的根据，论证的过程就是从论据的真实性推出论题的真实性的逻辑过程。如果用不真实的判断或者是真实性尚未断定的判断作为论据，那么就无法从论据推出论题的真实性。用虚假的判断或者真实性尚未断定的判断作为论据进行论证，就会犯“虚假论据”或“预期理由”的逻辑错误。例如：

铁加热时能跟硫化合，因为，铁是金属，而所有的金属在加热时都能跟硫化合。

在这个论证中，“所有的金属在加热时都能跟硫化合”这个论据是虚假的，因为金、铂等金属都不能直接跟硫化合，犯了“论据虚假”的逻辑错误。

又如：

有人认为文学作品的社会作用很大。如北宋词人柳永的《望海潮》一词，竟然引起金国君主完颜亮攻打南宋之心。“罗大经《鹤林玉露》说：此词流播，金主亮闻歌，欣然有慕于‘三秋桂子，十里荷花’，遂起投鞭渡江之志。近时谢处厚诗云：‘谁把杭州曲子讴？荷花十里桂三秋。哪知卉木无情物，牵动长江万里愁！’”①

这段论证的论题是“文学作品的社会作用很大”，论据是“北宋词人柳永的《望海潮》一词，竟然引起金国君主完颜亮攻打南宋之心”。但事实上早在完颜亮之前，金太祖完颜阿骨打即已意图攻打南宋。1123 年继位的金太宗完颜晟更率大兵南下，俘虏了徽、钦二宗。金太宗之后的金熙宗完颜亶在位 14 年，继续南下。完颜亮即位已是 1149 年。“金国

① 胡云翼．宋词选．上海：上海古籍出版社，1982：42.

君主完颜亮攻打南宋之心”，怎么可能是由柳永的一首词所“引起”的呢？以此作为论据而推出结论显然是错误的。

司法工作中的论据真实，是指司法工作人员在办案过程中，掌握的证据必须是真实的，运用的法律法规必须是合适的。如果说在办案中运用了不真实的证据，或者说有待于证实的证据，那么，就有可能出现冤、假、错案。例如，有这样一个案件：

甲在夜间发现有人偷窃，遂持猎枪追赶。窃贼眼见要被追上，情急之下捡起地上木板向甲砸去，结果击中猎枪扳机，一粒弹丸飞入窃贼眼角，进入颅内，致死。检察机关指控被告人持枪杀人，构成故意杀人罪。①

围绕弹丸是如何击中被害人这一涉及该案定性的重要情节，被告人的辩护律师进行了有力的论辩：

从一粒弹丸进入被害人右侧眼角的事实来看，完全可断定，猎枪绝对不是直对被害人头部，如果是直对头部，那绝不是一粒，而应是几粒。因为猎枪发出的是散弹，而散弹的弹道是喇叭状的，离枪口越远，弹道横截面越大。一粒弹丸进入被害人眼角的事实是怎样形成的呢？最合理的解释是，散弹在穿透木板时，受到木板本身的阻挡、挤压，致使弹丸飞进被害人的眼角，这是极其偶然的巧合，是一个意外。带有枪弹孔洞的木板离地面高度1.8米左右，而被害人身高才1.76米，一般人扔东西时不可能身体直挺着，这时的身体高度要比身高低得多，而枪弹穿透木板后的走向基本是向斜上方打去，按理是不应伤着被害人的。伤着被害人的这粒弹丸，只能是在受到外力的阻挡、挤压后改变运行轨迹形成的，这是一种非常偶然的现象。

通过律师的辩护，我们可以看出，检察院指控被告犯故意杀人罪的证据不真实。法庭采纳了律师的辩护意见，以过失杀人罪判处被告人有期徒刑两年。

另外，真实性尚未证明的判断也不能作为论据，否则就会犯“预期理由”的逻辑错误。例如，一律师为一起故意杀人案的被告作出如下辩护：

报复杀人，一般来说都是那些有深仇大恨或者因某些矛盾发展到极点所引起的，然而，本案被告人不具有这些因素。被告人黄某与被害人刘某是中学同学，参加工作又在同一个工厂，每天进餐坐在一起，下班又是同路人，关系密切，众所周知。因此，两人既无深仇大恨，又无根本的利害冲突。虽然两人因闹笑话翻脸，黄某一时被激怒，砍伤了刘某，但黄某只有伤害的故意，而绝不会有杀人的故意。如果黄某想致刘某于死地，也不能只砍两刀就住手，况且所伤部位并非要害。无论从主观或客观上看，黄某只有伤害故意，而无杀人故意。

辩护律师的辩护，看来似乎有理，但并非全是事实。黄某与刘某二人同时爱上本厂一个女工，后来这个女工与刘某订婚，这引起两人之间的矛盾，黄某曾说过“走着瞧”。这

① 秦甫. 律师论辩的策略与技巧. 北京：法律出版社，2001：60.

说明，根据过去两人关系密切就推断黄某不会有杀人故意，实属主观臆测，毫无事实根据。黄某停刀不砍，不是黄某不想杀死刘某，而是当黄某捅第二刀时，刘某满脸是血，且卧倒在地，黄某无法判断其是死是活，况且有人夺下黄某手中的刀，使黄某无法再继续行凶。没刺中要害部位，并非黄某之所愿，刀子是直刺刘某胸部的，由于刘某的反抗躲闪，才没有伤到致命的部位。

“预期理由”并不表明理由一定虚假。它可能是虚假的，也可能是真实的。但它却表明其理由的真实性未经证实，这样的理由不能作为论证的论据，因为，用本身尚需证明的理由去证明论题，缺乏科学性，不能推出具有说服力的结论。①

四、论据的真实性不能依靠论题来证明

在论证过程中，论题是一个未知真实性的判断，只有通过真实的论据进行论证，才能确定它的真实性。如果论据的真实性不能确定，需要通过论题的真实性来进行证明，就会形成论题和论据互为论证的情况，实际上什么也没有证明。如果违反这条规则就会犯“循环论证”的逻辑错误。

例如，鲁迅在小说《阿Q正传》的结尾，描写阿Q被杀头以后在未庄引起的反应是：

“至于舆论，在未庄是无异议，自然都说阿Q坏，被枪毙便是他坏的证据；不坏又何至于被枪毙呢?”②

从这里我们可以看到，未庄人就是用阿Q的坏，来证明他要被枪毙的；又用阿Q被枪毙来证明他的坏。鲁迅通过揭示未庄人这种违反逻辑规律的循环论证的思维形式，向人们揭示了辛亥革命失败的原因：国民的愚昧麻木和没有觉醒。

五、从论据应推出论题

从论据应推出论题，也就是说论据和论题必须有逻辑联系，论据必须是论题的充分理由，论证过程中必须有正确的论证方式。如果违反这条规则，就会犯“推不出”的逻辑错误。“推不出”的逻辑错误经常表现为以下几种形式：

第一，论据不足。论据不足就是说，已有的论据还不能证明论题的真实性，即论据不够充分。例如：

张三是凶手，因为张三与被害人之间有矛盾，并且张三到过现场。

这个论证就犯了“推不出”的逻辑错误，因为单凭“张三到过现场”和“张三与被害人之间有矛盾”这两个证据不足以证明“张三是凶手”的论题为真。

---

① 秦甫. 律师论辩的策略与技巧. 北京：法律出版社，2001：412.

② 鲁迅. 呐喊. 北京：人民文学出版社，1979：108.

司法工作中的论据除了真实以外还必须充足。由于司法工作的特殊性，它对证据有两个要求：证据必须齐全；证据必须有证明力。这两点说明定罪判刑的证据必须包括犯罪全过程的证据，同时，这些证据必须和罪犯作案有逻辑联系，否则，就不能定罪判刑。因为无论是分析案情、处理案件，还是侦查起诉、定罪判刑，都必须有充分的证据，没有充分的证据，所作的结论就不能成立。如果司法工作离开了充足的论据，那么就会造成冤、假、错案。例如：

江西某县某商店负责人丁××于某年5月10日凌晨发现店内丢失现金5 200元，公安机关在侦查中发现了一个可疑对象：罗××。罗××曾在该店工作，当年四月底才调走，对店内的情况熟悉，会配万能钥匙，9日晚8时曾向该店新职工涂某打听“今晚谁值班”，10日凌晨两点多才回去睡觉。但罗××矢口否认作案。于是公安人员便把怀疑目标转移到丁××身上，理由是丁××最后离店锁门，又是当晚值班，保管店内的钥匙。店内门窗完好，可能是监守自盗。丁××被隔离审查后，开始不承认，经过两天三晚的审讯，丁××才承认是他偷的，并说赃款已在大树底下处理掉了。过后又改口说偷钱后，将钱用报纸包好，用纸绳十字形捆扎好，放在了保险柜底下。14日早上，又翻供说头晚的供认是假的。公安人员认为“真相已经大白，是丁××自己作的案”，县检察院办案人员经过查阅案卷和提审丁××，考察现场，同意公安局的起诉意见书，并补充了丁××曾流露过要买电视机，需要一笔钱这一情况。于是向县法院起诉，指控被告人丁××构成贪污罪。

辩护人分析此案后，从证据不足出发，为被告人进行了如下辩护：

证据必须经过查证属实，才能作为定案的根据。不可否认，5月9日晚上丁××具备作案的条件，但有条件不等于作案，要认定丁××作案，还必须查实本案的一些情况。如商店第一道门的小锁到哪里去了，第二道门扣上留有0.3厘米长的擦划痕迹是怎样形成的，第二道门上的弹子锁为什么打不开，后来这5 200元钱为什么又在保险柜右前方1米远的木柜子内找到？其次丁××供认是用报纸包钱，扎十字形，放在保险柜底下，实际上包钱的纸是黄色包装纸，扎的是线圈形……因此，即使被告人丁××有所供认，也不能当作真实的定罪依据。①

该案中，丁××虽然具备犯罪的条件，但这些条件只是作为构成贪污罪的必要条件，不是充要条件，检察院指控他构成贪污罪的证据明显不足。

第二，论据与论题不相干。这种错误方式是指虽然论据是真实的，但论据与论题之间没有逻辑联系，论据的真实性不能推出论题的真实性。例如，宋玉在《登徒子好色赋》中用了许多论据，向楚王证明他是不好色的，登徒子是好色的。他说：

天下之佳人，莫若楚国；楚国之丽者，莫若臣里；臣里之美者，莫若臣东家之子。东家之子，增之一分则太长，减之一分则太短，著粉则太白，施朱则太赤，眉如翠羽，肌如

① 秦甫．律师论辩的策略和技巧．北京：法律出版社，2001：63.

白雪，腰如束素，齿如含贝，嫣然一笑，惑阳城，迷下蔡。然此女登墙窥臣三年，至今未许也。登徒子则不然：其妻蓬头挛耳，龂唇历齿，旁行踽偻，又疥且痔，登徒子悦之，使有五子。王熟察之，谁为好色者矣。

即使宋玉说的论据都是真实的，但并不能证明他自己是不好色的，而登徒子是好色的，因为这些论据和论题之间没有必然的逻辑联系。

第三，以人为据。以人为据，就是论证者不去证实论题本身，而是以关于某人品质的评价作为论据，来证明某个论断的真实性或虚假性的逻辑错误。例如，法庭上，支持公诉的检察员不拿出证据来证明被告人有罪，而去谈论被告人平时的不良表现；辩护的律师不拿出证据来证明被告人无罪，而去谈论被告人平时的良好表现等，都是犯了“以人为据”的逻辑错误。另外，“以人为据”的逻辑错误，还经常表现为用权威人士的话作为论据来证明论题的真实性。例如，教会为了证明上帝的存在，把亚里士多德和托勒密提出的“地球中心说”加以神化，把哥白尼的“太阳中心说”宣布为异教邪说加以禁止，其理由仅仅是“太阳中心说”违反了亚里士多德和托勒密的“地球中心说”。在逻辑上也是犯了“以人为据”的逻辑错误。

第四，违反推理规则。任何论证都要依靠推理来进行，因此，在论证过程中必须遵守推理规则。如果在论证过程中违反了推理的规则和要求，那就意味着论题实际上并不是从论据推出的，即犯了“推不出”的逻辑错误。例如：

我是勤劳勇敢的。因为中国的青年都是勤劳勇敢的，而我是中国的青年。

这个论证是个三段论的推理形式：

中国的青年都是勤劳勇敢的，

我是中国的青年，

所以，我是勤劳勇敢的。

这个三段论的大前提与小前提中的“中国青年”是两个不同的概念，前者是个集合概念，后者是个非集合概念。这个三段论违反了“一个正确的三段论，有且只有三个不同的项”的规则，犯了“四概念”的逻辑错误。

第四节 反驳及其方法

一、反驳及其构成

反驳就是用一个或一些真实的判断，并借助推理来确定某一个判断的虚假性或某个论证不能成立的一种思维过程。例如：

“革命的发生是由于人口太多的缘故吗？古今中外有过很多的革命，都是由于人口太多吗？中国几千年以来的很多次的革命，也是由于人口太多吗？美国一百七十四年以前的反英革命，也是由于人口太多吗？艾奇逊的历史知识等于零，他连美国独立宣言也没有读过，华盛顿杰斐逊们之所以举行反英革命，是因为英国人压迫和剥削美国人，而不是什么美国人口过剩。中国人民历次推翻自己的封建朝廷，是因为这些封建朝廷压迫和剥削人民，而不是什么人口过剩。俄国人所以举行二月革命和十月革命，是因为俄皇和俄国资产阶级的压迫和剥削，而不是什么人口过剩，俄国至今还是土地多过人口很远的。蒙古土地那么广大，人口那么稀少，照艾奇逊的道理是不能设想会发生革命的，但是却早已发生了。”①

这是毛泽东同志在《唯心历史观的破产》中用来反驳“革命的发生是由于人口太多的缘故”的一段话，其中引用了已为大家所熟悉的许多真实的事例，反驳了“革命的发生是由于人口太多的缘故”的论题，证明了“革命的发生是由于人口太多的缘故”是虚假的。这就是一个反驳。

实际上，反驳也是一种论述性的证明，只不过它是用一个或几个已知为真的判断来确定另一个判断为假或证明其不能成立的思维过程；而论证是用一个或一些真实的判断确定另一个判断的真实性的思维过程。所以，反驳可以看成是一种特殊的论证。

反驳和论证是紧密联系在一起的，它们都是人们探求真理、发展真理不可缺少的认识形式和逻辑方法。俗话所说的“不破不立”，很好地说明了它们之间的关系。“破”就是反驳，“立”则是论证。“破”对方的观点就是为了“立”自己的观点；而要“立”自己的观点就不可避免地要“破”对方的观点。论证的作用在于探求真理，阐明真理，使真理为人们普遍接受；反驳的作用就是通过揭露、驳斥对方的谬误，使谬误的东西为大家所抛弃，从反面宣传真理。

反驳作为一种特殊的论证形式，也由三个部分组成，即反驳的论题、反驳的论据和反驳的方式。在反驳中，被确定为虚假性的判断，称为反驳的论题；引用来作为反驳的根据的判断，叫做反驳的论据；反驳时所运用的推理形式叫做反驳的方式。

人们在进行反驳时，一般是通过反驳对方的论题，或者反驳对方的论据，或者反驳对方的论证方式来进行的。但驳倒了对方的论据，不等于驳倒了对方的论题，即论据虚假并不意味着论题也虚假，只能说虚假的论据不能证明论题的真实性。例如：

铁加热时能跟硫化合，因为，铁是金属，而所有的金属在加热时都能跟硫化合。

反驳这个论证，我们可以通过金、铂等金属都不能直接跟硫化合，指出“所有的金属在加热时都能跟硫化合”这个论据虚假来进行。但其论题“铁加热时能跟硫化合”却是真实的，当然论题的真实性不是根据论据的真实性推导出来的。同样，反驳了对方的论证方

① 毛泽东．毛泽东选集：第4卷．2版．北京：人民出版社，1991：1510-1511.

式，指出其犯了“推不出”的逻辑错误，也并不等于驳倒了对方的论题，而只能说此论证不能成立。

二、反驳的方法

反驳是一种特殊的论证方式，因此，论证的方法也适用于反驳。按照不同的标准，可以把反驳分为直接反驳和间接反驳、演绎反驳和归纳反驳等。本教材主要介绍直接反驳、间接反驳和归谬法这三种常用的反驳方法，演绎反驳和归纳反驳可以参照演绎论证和归纳论证进行理解。

（一）直接反驳

直接反驳就是根据一个或一些判断的真实性，直接推出对方判断的虚假性的反驳方法。

例如，要反驳“哺乳动物都是胎生的”这个论题，就可以用“鸭嘴兽虽然是哺乳动物，但却不是胎生的”这一真实判断进行反驳。这就是用事实直接指出被反驳的论题“哺乳动物都是胎生的”的虚假性的反驳。显然，这是直接反驳了对方的论题。同样，也可以直接反驳对方的论据和论证方式，指出对方的论据虚假或论证方式不能成立。例如：

①铁加热时能跟硫化合，因为，铁是金属，而所有的金属在加热时都能跟硫化合。

②张三是犯罪分子，因为张三到过犯罪现场，而所有的犯罪分子都到过现场。

对例①进行反驳，可以直接指出“所有的金属在加热时都能跟硫化合”这个论据是虚假的，因为金、铂等金属都不能直接跟硫化合；而例②是用三段论来进行论证的，它违反了“三段论的中项必须周延一次”的规则，其论证方式不正确，犯了“推不出”的逻辑错误。

（二）间接反驳

间接反驳就是通过证明与对方的论题具有矛盾关系或反对关系的判断的真实性，从而根据矛盾律，确定对方的论题虚假性的反驳方法。例如：

有人说“喝醉酒的人犯罪不用负刑事责任”，这是不对的。因为我国《刑法》第十八条第四款规定：“醉酒的人犯罪，应当负刑事责任。”

这里反驳的论题是“喝醉酒的人犯罪不用负刑事责任”。反驳的方式是引用我国《刑法》的有关条文规定，证明“醉酒的人犯罪，应当负刑事责任”。显然，《刑法》规定和“喝醉酒的人犯罪不用负刑事责任”这个论题是相矛盾的，根据矛盾律两者不能同真，得出“喝醉酒的人犯罪不用负刑事责任”为假。

间接反驳方法的反驳过程可用公式表示如下：

被反驳的论题：p

假设：非 p（非 p 与 p 是矛盾关系或反对关系）

证明：非 p 真

所以，p 假

在一起刑事自诉案中，原、被告系同住一幢楼的邻居，为琐事发生扭打，原告起诉被告持刀伤害。律师通过实地调查，了解到周围邻居中许多目击证人证明：被告人从未用过刀之类的凶器，而是原告纠集了七八名打手上门寻衅斗殴。但在庭审调查中，原告向法庭出示了两份自称亲眼看见“被告模样的人用刀砍人”的证词。律师从维护当事人合法权益出发，对这两份“证词”进行了当庭论辩，揭示了这两份证词的虚假性。下面是庭审的部分内容：

辩护人：原告提供的这两个证人，一个住××路，另一个住××路，远离案发地××路，请问他们怎么这么巧在案发时来到案发地？

原告：刚才证词已陈述，他们两人在案发时正巧来到案发地××路××弄弄口的厕所小便。

辩护人：请问原告，这两个证人是如何进入案发现场的？

原告：听到呼救声，他们两人一个从前门，一个从后门，分别进入现场。

辩护人：辩护人所收集的证据证实：当时正值盛夏季节，案发地点在一条老式石库门住房的弄堂里。案发时间是晚上七八点钟，案发现场的前、后门当时正坐着许多纳凉的邻居，听到现场呼救声后，最先赶到现场的应该是在现场周围纳凉的人。辩护人向法庭提供的六七名现场证人的证词表明：案发时现场后门是关着的。案发的瞬间，前门聚集了几十名围观的群众。原告所提供的证人当时位于案发现场前门的后一条弄堂，距前门至少 30 多米而且要拐两个弯，即使闻声赶来，也绝不可能进入现场目睹案发情况。除非这两名证人是原告请来一起参与打架的，或者是故意来作伪证的。为了判明这两份证词的真伪，辩护人请求法庭传这两名证人到庭，接受法庭当庭质证。①

这里要反驳的论题是：证人的证词是真的（p）；

假设：证人的证词是假的（非 p）；

证明：这两个证人离案发地比较远，不大可能那么巧合地同时到达现场；原告所提供的证人当时位于案发现场前门的后一条弄堂，距前门至少 30 多米而且要拐两个弯，即使闻声赶来，也绝不可能进入现场目睹案发情况，案发现场的前、后门当时正坐着许多纳凉的邻居，听到现场呼救声后，最先赶到现场的应该是在现场周围纳凉的人。可见，证人的

① 秦甫. 律师论辩的策略与技巧. 北京：法律出版社，2001：61.

证词是假的（非p为真）。

所以，并非证人的证词是真（p假）。

（三）归谬法

归谬法也是一种间接反驳的方法。它的反驳过程是：先假定被反驳的论题为真，然后由这个假定推出一个或一系列显然是荒谬的结论，最后根据充分条件假言推理的“否定后件就要否定前件”的规则，确定被反驳的判断虚假的反驳方法。

归谬法的反驳过程可以表示为：

被反驳的论题：p

假设：p真

证明：如果p，那么q

非q

所以，非p

根据矛盾律：所以，p假。

运用归谬法进行反驳，可以使反驳显得简明有力，因而归谬法是人们日常生活中经常使用的一种锐利的反驳武器。归谬法的反驳方式主要有以下三种：

第一种，从被反驳的判断中引申出假判断。例如：

一位药剂师走进一个书商的铺子里，从书架上拿下一本书来问道：“这本书有趣吗？”

“不知道，没有读过。”书商回答说。

“你怎么能卖你自己未读过的书呢？”

“难道你能把你自己药房里的药都尝一遍吗？”

这里，书商就是用归谬法来反驳药剂师的。按药剂师的说法书商卖的书都必须是自己读过的，这种说法显然是错误的。但书商并不指出药剂师的说法错误，而假定他的说法是正确的，那么可以得出药剂师卖的药也必须是自己尝过的。这显然是不可能的，由此推出书商卖的书必须是自己读过的也是不可能的。其反驳的思维过程为：

被反驳的论题：书商卖的书必须是自己读过的

假设：书商卖的书必须是自己读过的是真的

证明：如果书商卖的书必须是自己读过的，那么药剂师卖的药也必须是自己尝过的，

药剂师卖的药必须是自己尝过的是假的，

所以，书商卖的书必须是自己读过的也是假的。

第二种，从反驳的判断中引申出两个相矛盾的判断。例如，意大利科学家伽利略在发现自由落体公式时，针对从亚里士多德以来一直被当成“真理”的“物体越重下落速度越快”这一观点进行反驳。他指出：如果一块轻石头A加在一块重石头B上一起下落，那

么根据“物体越重下落速度越快”的理论，就会导致两个矛盾的结论，一是“A+B”比B重，因此，“A+B”的下落速度比B快；二是慢速度的A加在快速度的B上，就会减慢B的下落速度，因此，“A+B”的下落速度比B慢。由此可见，“物体越重下落速度越快”这一观点是不能成立的。

第三种，从被反驳的判断中引申出与其相矛盾的判断。例如，鲁迅先生在《文学与出汗》一文中就运用了这种反驳方法。当时，“上海的教授”说：在英国没有写永久不变的人性的作品都消灭了。对此，鲁迅先生反驳说：它们既已消灭，“现在的教授何以看见，却居然断定它们所写的都不是永久不变的人性了”。这里鲁迅先生先假定“上海的教授”说的，“在英国没有写永久不变的人性的作品都消灭了”为真，并由此推出“现在的教授是应该看不到这些作品的”这一结论。既然“现在的教授是应该看不到这些作品的”，那么“现在的教授”怎么“居然断定它们所写的都不是永久不变的人性了?”使对方陷入自相矛盾的境地，从而揭示了原判断的谬误。

【复习思考题】

1. 什么是论证？论证由哪些要素组成？
2. 直接论证和间接论证有何区别？
3. 什么是反论证？什么是选言法？它们的论证步骤和结构如何？
4. 论证有哪些规则？违反这些规则会犯什么逻辑错误？
5. 什么是反驳？反驳与论证的关系如何？
6. 间接反驳与归谬法的定义和逻辑形式是什么？

附　录

附录一　练习题

练习题之一

一、填空题

1. 对逻辑学进行全面研究，并在理论上有系统建树的，是古希腊哲学家________。

2. 奠定归纳逻辑基础的是英国哲学家________。

3. 普通逻辑是研究思维的逻辑形式及其________和简单逻辑方法的科学。

4. 概念的内涵越多，则外延________；内涵越少，则外延________。这种关系叫反变关系。

5. 概念的矛盾关系是指 A、B 两概念的外延________，其外延之和________属概念的外延，如金属和非金属。

6. 定义是揭示概念________的逻辑方法；划分则是揭示概念________的逻辑方法。

7. 政法干部必须学逻辑，这里的“逻辑”是指________。

8. 普遍概念和单独概念中的________概念不能限制和划分。

9. “肯定判断”和“否定判断”这两个概念之间的关系是________。

10. 单独概念不能进行限制，这是因为对任何概念进行限制与概括，概念之间必须具有________关系。

二、是非题（对的请在括号内打“√”，错的打“×”）

1. 反动派的逻辑是捣乱、失败，再捣乱、再失败，直至灭亡。这里的“逻辑”一词是指某种特殊的理论、观点或看问题的方法。（　　）

2. 青少年必须学逻辑。这里的“逻辑”是指一门学问。（　　）

3. 普通逻辑主要研究思维的形式结构，同时也研究一些思维内容。（　　）

4. 概念是反映客观事物本身属性的一种思维形式。（　　）

5. 集合概念和非集合概念的主要区别是根据它们反映对象数量的多少，即外延的宽窄来确定的。（　　）

6. 概念的反对关系，就是指两概念的外延互相排斥，而其外延之和等于其最邻近的属概念的外延。如“黄色”和“红色”。（　　）

三、单项选择题（在每小题的备选答案中选出一个正确答案，并将正确答案的选项填在括号内）

1. 在“《屈原》的作者是郭沫若”这个命题中，“《屈原》的作者”和“郭沫若”这两个概念是(　　)。

A. 全同关系的概念　　B. 真包含关系的概念

C. 真包含于关系的概念　　D. 反对关系的概念

2. 在“青年是我们的未来”和“会上，青年们是很活跃的”这两个命题中，“青年”和“青年们”这两个概念(　　)。

A. 都是非集合概念

B. 都是集合概念

C. 前者是集合概念，后者是非集合概念

D. 前者是非集合概念，后者是集合概念

3. 在下列各题中，不属于逻辑划分的是(　　)。

A. 音乐可分为声乐和器乐

B. 无线电广播可分为调频广播和调幅广播

C. 人体可分为头颅、身躯和四肢

4. 在下列各题中，正确的概括是(　　)。

A. 八连战士概括为战士　　B. 直接证明概括为演绎证明

C. 选言支概括为选言命题　　D. 假言联锁推理概括为假言推理

5. 在下列各题中，正确的限制是(　　)。

A. 假言推理限制为假言易位推理　　B. 推理限制为前提

C. 宇宙限制为天体　　D. 山脉限制为喜马拉雅山脉

6. 有人把三角形划分为等角三角形和不等边三角形，这样的划分(　　)。

A. 违反了划分必须是相称的规则

B. 符合划分的规则

C. 违反了划分的子项应互相排斥的规则

D. 违反了划分的根据必须是同一的规则

7. 反动派的逻辑是捣乱、失败，再捣乱、再失败，直至灭亡。这里的“逻辑”一词是指(　　)。

A. 客观事物发展变化的规律

B. 某种特殊的理论、观点或看问题的方法

C. 人们思维的规律、规则

D. 一门学问

8. 若概念 A 真包含概念 B，而概念 B 真包含概念 C，则 A 与 C 的外延间必然是(　　)。

A. 同一关系　B. 属种关系　C. 全异关系　D. 交叉关系

9. 逻辑形式之间的区别，取决于(　　)。

A. 逻辑常项　B. 变项　C. 语言表达形式　D. 思维的内容

10. “历史上先后产生的国家有奴隶制国家、封建制国家、资产阶级国家、无产阶级国家，无论何种类型的国家都是阶级专政的工具”，这几个判断对“国家”这个概念是(　　)来说明的。

A. 仅从内涵方面　B. 仅从外延方面

C. 先从内涵，再从外延方面　D. 先从外延，再从内涵方面

四、双项选择题（在每小题的备选答案中选出两个正确答案，并将正确答案的选项填在括号内）

1. 在概念间的外延关系中，不具有传递性的是(　　)关系与(　　)关系。

A. 同一　B. 真包含　C. 真包含于　D. 交叉　E. 全异

2. 违反“定义应当相应相称”这条规则的逻辑错误有(　　)和(　　)。

A. 定义过窄　B. 定义含混　C. 定义循环

D. 同语反复　E. 定义过宽

3. 若“A 可以分为 B、C、D”是一正确的划分，则 B 与 C 的外延一定是(　　)和(　　)。

A. 矛盾关系　B. 属种关系　C. 交叉关系

D. 反对关系　E. 全异关系

4. 下列表示“划分”概念内涵的语句是(　　)和(　　)。

A. 什么是划分

B. 划分包括母项、子项和根据三个要素

C. 划分是把一个属概念，按一定的标准分成若干种概念，以明确该属概念外延的逻辑方法

D. 划分按层次可分为一次划分和连续划分

E. 正确的划分是遵守划分规则的

5. 以下各例中，不属于逻辑划分的是(　　)。

A. 一年分为春、夏、秋、冬四季

B. 学生分为大学生和非大学生

C. 推理可分为直接推理和间接推理

D. 交通工具可分为陆上的、空中的和水上的

E. 树可分为树叶、树枝、树干和树根

五、用欧勒图画出下列概念间的关系

1. A. 人民法院　B. 最高人民法院　C. 高级人民法院
   D. 中级人民法院　E. 杭州市中级人民法院
2. A. 大学生　B. 运动员　C. 女运动员　D. 北方人　E. 人
3. A. 动物　B. 大熊猫　C. 竹子　D. 人　E. 婴儿
4. A. 联合国　B. 美国　C. 香港　D. 中国　E. 台湾
   F. 浙江省　G. 杭州市
5. A. 思维形式　B. 概念　C. 判断　D. 推理　E. 演绎推理
   F. 归纳推理

练习题之二

一、填空题

1. 当 O 判断为真时，同素材的判断 A 为________，E 为真假不定，I 为________。

2. 关系判断由________、关系项和________三个部分组成。

3. 根据模态判断和非模态判断的关系，由必然模态判断真，可以推出非模态判断为________，由非模态判断的真，可以推出可能模态判断为________。

4. 设“A 判断与 B 判断矛盾”“B 判断与 C 判断矛盾”，则 A 判断与 C 判断具有________关系。

5. 一个判断的主项周延，则这个判断是________判断；一个判断的谓项周延，则这个判断是________判断。

6. 若要使“只有 p，才非 q”与“非 p 并且 q”均真，那么 p 与 q 的取值情况是 p 为________，q 为________。

7. 当 SOP 为假时，S 与 P 的外延处于________关系和________关系。

8. 判断的最基本的逻辑特征就是有________，有________；有________，有________。

9. 若 p 是 q 的充分条件，那么，q 是 p 的____________条件。

10. 与“只有通过外语考试，才能录取”相等值的充分条件假言判断是____________________；相等值的联言判断是____________________；相等值的选言判断是____________________。

11. 若用 p、q 作为变项，那么，“曹丕和曹植都是文学家”这个判断的逻辑形式可以表示为____________。

12. 当 SIP 和 SOP 取值均为真时，S 和 P 之间是____________关系，或者____________关系。

13. 与“当且仅当他是美院的学生，则他一定会画国画”相等值的负判断是____________________。

14. 若 SEP 为真，则 $SI\overline{P}$ ____________________。

15. 主项和谓项均周延的性质判断的逻辑形式是____________________；主项和谓项均不周延的性质判断的逻辑形式是____________________。

二、是非题（对的请在括号内打“√”，错的打“×”）

1. 当 O 判断为真时，则同素材的 A 判断为假，E 判断为真，I 判断为假。（　　）

2. 只要有发明创造就会受到国家的奖励，小张没有受到国家奖励，可见他没有发明创造。（　　）

3. 学习不好的同学都不是考试及格的同学，所以，有些考试及格的同学是学习好的同学。（　　）

4. 当 A 判断为假时，S 与 P 的外延处于全同关系和交叉关系。（　　）

5. 这次动漫展中的有些作品是受到好评的，由此可见，并非这次动漫展中的所有作品是没受到好评的。（　　）

三、单项选择题（在每小题的备选答案中选出一个正确答案，并将正确答案的选项填在括号内）

1. “三班所有的同学都是浙江人”，这个命题的主项是（　　）。

A. 三班的同学　B. 三班所有的同学　C. 同学　D. 三班

2. “我们班有的同学是北京人”，这个命题可以理解为（　　）。

A. 我们班至少有些同学是北京人

B. 我们班仅仅有的同学是北京人

C. 我们班有的同学不是北京人

D. 我们班有的同学是北京人，有的同学不是北京人

3. 如果 p 是非 q 的充分条件，那么非 p 就是 q 的（　　）。

A. 必要条件　　B. 充分条件　　C. 充要条件

4. 在“有些劳改犯不是盗窃犯”这个命题中，“盗窃犯”是指（　　）。

A. 仅仅是部分盗窃犯　B. 所有的盗窃犯　　C. 至少有的盗窃犯

5. 在“有些人是医生”和“所有的偶数都是能被 2 整除的数”这两个命题中，它们的谓项（　　）。

A. 都周延　　B. 都不周延

C. 前者周延，后者不周延　　D. 前者不周延，后者周延

6. 根据性质命题的对当关系，若 SOP 为假，则（　　）。

A. SAP 为假　　B. SIP 为真　　C. SIP 不定　　D. SEP 不定

7. “甲和乙是同案犯”与“甲和乙是盗窃犯”这两个命题（　　）。

A. 都是关系命题　　B. 前者是关系命题，后者不是关系命题

C. 都不是关系命题　　D. 前者不是关系命题，后者是关系命题

8. “当且仅当 p，才 q”的负命题的等值命题可以表示为（　　）。

A. 或者（p 且非 q）或者（非 p 且 q）　　B. 或者 p 或者 q

C. （并非如果 p 则 q）并且（并非如果 p 才 q）

9. 与“如果你是政法院校的学生，就一定要学逻辑”这一负命题的等值命题是（　　）。

A. 如果你不是政法院校的学生，就不一定要学逻辑

B. 你是政法院校的学生，并且一定要学逻辑

C. 你是政法院校的学生，但不一定要学逻辑

D. 并非只有你是政法院校的学生，才一定要学逻辑

10. 在“不入虎穴，焉得虎子”这个命题中，“入虎穴”是“得虎子”的（　　）。

A. 充分条件　　B. 必要条件　　C. 充要条件　　D. 什么条件都不是

11. 与“只有天下大雨，他才不来”这个命题相等值的命题是（　　）。

A. 天下大雨，但他没来　　B. 并非天不下大雨，他就来

C. 如果他来，则天没下大雨　　D. 或者天下大雨，或者他来了

12. $\neg(p \wedge q)$和 $\bar{p} \rightarrow \bar{q}$这两个命题的真值（　　）。

A. 相等　　B. 不相等　　C. 矛盾　　D. 不一定相等

13. “如果 r 则 q”与“只有 r 才 q”这两个判断形式，它们（　　）。

A. 常项、变项都相同　　B. 常项、变项都不同

C. 常项相同、变项不同　　D. 常项不同、变项相同

14. 如两个素材相同的性质判断的主项和谓项的周延情况都是不同的，则这两个性质判断具有（　　）关系。

A. 可以同真，可以同假　　B. 可以同真，不可同假

C. 不可同真，可以同假　　　　D. 不可同真，不可同假

15. 判断“粮食今年不必然再涨价”，其形式应是(　　)。

A. SEP　　B. $\Box\overline{P}$　　C. $\neg\Box P$　　D. $\Diamond\overline{P}$

四、用欧勒图画出下列概念间的关系

1. 已知“所有 S 都是 P”为假，请用欧勒图表示 S 和 P 之间的各种关系。
2. 已知“有些 S 不是 P ”为假，请用欧勒图表示 S 和 P 之间的各种关系。
3. 设 S 与 P 交叉并且 MAP 真。请用欧勒图表示 S 与 M 的各种可能的外延关系。

五、真值表题（用画真值表的方法回答下列问题）

1. A. 只要小高去火车站送客，则小林也去火车站送客。

B. 小高不去火车站送客，但小林去火车站送客

请问：A 是否蕴涵 B?

2. A. 某大学录取了小张，就不录取小李。

B. 某大学没有录取小张。

请问：当 A、B 恰有一个为假时，某大学是否录取小李?

3. A. 某人逻辑考试不及格，而且哲学考试不及格

B. 某人逻辑考试不及格，或者哲学考试不及格

请问：A、B 两组判断真值是否相等?

4. 甲、乙、丙三位领导对是否派小赵与小李去浙江大学进修发表了如下意见：

甲：如果小赵去浙江大学进修，那么小李也得去。

乙：只有小赵去浙江大学进修，小李才能去。

丙：或者小赵去进修，或者小李去进修。

请问：是否有一个方案可同时满足甲、乙、丙、三位领导的要求?

5. 当下面 A、B、C 二真一假时，能断言哪一句为真（或为假），不能断言哪一句为真（或为假)?

A. 要么小王出国，要么小孙出国。

B. 要么小王出国，要么小孙不出国。

C. 小王和小孙至少有一人不出国。

练习题之三

一、填空题

1. 三段论的格是由于__________的位置不同所决定的三段论形式。
2. 以“p → q”和“p”为前提进行假言推理，可必然地推出结论________。

3. 若 $p \vee \bar{q}$ 为真，$\bar{p}$ 为假，则 q 取值为________。

4. 以“$p \rightarrow (\bar{q} \vee \bar{r})$”和“$q \wedge r$”为前提进行推理，则可以必然推出____________________的结论。

5. 若一有效三段论的结论为全称肯定判断，则其大前提应为________判断，小前提应为________判断。

二、是非题（对的请在括号内打“√”，错的打“×”）

1. 这次画展中的有些作品是受到好评的，由此可见，这次画展中的有些作品是没受到好评的。（ ）

2. 钻石是很珍贵的，钻石是非金属，所以，非金属是很珍贵的。（ ）

3. 所有一班的学生都不比二班的学生个子高，小李不是一班的学生，所以，小李不比所有二班的学生个子高。（ ）

4. 明天不必然下雨。所以，明天可能下雨。（ ）

5. 错误必然不能长期隐瞒，所以，错误不可能长期隐瞒。（ ）

6. 只有学习成绩好，才能评上三好学生，小李没有评上三好学生，所以，他的学习成绩是不好的。（ ）

7. 谬论是站不住脚的，所以，能站住脚的就不是谬论。（ ）

8. 小杨这次去旅游，可能去苏州，也可能去无锡，肯定不去其他地方。据和他一起去旅游的小黄说，他们去苏州，所以，小杨去这次旅游不会去无锡。（ ）

9. 三班篮球队输给了一班篮球队，一班篮球队输给了二班篮球队，所以，这次比赛的冠军队是二班篮球队，亚军是一班篮球队，三班篮球队得第三名。（ ）

10. “$p \vee q$”的负命题等值于“$(\bar{p} \wedge q) \vee (p \wedge \bar{q})$”。（ ）

三、单项选择题（在每小题的备选答案中选出一个正确答案，并将正确答案的选项填在括号内）

1.“$(p \vee q) \wedge \neg (p \wedge q)$”为真的条件是（ ）。

A. p 和 q 两者之中必有一真，且可能同真

B. p 和 q 中必有一真，且只有一真

C. 或 p 真或 q 真

D. p 和 q 两者之中必有一假，也可能同假

2. “并非只有非 p，才非 q”等值于（ ）。

A. 如果非 p，那么非 q　B. p 并且非 q　C. 非 p 且 q　D. 只有 p，才 q

3. “从事法律工作的人有些是学过逻辑学的，这个单位所有的人是从事法律工作的，所以，这个单位有些人是学过逻辑学的”这个三段论推理是（ ）。

A. 正确的　　B. 犯四概念错误　　C. 犯大项扩大的错误

D. 犯小项扩大错误　　E. 犯中项不周延的错误

4. 下列直接推理形式正确的是(　　)。

A. $SO\overline{P} \rightarrow \overline{P}OS$　　B. $\overline{S}AP \rightarrow PE\overline{S}$　　C. $\overline{S}EP \rightarrow \overline{S}OP$　　D. $SIP \rightarrow \overline{P}OS$

5. 下列三段论犯“大项扩大”逻辑错误的是(　　)。

A. POM
SAM
∴SOP　　B. MOP
SAM
∴SEP　　C. PEM
MAS
∴SOP　　D. MAP
MES
∴SIP

6. 第一格的三段论，若要形式正确，则(　　)。

A. 任何一前提都不能是 O 命题

B. 大前提必肯定

C. 小前提必须是全称肯定命题

D. 如果大前提否定，则小前提必特称

7. “艺术性强的作品必然都获奖”和“艺术性强的作品可能不获奖”这两个判断之间是(　　)。

A. 矛盾关系　　B. 反对关系　　C. 差等关系　　D. 下反对关系

8. “学过逻辑的人有些是学过中国文学史的，这个班所有的学生都学过逻辑，所以，这个班有些学生学过中国文学史”，这个三段论的错误是(　　)。

A. “四概念”的错误　　B. “大项不当周延”的错误

C. “小项不当周延”的错误　　D. “中项不周延”的错误

9. 在“$(p \quad q) \land p \rightarrow q$”的空格内填入联结词(　　)，可使其成为有效推理式。

A. $\lor$　　B. $\land$　　C. $\rightarrow$　　D. $\leftarrow$

10. 以“$A \land B$”和“$\overline{B} \lor C$”为前提进行演绎推理，可以得出的结论是(　　)。

A. $A \land \overline{B}$　　B. $A \land \overline{C}$　　C. $C \land B$　　D. $\overline{C} \land A$

11. 当 B 等于 Y 时，A 等于 Z；当 A 不等于 Z 时，E 要么等于 Y，要么等于 Z，所以，(　　)

A. 当 B 等于 Y 时，E 既不等于 Y 也不等于 Z。

B. 当 A 等于 Z 时，Y 或者 Z 等于 E。

C. 当 B 不等于 Y 时，E 既不等于 Y 也不等于 Z。

四、双项选择题（在每小题的备选答案中选出两个正确答案，并将正确答案的选项填在括号内）

1. 一个演绎推理，如果结论是虚假的，那么(　　)。

A. 前提肯定不真实　　B. 前提可能不真实　　C. 推理形式可能错误

D. 推理形式肯定错误　　E. 前提不真实且推理形式错误

2. 下列各式作为三段论第一格推理形式，无效的是(　　)。

A. AAA　　B. AEE　　C. EAA　　D. AII　　E. EIO

3. “有些人是劳动模范，有些人是战斗英雄，所以有些战斗英雄是劳动模范”，这个三段论(　　)。

A. 犯了“大项不周延”的错误　　B. 犯了“小项不周延”的错误

C. 犯了“中项不周延”的错误　　D. 犯了“四概念”的错误

E. 违反了“两个特称的前提不能得出结论”的规则

4. 与“ $\overline{p}\wedge\overline{q}\rightarrow r$ ”具有等值关系的是(　　)。

A. $\overline{r}\rightarrow p\vee q$　　B. $p\vee q\rightarrow\overline{r}$　　C. $\overline{p}\wedge\overline{q}\wedge\overline{r}$

D. $r\leftarrow\overline{p}\wedge\overline{q}$　　E. $r\rightarrow\overline{p}\wedge\overline{q}$

5. 当“有 A 不是 B”假而“有 B 不是 A”真时，A 与 B 的外延关系应为(　　)。

A. 全同　　B. 交叉　　C. A 真包含于 B　　D. 全异　　E. B 真包含 A

6. 下列各式中，依据下反对关系而进行的有效推理是(　　)。

A. SIP →¬SOP　　B. SIP →SOP　　C. ¬SOP→SIP

D. ¬SIP →¬SOP　　E. ¬SIP →SOP

7. 当一个三段论的形式有效而结论虚假时，它的两个前提必定是(　　)。

A. 都是真的　　B. 都是假的　　C. 至少有一个是假的

D. 至少有一个是真的　　E. 或大前提假或小前提假

8. 与“如果小李不来，那么小王来”等值的判断有(　　)。

A. 或者小李来，或者小王来　　B. 并非（小李不来，小王也不来）

C. 并非（小李来，小王也来）　　D. 如果小王来，那么小李不来

E. 如果小李来，那么小王不来

9. 设“所有 A 是 B，所有 B 是 C”是有效三段论的两个前提，则此三段论(　　)。

A. 必然是第一格　　B. 不是第二格，也不是第三格

C. 必然是第四格　　D. 既非第一格，又非第四格

E. 不是第一格，就是第四格

10. 以“如果受贿，那么就会犯法”为前提进行有效的充分条件假言直言推理，其另一前提可以是(　　)。

A. 受贿　　B. 未犯法　　C. 未受贿　　D. 犯法　　E. 并非没有犯法

五、多项选择题（在每小题备选的答案中至少有一个是正确的，请把正确答案的选项填写在括号内）

1. 运用性质命题的直接推理，由 SAP 真可以必然推出(　　)。

A. SIP 真　　B. $\overline{S}O\overline{P}$ 真　　C. $\overline{P}A\overline{S}$ 真　　D. $\overline{P}O\overline{S}$ 真　　E. $\overline{S}I\overline{P}$ 真

2. 有一个正确的三段论，其结论是 O 命题，因此(　　)。

A. 前提中肯定有一个 O 命题　　B. 前提中肯定有一个 E 命题

C. 前提中至少有一个 E 命题　　D. 前提中不一定有 O 命题

E. 前提中可能有两个 O 命题　　F. 前提中可能有一个 E 命题

3. “凡敲诈勒索罪都是故意犯罪，所以，并非凡敲诈勒索都不是故意犯罪”这一推理属于(　　)。

A. 对当关系推理　　B. 换质法　　C. 联言推理

D. 三段论省略式　　E. 直接推理

4. “有些 A 是 B，所有 B 是 C，所以，所有 A 是 C”这个三段论(　　)。

A. 正确

B. 违反了“前提中有一个特称判断，结论只能为特称”的规则

C. 没有犯“小项扩大”的逻辑错误

D. 违反了“前提中必须有一个否定判断”的规则

E. 违反了“在前提中不周延的项，在结论中也不得周延”规则

5. 由 $\bar{S}A\bar{P}$ 为前提，可必然推出(　　)。

A. PAS　　B. $\bar{S}I\bar{P}$　　C. $\bar{S}EP$　　D. $\bar{S}OP$　　E. $\bar{P}I\bar{S}$

6. 以“必然 P”为前提，可必然推出(　　)。

A. P　　B. 非 P　　C. 可能 P　　D. 不可能非 P　　E. 并非必然非 P

7. 下列推理形式中，形式正确的是(　　)。

A. $(\bar{p} \vee \bar{q} \vee \bar{r}) \wedge (p \vee r) \rightarrow \bar{q}$　　B. $(r \rightarrow S) \wedge r \rightarrow S$

C. $(\bar{p} \wedge \bar{q} \rightarrow r) \wedge (\bar{p} \wedge \bar{r}) \rightarrow q$　　D. $\bar{p} \wedge \bar{q} \wedge r \rightarrow \bar{p} \wedge r$

E. $(q \rightarrow p) \rightarrow (\bar{p} \rightarrow \bar{q})$

8. 已知 $p \vee q$ 为假，则为假的是(　　)。

A. $p \wedge \bar{q}$　　B. $p \dot{\vee} q$　　C. $\bar{p} \rightarrow q$　　D. $\bar{p} \leftarrow \bar{q}$　　E. $p \leftarrow \rightarrow q$

六、判断、推理题

1. 一天，家住在北京的小李和小张，陪同从外地来北京游玩的小黄去游北海公园。在公园里，小李对小黄说：“我的家离北海公园很近，半小时可以走到。”小张接着说：“北海公园离我们家也很近，半小时也能走到。”小黄听了以后，说：“那你们两家彼此也一定离得很近了。”但小李和小张却一起否认说：“不，我们两家彼此离得并不近。”为什么呢？小黄一下子转不过弯来。请你用学过的逻辑知识来分析说明这是为什么。

2. 初中二年级学生小钟从小就爱学习。一天，他对妈妈说：“我长大了一定要当个科学家。”“好！孩子应该有志气。”妈妈停了停，又说：“当科学家可不是那么容易的。只有坚持刻苦学习，长大了才能当个科学家！”小钟说：“妈妈，按您这么说，我长大以后一定能成为科学家了，我不是从小学一年级开始，一直到现在都是刻苦学习的吗？所以，我长大以后一定可以当个科学家！”请问：小钟的说法对吗？为什么？

3. 从“学习不好的同学都不是考试及格的同学”这一前提出发，能否分别推出以下

五个结论？如能，请将推理形式用符号表示。

A. 学习好的同学都是考试及格的同学

B. 有些考试及格的同学是学习好的同学

C. 非考试及格的同学有些不是学习不好的同学

D. 有些学习好的同学不是考试及格的同学

E. 考试及格的同学不是学习不好的同学

4. 从“我们班里的同学都是来自南方的”能否推出“不是来自南方的都不是我们班的同学”或“来自南方的都是我们班的同学”？如能，请将这个推理过程用公式表示出来；如不能，请说明理由。

5. 在下列括号内填入适当的符号，使其构成一个正确的三段论。

$$\begin{array}{l} P\ \ A\ \ M \\ \underline{S\ (\quad)\ M} \\ S\ (\quad)\ P \end{array}\qquad\qquad \begin{array}{l} M\ \ I\ \ P \\ \underline{(\quad)(\quad)(\quad)} \\ S\ (\quad)\ P \end{array}$$

6. 有一个正确的三段论形式，它的小前提为特称否定判断，请问：这个三段论形式怎样？写出它构造的步骤及根据。

7. 有一次苏丹国王外出，在路上碰到聪明狡黠的苏特拉斯。苏特拉斯对国王说：“陛下，您知道不知道我是全国最会讲谎话的人。”国王摇摇头说：“如果你能使我相信你说谎话，那我就给你一镑金币。”苏特拉斯说：“陛下，这一镑金币我拿定了。您听好，我现在就开始说：‘在三十年以前的一天夜里，您父亲和我父亲在一起赌钱，后来您父亲输了，当时他向我父亲借了一镑金币。可惜后来钱还未还，他们就去世了。’”“胡说！你说谎。”国王气得跳了起来，苏特拉斯拿起金币笑着说：“对不起，这镑金币我拿走了。”国王气得直翻白眼（注：当时苏丹法律规定父债子还）。

请问：苏特拉斯是用什么推理得出“这一镑金币我拿定了”的结论的？并请写出其推理形式。

8. W 市太平洋保险公司办公室有 A、B、C、D、E 五位职员，商定即将到来的元旦的值班问题。大家商定的意见，概括起来有如下四条：

① 如果 E 来值班，那么 A 或 C 也得来值班

② 如果 B 不来值班，那么 A 也不来值班

③ 如果 C 来值班，那么 B 也来值班

④ 如果 E 来值班，D 才来值班

现在假定：D 在这一年元旦是去值班的。请问：B 有没有去值班？请写出推理过程。

9. 几位大学生在一起议论现代社会中的某些难题，设他们如下的论断都是真的，则他们从中可以得出什么良策？写出推导过程。

A. 要么保住耕地（p），要么饿肚子（q）

B. 如果人口增长（r），那么就要增加住房（s）

C. 只要多盖高楼（ t ），才能既增加住房，又保住耕地

D. 人口在增长，又不能饿肚子

练习题之四

一、是非题（对的请在括号内打“√”，错的打“×”）

1. 茉莉花有香味，米兰花有香味，郁金香有香味……所以，凡是花都有香味。（　　）

2. 大白杨和小白杨的叶、枝、干相似，嫁接容易成活，桃树和柳树的叶、枝、干也相似，所以，桃树和柳树嫁接也容易成活。（　　）

3. 在观察和实验中，只看到一部分有关材料，而看不到另一部分有关材料，逻辑上叫做犯了“误观察”的逻辑错误。（　　）

4. 不完全归纳法和类比推理的思维过程相同，所以它们的结论都是或然性的。（　　）

5. 逻辑上所说的假说，不是指一种虚拟情况，而是对某种事物的猜测。（　　）

6. 假说的验证分为两个步骤，其中第二个步骤是事实的验证过程，它可以采用经验的直接对照方式，也可以采用经验的间接对照方式。（　　）

二、单项选择题（在每小题的备选答案中选出一个正确答案，并将正确答案的选项填在括号内）

1. 有一种归纳推理，它的前提与结论之间有一种必然联系，它是(　　)。

A. 完全归纳推理　　B. 科学归纳推理

C. 简单枚举归纳推理　　D. 概率归纳推理

2. 契合差异并用法的特点是(　　)。

A. 同中求异　　B. 异中求同

C. 求同求异相继应用　　D. 既识同又辨异

3. 类比推理和科学归纳法都属于(　　)推理。

A. 直接推理　　B. 演绎推理

C. 或然性推理　　D. 必然性推理

4. 完全归纳推理结论的知识(　　)前提知识的范围。

A. 少于　　B. 等于　　C. 超出　　D. 有时等于有时超出

5. 因船舶遇难落水的人在水中最多能坚持多久？有人研究发现，会水的人在水温 0℃时可以坚持 15 分钟；在 2.5℃时，是 30 分钟；在 5℃时，是 1 小时；10℃时是 3 小时；25℃时是一昼夜。可见，人在水中坚持的时间长短与水温高低有因果联系。获得这一结论运用的是探求因果联系的(　　)逻辑方法。

A. 求同法　　B. 求异法　　C. 共变法　　D. 剩余法

6. 南极的企鹅是“滑雪健将”，每小时能滑雪 30 千米。企鹅滑雪时让肚皮贴在雪面

上，雪面承受全身重量，双脚作“滑雪杖”蹬动。人们由此设计了“极地汽车”，车身贴在雪面上，两边的“轮勺”作“滑雪杖”。这样，极地越野汽车试制成功了，时速可达50千米，比企鹅还快。这一陈述中包含了（　　）推理。

A. 演绎　　B. 归纳　　C. 类比　　D. 模态

三、判断推理题

1. 某地发生一起扼死奸尸案，并抢走某品牌手表一块。案发后，刑侦人员细致地勘查了现场，发现罪犯留下了一系列痕迹：在被角、褥单和蓝呢子上衣上有鞋印；在床头柜上有手印；在尸体两手上有咬伤齿痕及唾液，地上还有一颗军式纽扣。不久，罪犯李某在出卖某品牌手表时被抓获。经鉴定确认：李某的胶底鞋鞋印与现场足迹相同；现场指纹系李某右手食指所留；现场提取的军式纽扣与李某的的确良上衣上的纽扣的式样、磨损程度均相一致；李某的牙齿形态、牙齿间距以及个别特征与从被害人手上提取的牙痕相符；李某的唾液分泌物为B型，与现场提取的唾液类型一致。据此确认李某为本案的罪犯无疑。

请问：刑侦人员在此采用了什么推理形式？请将其推理形式表达出来。

2. “既使我与若（你）辩矣，若胜我，我不若胜，若果是也，我果非也邪？我胜若，若不吾胜，我果是也，而（尔）果非也邪？其或是也，其或非也邪？其俱是也，其俱非也邪？我与若不能相知也，则人固受其黮黯（昏暗不明），吾谁使正之？使同乎若者正之？既与若同矣，恶能正之！使同乎我者正之？既同乎我矣，恶能正之！使异乎我与若者正之，既异乎我与若矣，恶能正之！使同乎我与若者正之？既同乎我与若矣，恶能正之！然则我与若与人俱不能相知也，而待彼也邪……是若果是也，则是之异乎不是也亦无辩；然若果然也，则然之异乎不然也亦无辩。”（《庄子·齐物论》）

请问：庄子在这段论述中是用什么样的方法得出“辩无胜”的结论？

3. 请将下列第四行的字母顺序排列出来。

A、B、C、D、E

D、C、E、B、A

B、E、A、C、D

?　?　?　?　?

4. 人们根据经验知道，触电死亡的人两臂肘部弯曲，火烧死的人两臂肘部弯曲，雷击死的人两臂肘部弯曲，因而作出结论：凡高温致死的人都是两臂肘部弯曲。

请问：以上结论是怎么推理出来的？

5. 19世纪30年代，英国商人威尔斯以从冯灿的茂隆皮箱商行订购的皮箱中有不是皮的木料为由，向香港法院起诉，蓄意敲诈冯灿。针对这种情况，冯灿的律师罗文锦取出口袋的金怀表，高声问法官：“请问这是什么表？”法官答道：“这是金表，可是这与本案有什么关系？”罗文锦高举金表，面对法庭上所有的人说：“有关系。这是金表，没有人怀疑是吧？但是，请问，这块金表除表面镀金之外，内部的机制都是金制的吗？”旁听者同声议论：“当然不是。”罗文锦继续说：“那么人们为什么又叫它金表呢?”稍作停顿又高声说：“由此可见，茂隆行的皮箱案不过是原告无理取闹、存心敲诈而已。”原告理屈词穷，法庭最后以威尔斯诬告，罚款 5 000 元结案。

请问：在皮箱诉讼案的法庭辩论中，辩护律师罗文锦运用了什么推理形式来反驳对方?

四、因果联系题（分析下列思维活动中，各运用了何种探求因果联系的逻辑方法）

1. 我们学校里有一些学习成绩优秀的同学，他们的年龄有大有小，他们有的生长在工人家庭，有的生长在知识分子家庭，有的生长在农民家庭，尽管他们的客观条件不一样，但这些同学有一个共同特点，就是学习态度端正、学习刻苦努力。所以说，学习态度端正、学习刻苦努力是他们取得优秀成绩的原因之一。

2. 公安人员常遇到酒精中毒死亡的案例。酒精是各种酒的主要成分，特别是烧酒中酒精的成分更多。酒精能麻痹神经中枢，使血管扩张，饮酒稍多，人就会出现颜面潮红、脉搏加快、情绪激动等现象。如饮酒量增多，中毒现象亦会随之加剧。除上述现象外，还会出现语无伦次、举止异常，甚至呕吐等，如饮酒再增而过量，中毒现象会更加剧烈，除上述现象外，还会出现昏迷、深睡，最后因呼吸麻痹而死亡。由此可见，饮酒过量是中毒死亡的一个原因。

3. 在土壤耕作和管理都相同的两块小麦试验田中，冬灌的比没有冬灌的产量高，因此，冬灌可能是提高小麦产量的一项有效措施。

4. 研究人员对某县居住 20 年以上、年龄在 40 岁以上的 1 371 名男性和因患癌症在近期去世的 199 人的饮绿茶的习惯进行了调查。他们将被调查人员按每天的喝茶量分为 3 杯以下，4～9 杯和 10 杯以上三个组。从癌症患者的平均死亡年龄看，男性 3 杯以下组为 66 岁，4～9 杯组为 68 岁，10 杯以上组为 74 岁。这组数据表明，喝绿茶越多者，平均死亡年龄就越大。

5. 人们很早就知道，种植豆类植物如豌豆、蚕豆、大豆时，不仅不需要给土壤施氮肥，而且豆类植物还可以使土壤增加氮；而种植非豆类植物如麦子、油菜、稻子时，则没有这种现象。经过研究后，人们发现豆类植物的根部有称作根瘤的突起物，而其他非豆类植物则没有。由此人们得出结论：豆类植物的根瘤能使土壤增加氮。

练习题之五

一、填空题

1. 反证法是先论证与原论题相矛盾的判断为假，然后根据________律确定原论题为真的论证方法。

2. 根据普通逻辑基本规律中的________律，“如果认真学习就能考出好成绩”为真，则“即使认真学习也不能考出好成绩”为假。

3. 根据普通逻辑的________律，若“李明是监狱管理专业的学生但不精通监狱法”为假，则相应的假言判断____为真。

4. 矛盾律的要求是：在同一思维过程中，对于具有________和________关系的判断，不应该承认它们都是真的。

5. 反证法是通过确定与论题具有________关系的判断的虚假来确定论题真实性的间接论证。

6. 论证是用一个或一些已知为真的判断确定另一判断真实性的思维过程，它是由________、________和________三个部分组成的。

7. 本来要论证的论题是 p，而实际上论证的论题却是 p+1，这种错误称为________。

二、是非题（对的请在括号内打“√”，错的打“×”）

1. 在 A 和非 A 两个命题中，矛盾律认为其必有一个是真的，而排中律则认为必有一个是假的。（　　）

2. 在反驳过程中，只要驳倒了对方的论据，也就驳倒了对方的论题。（　　）

3. “郑斌的意见是对的，因为他是听他哥哥说的。”这个论证的错误是论据虚假。（　　）

4. 同一律的主要作用是保证思维的确定性，矛盾律是保证思维的明确性，排中律是保证思维的一致性，充足理由律是保证思维的论证性。（　　）

5. 论证性和说服力的关系是有说服力就一定有论证性。（　　）

三、单项选择题（在每小题的备选答案中选出一个正确答案，并将正确答案的选项填在括号内）

1. 假如我们对“一个人犯了法就要判刑”和“一个人犯了法但他没有判刑”这两个命题都进行否定，则（　　）。

A. 违反了排中律的要求　　　　B. 违反了矛盾律的要求

C. 既不违反排中律，也不违反矛盾律的要求

2. 在驳斥一种错误论题时，可以不必直接证明其错误，而只要把与之相矛盾的另一论题的真实性证明之后，根据（　　），就可以推出它是假的。

A. 同一律　　B. 矛盾律　　C. 排中律　　D. 充足理由律

3. 若否定$\bar{p}\rightarrow\bar{q}$，又否定 $q\wedge\bar{p}$，则（　　）的要求。

A. 违反同一律　　　　B. 违反矛盾律

C. 违反排中律　　　　D. 不违反逻辑基本规律

4. 以下的判断中，违反逻辑规律要求的是(　　)。

A. SAP 真且 $SE\overline{P}$ 真　　　　B. $SE\overline{P}$ 真且 SEP 真

C. SAP 真且 $SI\overline{P}$ 假　　　　D. SOP 真且 SIP 假

四、双项选择题（在每小题的备选答案中选出两个正确答案，并将正确答案的选项填在括号内）

1. 不完全归纳推理与类比推理的共同点是(　　)。

A. 结论的断定范围超出前提断定的范围　　　　B. 前提不蕴涵结论

C. 从个别到一般　　　　D. 从一般到个别　　　　E. 从个别到个别

2. 同时肯定“明天可能不刮风”和“明天必定会刮风”就会(　　)。

A. 违反排中律的要求

B. 违反矛盾律的要求

C. 既违反排中律的要求，又违反矛盾律的要求

D. 既不违反排中律的要求，又不违反矛盾律的要求

E. 或者违反矛盾律的要求，或者违反排中律的要求

3. 下列逻辑错误中，违反同一律要求的是(　　)。

A. 偷换概念　　　　B. 转移论题　　　　C. 自相矛盾

D. 模棱两不可　　　　E. 推不出

4. 完全归纳推理是一种(　　)推理。

A. 必然性　　B. 或然性　　C. 科学归纳　　D. 求因果　　E. 从个别到一般

5. 以下各组推理中，有效的是(　　)。

A. p 或 q，p，所以非 q　　　　B. p 或非 q，非 p，所以非 q

C. p 或非 q，q，所以非 p　　　　D. p 或非 q，非 q，所以 p

E. 非 p 或非 q，q，所以非 p

6. 在证明中运用间接证明，要借助于(　　)。

A. 不相容选言推理肯定否定式

B. 选言推理否定肯定式

C. 二难推理

D. 充分条件假言推理否定肯定式

E. 充分条件假言推理肯定否定式

7. “小方和小林的分析都是对的，因为如果小林和小方的分析不对，则逻辑规律本身也值得怀疑了。”这段议论所采用的论证方式是(　　)。

A. 直接论证　　　　B. 反证法　　　　C. 选言证法

D. 归纳论证　　　　　　　　　E. 演绎论证

8. 下列断定中，作为正确论证的必要条件是（　　）。

A. 论题必须保持同一　　　　　B. 论据中不能包含假言判断

C. 论据必须真实可靠　　　　　D. 论证方式必须是演绎推理

E. 论题不能是或然判断

五、分析论证题

1. 名人未出于名门者，委实更多。值得注意的是，越是查看一些名人的经历，就越是发现他们的出身并不高贵，其家庭既不是有万贯余财的富翁，其生父远祖也没有具备后辈名人所擅长的技艺，以至于可以祖传世袭。因此，我们可以说，所有名人都是从无名小辈中过来的，从没有生下来就是名人的先例。

请分析上面这段论证文字是否有逻辑错误，如有，请具体说明。

2. 地震能预报还是不能预报？无论是科学理论还是实践经验，都说明地震不能预报的观点是完全站不住脚的。地震是一种自然现象，是有规律的，是可以被人们所认识、所掌握的。这主要是指地震之前的征兆。如果地震之前有征兆，就不难作出预报，而古今中外的地震实例可以证明地震之前有征兆的论断是正确的。日本科学家曾发现日本发生过的几次大地震，震前也有地震云或植物有异常的变化。中国历史上发生的 1917 年 7 月的辽南大地震、1933 年 8 月的四川叠溪大地震，在震前气候都异常；1964 年的邢台地震、1975 年的辽宁海城地震、1976 年的松潘和平武地震等，在震前气候或地磁场，或动植物，或地下水位方面，都有反常的变化。

请指出这段文章的总论题，并写出论证方式（具体推理过程）。

3. 逻辑是有阶级性的，因为第一，逻辑属哲学的范畴，而哲学是有阶级性的；第二，逻辑学作为一种社会意识形态，它是上层建筑，而上层建筑是有阶级性的。

请问：此论证是否正确？为什么？

4. 有一年，某省中专入学考试的数学题目中，有这样一道题目：“有一个三角形，它的三边分别为 3cm、4cm、5cm，请问：这是个什么三角形？”

许多考生都知道这是个直角三角形，不少考生是这样论证的：凡是直角三角形都是斜边的平方等于其他两边平方之和，这个三角形斜边平方等于其他两边平方之和，所以，这个三角形是直角三角形。

请问：上述论证是否正确？如不正确，请指出其犯了什么逻辑错误。

5. 蝙蝠在黑夜中能快速飞行而不会撞到障碍物，为什么？科学家们根据超声波的知识，提出假说：蝙蝠在黑暗中能避开障碍物，是由于它能发出一种超声波，而它的耳朵能听到这种超声波遇障碍物时产生的回声。由这个假说就可以推出一个结论：如果把蝙蝠的耳朵塞严了，那么，它就会碰在障碍物上。于是，科学家们把塞了耳朵的蝙蝠放到暗室中，结果发现，蝙蝠马上失去了发现障碍物的能力。

请问：上述材料中提出的假说是什么？提出该假说的依据是什么？验证该假说时用的是什么方法？

6. 本案死者是他杀，因为如果本案死者背部有多处致命刀伤，则本案死者是他杀；经查证，本案死者背部确有多处致命伤，所以，本案死者是他杀。

请问：上述材料中的论题是什么？论据是什么？采用的是什么样的论证方式？

7. 一个结论是全称的正确的三段论，中项能否周延两次？为什么？

8. 某校甲班有 45 人，多少人通过了英语四级？有甲、乙、丙三人在议论：

甲：甲班的李聪同学没有通过英语四级。

乙：甲班有人通过了英语四级。

丙：甲班有人没通过英语四级。

若甲、乙、丙三人中有一句真话，请问：(1) 甲班有多少人通过了英语四级？(2) 哪一句是真话（要求写出推导过程）？

9. 设下列四句话中有一句话是真的。请问：哪一句话是真的？S 与 P 是何种外延关系（要求写出推导过程）。

A. 有 S 是 P

B. 如有 S 不是 M，则有 S 是 M

C. 有 P 是非 S

D. M 都不是 P

10. 已知：A. 只有 MOS 假，MOP 才真。

B. 如果 MOS 假，那么 MOP 真。

C. MIP 假。

求证：SOP 真。

11. 某监狱发生了一起偷窃案，经侦查，对重大嫌疑的甲、乙、丙、丁四犯人进行了审讯，这四个人口供如下：

甲：不是我作案的。

乙：是丁偷的。

丙：是乙偷的。

丁：不是我作的案。

现在我们假定这四个人中只有一个人说真话，请问：这个案子的罪犯是谁？为什么？如果假定这四个人中只有一个人说假话，请问：这个案子的罪犯又是谁？为什么？

12. 甲、乙、丙、丁四个辩论队进入了前四名的决赛圈。对于辩论赛的最后结果，有四位同学预测如下：

(1) 丁队是第一名。

（2）甲队不是第一名，并且乙队不是第二名。

（3）如果乙队是第二名，那么丙队不是第三名。

（4）如果甲队不是第一名，那么乙队是第二名。

辩论赛结束后，结果表明这四位同学的预测只有一人的预测正确。请问：甲、乙、丙、丁四个辩论队的名次依次是怎样的？

附录二　练习题参考答案

练习题之一参考答案

一、填空题

1. 亚里士多德　2. 弗兰西斯·培根　3. 基本规律
4. 愈窄；愈宽　5. 没有任何重合；等于　6. 内涵；外延
7. 一门学问　8. 单独　9. 矛盾关系
10. 属种关系

二、是非题

1. ×　2. √　3. ×　4. ×　5. ×　6. ×

三、单项选择题

1. A　2. B　3. C　4. A　5. D　6. D　7. A　8. B　9. A　10. D

四、双项选择题

1. D、E　2. A、E　3. D、E　4. B、C　5. A、E

五、欧勒图题（1、5 小题略）

2.

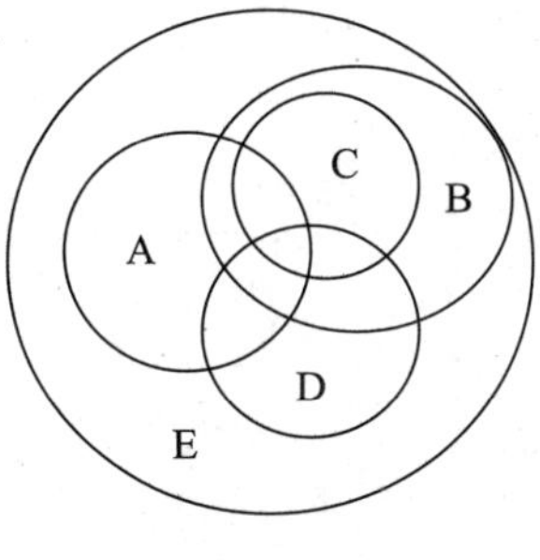

3.

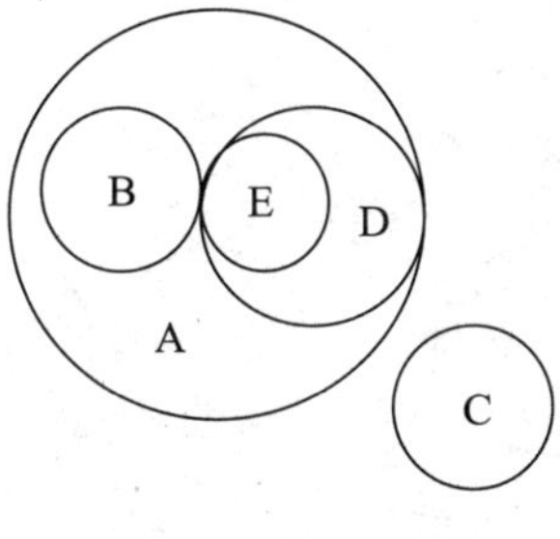

4.

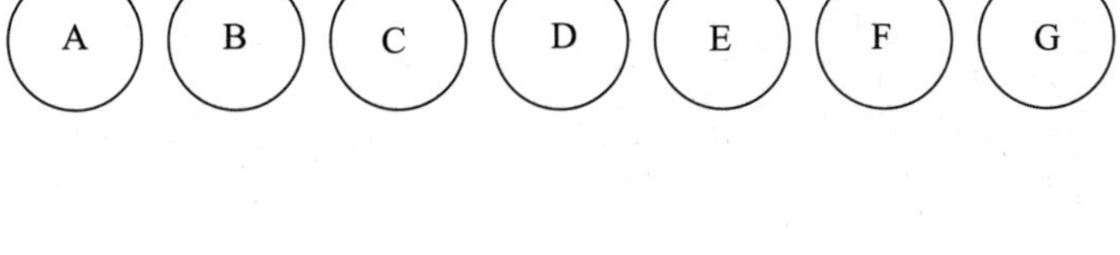

练习题之二参考答案

一、填空题

1. 假；真假不定　　2. 关系者项；量项　　3. 真；真　　4. 等值

5. 全称；否定　　6. 假；真　　7. 同一；真包含于

8. 真；假；肯定；否定　　9. 必要

10. 如果不通过外语考试，就不能录取；并非不通过外语考试，也能录取；或者通过外语考试，或者不录取

11. $p\wedge q$　　12. 交叉；真包含

13. 他或是美院学生但不会画国画，或者他不是美院学生但会画国画

14. 真　　15. SEP；SIP

二、是非题

1. ×　　2. ×　　3. √　　4. ×　　5. √

三、单项选择题

1. A　2. A　3. A　4. B　5. B　6. B　7. B　8. A

9. C　10. B　11. D　12. B　13. D　14. D　15. C

四、欧勒图题

1.

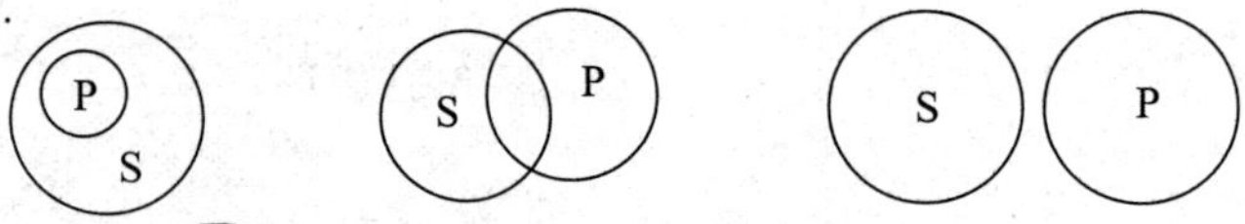

2.

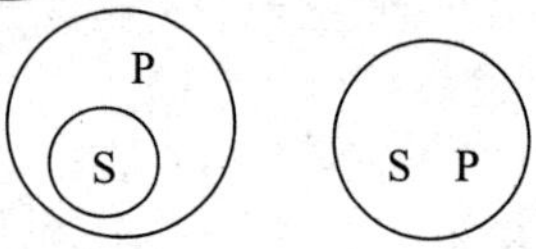

3.

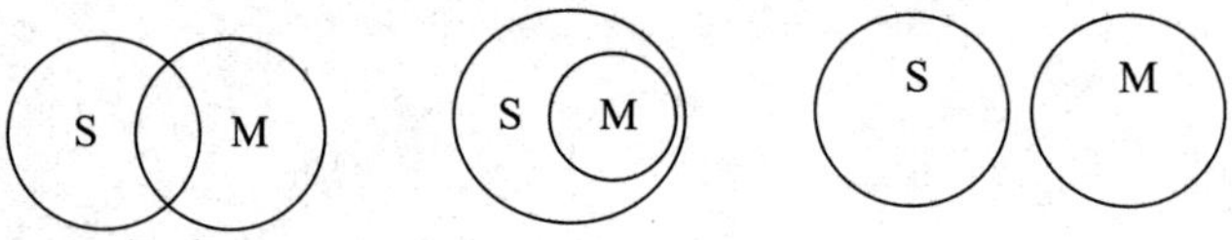

五、真值表题（表略）

1. A：$p\to q$

B：$\bar{p}\wedge q$

A 不蕴涵 B。

2. A：$p\to\bar{q}$

B：$\overline{p}$

某大学没有录取小李。

3. A：$p \wedge q$

B：$p \vee q$

A、B两组判断不等值。

4. 甲：$p \rightarrow q$

乙：$p \leftarrow q$

丙：$p \vee q$

让小赵和小李都去浙江大学进修，可同时满足甲、乙、丙三位领导的要求。

5. A：$p \dot{\vee} q$

B：$p \dot{\vee} \overline{q}$

C：$\overline{p} \dot{\vee} \overline{q}$

当A、B、C二真一假时，C为真；A、B不定。

练习题之三参考答案

一、填空题

1. 中项在前提中 2. q 3. 假 4. $\overline{p}$ 5. MAP（全称肯定）；SAM（全称肯定）

二、是非题

1. × 2. × 3. × 4. × 5. √ 6. × 7. √ 8. × 9. × 10. ×

三、单项选择题

1. B 2. B 3. E 4. C 5. A 6. A 7. A 8. D 9. C 10. C 11. A

四、双项选择题

1. B、C 2. B、C 3. C、E 4. A、D 5. C、E

6. C、E 7. C、E 8. A、B 9. B、E 10. A、B

五、多项选择题

1. A、B、C、D、E 2. D、F 3. A、E 4. B、E

5. A、B、C、D、E 6. A、C、D、E 7. B、C、D、E 8. A、B、C

六、判断、推理题（分析略）

1. “离……很近”是一种非传递性关系，小黄错误理解为传递性关系。

2. 小钟把必要条件作为充分条件，犯了“肯定前件，肯定后件”的错误。

3. A、C、D不能推出结论；B、E可以推出结论：

B. SEP → PES →PA$\overline{S}$→PI$\overline{S}$

E. SEP → PES

4. 能推出“不是来自南方的都不是我们班的同学”，其推理形式如下：

SAP → SE$\overline{P}$→$\overline{P}$ES

不能推出“来自南方的都是我们班的同学”。

5. E（O），E（O）；　MAS，I

6.

PAM
SOM
———
∴SOP

这是一个第二格 AOO 式的三段论。

7. 苏特拉斯是用二难推理来进行得出的（具体分析略），其推理形式如下：

如果你信我是说谎，则按约定给我一镑金币；
如果你不信我是说谎，则按法律给我一镑金币；
你或信，或不信；
———
总之，你得给我一镑金币。

8. B 是去值班的。用“A”表示“A 去值班”，其余类推可得：

①E→（A∨C）

②$\overline{B}$→$\overline{A}$

③C→B

④E←D

⑤D

由⑤、④可以得出⑥：

E←D
D
———
∴E

由①、⑥可以得出⑦：

E→（A∨C）
E
———
∴A∨C

②可以推出⑧：

（$\overline{B}$→$\overline{A}$）→（A→B）　（假言异位推理）

由③、⑧、⑦可以得出：

A→B

C→B

$A \vee C$

$\therefore B$

9. 可以得出“要多盖高楼”的良策。先将判断化为符号形式：

A. $p \dot{\vee} q$

B. $r \rightarrow s$

C. $t \leftarrow (s \wedge p)$

D. $r \wedge \overline{q}$

由 D 可以推出 E：

$r \wedge \overline{q}$

$\therefore r$（$\overline{q}$）

由 B、E 可以推出 F：

$r \rightarrow s$

r

$\therefore s$

由 A 与 E 可以推出 H：

$p \dot{\vee} q$

$\overline{q}$

$\therefore p$

由 F 与 H 可以推出 I：

s

p

$\therefore s \wedge p$

由 C 与 I 可以推出：

$t \leftarrow (s \wedge p)$

$s \wedge p$

$\therefore t$

练习题之四参考答案

一、是非题

1. × 2. √ 3. × 4. × 5. × 6. √

二、单项选择题

1. A 2. D 3. C 4. B 5. C 6. C

三、判断推理题

1. 用类比推理进行（具体分析略）：

A 具有 a、b、c、d 属性，

B 具有 a、b、c 属性，

所以，B 也具有 d 属性。

2. 庄子在这段论述中，采用的是完全归纳推理的方法。他从“用你的标准”“用我的标准”“用第三者的标准”“用你我共同的标准”来分析评价，并认为这四个标准都不能评判“你我之间的是非”。而这四个不同的标准在庄子看来是评价“你我之间是非”的所有标准，所以可以得出一个一般性的结论：“没有任何一个标准可以评价你我之间的是非。所以，‘辩无胜’。”

3. 运用科学归纳法，将第一行的字母顺序改变为数字顺序。观察、分析第二行与第三行的排列规律，都是上一行的 4、3、5、2、1，因此可以断定第四行的排列顺序也应是第三行的 4、5、3、2、1，具体答案是 C、A、D、E、B。

4. 运用不完全归纳推理的简单枚举法，具体推理形式如下：

触电死亡的人两臂肘部弯曲，

火烧死的人两臂肘部弯曲，

雷击死的人两臂肘部弯曲，

触电死亡、火烧死、雷击死等都是高温致死，

凡高温致死的人都是两臂肘部弯曲。

5. 罗文锦在反驳中所运用的是类比推理，具体过程如下：

表的外表有金，内部含有不是金的材料，但却是金表；

箱的外表有皮，但也含有不是皮的材料；

所以，箱仍是皮箱。

四、因果联系题

1. 求同法　2. 共变法　3. 求异法　4. 共变法　5. 契差法

练习题之五参考答案

一、填空题

1. 排中　2. 矛盾　3. 排中；如果李明是监狱管理专业的学生则精通监狱法

4. 反对关系；矛盾关系　5. 矛盾　6. 论题、论据；论证方式　7. 证明过多

二、是非题

1. ×　2. ×　3. ×　4. ×　5. ×

三、单项选择题

1. A　2. B　3. C　4. B

四、双项选择题

1. A、B　2. B、E　3. A、B　4. A、E　5. B、E　6. B、D　7. B、E　8. A、C

五、分析论证题（分析略）

1. 转换论题。前面的论题是“名人未出名门者，委实更多”，后面变成“所有名人都是从无名小辈中过来的，从没有生下来就是名人的先例”。

2. 总论题：地震是能预报的。

论证方式：归纳推理、演绎推理（假言、选言）。

3. 论据虚假。

4. 论证方式错误。违反了论证中必须遵守三段论“中项至少周延一次”的规则。

5. 假说：蝙蝠在黑暗中能避开障碍物，是由于它能发出一种超声波，而它的耳朵能听到这种超声波遇到障碍物时产生的回声；

依据：超声波的知识和现实根据；

验证：实验的方法（直接验证）。

6. 论题：本案是他杀；

论据：背部有多处致命刀伤；

论证方式：三段论（直接论证）。

7. 不能。在全称结论的三段论中，必须有三个项周延才能使得中项周延两次，那只能是其中一个前提为全称否定，但有一个前提为否定则结论也否定，那必须有四个项全周延，则出现了两前提都是否定判断的情况。

8. （1）甲班 45 人通过了英语四级。

（2）乙说真话。

乙、丙两人说的判断是下反对关系，根据排中律必有一真，又据题意可得甲说的是假话，即“甲班的李聪同学没有通过英语四级”为假。据甲假可以得出乙说的是真话，即“甲班有人通过了英语四级”为真；根据题意三人中只有一句真话，可以推出丙说的为假话，据排中律得到“甲班 45 人通过了英语四级”是真话。

9. C 判断为真，S 与 P 是全异关系。先将判断化为符号形式：

A. SIP

B. SOM→SIM

C. $PI\overline{S}$

D. MEP

由 C 可以推出 E：

有 P 不是 S（换质法）；

由 A 可以推出 F：

有 P 是 S（换位法）；

根据题意只有一句话为真，则真话在 E 与 F 这两句话中（它们是下反对关系），由此推出 B、D 均假。

由 B 假可以推出 G：

SIM 为假（充分条件只有前件真后件假时才假），即 SEM 为真（对当关系）；

由 D 假可以推出 H：

MIP 为真（矛盾关系）；

由 G、H 可以推出 I：

POS 为真（三段论）；

由 I 可以推出 E（即 C）真；由 C 真，据题意只有一句话为真，可以推出 A 为假，即 SIP 为假，则 SEP 为真，所以 S 与 P 是全异关系。

10. 先将判断化为符号形式：

A. $\neg$MOS←MOP

B. $\neg$MOS→MOP

C. $\neg$MIP

求证：SOP

由 C 假可以推出 D：　MOP 真（下反对关系）；

由 C 假可以推出 E：　MEP 真（矛盾关系）；

由 A、D 可以推出 F：MOS 假（肯定后件肯定前件）；

由 F 可以推出 G：　　MAS 真（矛盾关系）；

由 E 与 G 可以推出：　SOP 真（三段论）。

11. 如果有一个人说真话，那么罪犯是甲。因为乙、丁的话为矛盾关系，据排中律必有一真，据题意可以推出甲说的是假话，即是甲作案的。

如果有一个说假话，那么罪犯是乙，因为乙、丁的话为矛盾关系，据矛盾律必有一假，据题意可以推出丙说的是真话，即是乙作案的。

12. 甲队是第一名，乙队是第二名，丙队是第三名，丁队是第四名。先将四位同学的预测形式化：

（1）丁 1

（2）（甲$\neg$1 ∧ 乙$\neg$2）

（3）（乙 2→丙$\neg$3）

（4）（甲$\neg$1→乙 2）

经观察，（2）（甲$\neg$1 ∧ 乙$\neg$2）⟷$\neg$（甲 1 ∨ 乙 2），而（4）（甲$\neg$1→乙 2）⟷（甲 1 ∨ 乙 2），可见（2）和（4）两个断定之间是矛盾关系，按排中律的要求，相互矛盾的判断不能同假，必有一真。据题意只有一个人预测正确，所以，（1）和（3）的预测是假的，¬丁 1←→丁¬1，（乙 2→丙¬3）←→¬（乙¬2 ∨ 丙¬3）←→（乙 2 ∧ 丙 3），即丁队不是第一名，并且又已经断定乙队是第二名，丙队是第三名，所以，丁队只能是第四名，而甲队就是第一名。

图书在版编目（CIP）数据

逻辑学教程/张志成编著. --6 版 .--北京：中国人民大学出版社，2022.1
新编 21 世纪高等职业教育精品教材 . 公共基础课系列
ISBN 978-7-300-30225-6

Ⅰ. ①逻… Ⅱ. ①张… Ⅲ. ①逻辑学-高等职业教育—教材 Ⅳ. ①B81

中国版本图书馆 CIP 数据核字（2022）第 018074 号

"十三五"职业教育国家规划教材
新编 21 世纪高等职业教育精品教材 • 公共基础课系列
逻辑学教程（第六版）
张志成 编 著
Luojixue Jiaocheng

出版发行	中国人民大学出版社		
社　　址	北京中关村大街 31 号	**邮政编码**	100080
电　　话	010－62511242（总编室）		010－62511770（质管部）
	010－82501766（邮购部）		010－62514148（门市部）
	010－62515195（发行公司）		010－62515275（盗版举报）
网　　址	http://www.crup.com.cn		
经　　销	新华书店		
印　　刷	北京密兴印刷有限公司	**版　　次**	2003 年 2 月第 1 版
规　　格	185mm×260mm　16 开本		2022 年 1 月第 6 版
印　　张	14.5	**印　　次**	2023 年 1 月第 2 次印刷
字　　数	300 000	**定　　价**	36.00 元